캐릭터 공작소

베스트셀러 작가
오슨 스콧 카드의
소설 창작 노트

ELEMENTS OF FICTION WRITING
－CHARACTERS & VIEWPOINT
by Orson Scott Card

Copyright © 2010 by Orson Scott Card
All rights reserved.

Korean Translation Copyright © 2013 by Minumin

Korean translation edition is published by arrangement with F&W Publications, Inc.
4700 East Galbraith Road, Cincinnati, Ohio 45236, USA, through Duran Kim Agency.

이 책의 한국어 판 저작권은 듀란킴 에이전시를 통해
F&W Publications, Inc와 독점 계약한 ㈜민음인에 있습니다.
저작권법에 의해 한국 내에서 보호를 받는 저작물이므로 무단 전재와 무단 복제를 금합니다.

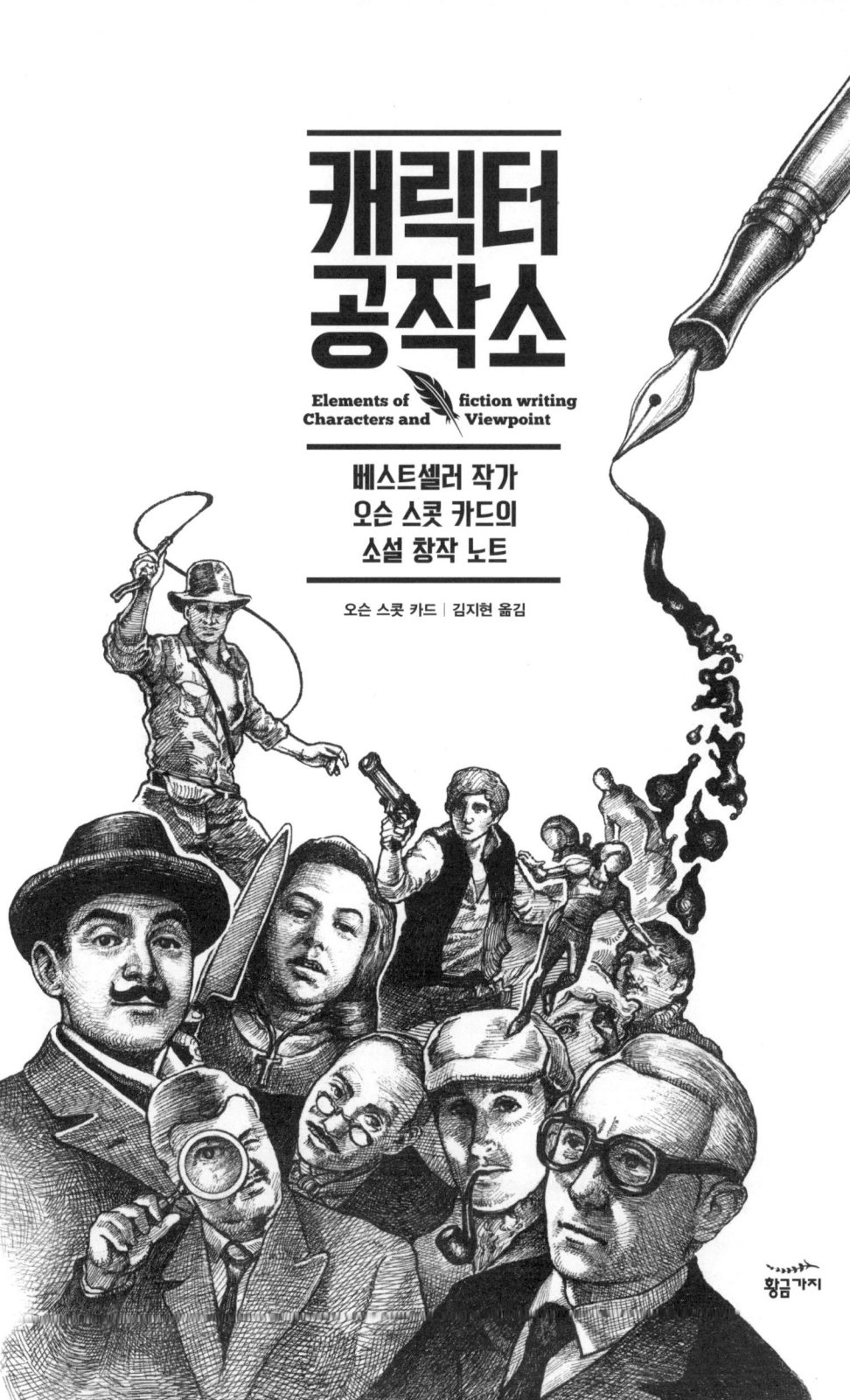

종이책의 감성을 온라인으로
황금가지의
온라인 소설 플랫폼

인기 출판소설 무료 연재 중!

'게르트 프램'이라는 필명으로 알려진 낸시 앨런 블랙에게 바칩니다.
시점과 태도를 정하기 어려워하지도 않고,
이미 한 편의 소설을 쓸 만큼 창의적인 분이지만요.

차례

서문 — 8

1부 캐릭터 착상

1장 캐릭터란 무엇인가? — 15
캐릭터의 행동이 그 캐릭터를 말한다/동기/과거/평판/고정관념
인간관계/습관과 행동 패턴/재능과 능력/취향과 기호/신체

2장 무엇이 좋은 캐릭터를 만드는가? — 38
독자가 던지는 세 가지 질문/작가는 첫 번째 독자다
캐릭터 심문하기/캐릭터에서 이야기로, 이야기에서 캐릭터로

3장 캐릭터는 어디에서 나오는가? — 61
삶에서 아이디어 얻기/이야기에서 아이디어 얻기/관념의 하인들/뜻밖의 횡재

4장 결정 내리기 — 98
이름/비망록 작성

2부 캐릭터 구성

5장 어떤 종류의 소설인가? — 109
4대 요소/배경/정보/인물/사건/독자와의 계약

6장 캐릭터의 계급 — 132
단역/조역/주역

7장 감정이입을 불러오는 법 — 151
고난/희생/위험/성적 긴장/징후와 전조

8장 사랑받는 캐릭터와 미움받는 캐릭터 — 166
첫인상/사랑받는 캐릭터/미움받는 캐릭터

9장 영웅과 일반인 — 208

10장 코믹한 캐릭터: 불신을 조종하기 — 223
'테이크' 기법/과장하기/가볍게 다루기/별난 구석 넣기

11장 진지한 캐릭터: 독자를 믿게 하기 — 238
동기를 구체화하기/캐릭터의 생각/과거의 기억/과거의 암시

12장 변화 — 275
사람들이 변하는 이유/변화를 합리화하기

3부 집필

13장 목소리 — 289
시점/시제

14장 제시주의와 재현주의 — 305

15장 극적 전개와 서술적 전개 — 317

16장 1인칭 시점 — 324
1인칭이 될 캐릭터는 누구인가?/1인칭 캐릭터에게 제4의 벽은 없다
신뢰할 수 없는 화자/시간의 격차/정보를 감추기/실책

17장 3인칭 시점 — 351
전지적 3인칭과 제한적 3인칭/시점 정하기/침투의 정도

18장 캐릭터의 확장 — 385

| 서문 |

 소설 쓰기는 고독한 작업이다.
 교향곡 연주는 오케스트라 단원들이 협동해야 한다. 연주자들이 각각의 악기를 연주하고, 지휘자는 소리가 모두 어우러지도록 이끈다. 그 이전에 작곡가가 악보를 만들어 준다.
 연극이나 영화로 가면 더하다. 우선 배우들이 연기를 해야 하고, 감독은 제작진 전체를 통솔하고 총괄하며, 무대와 의상과 조명과 음향을 담당하는 감독 및 기술자 들도 필요하다. 영화에서는 촬영 감독 및 조수, 영상 편집 기사도 필수적인 역할을 한다. 하지만 이 모든 과정 이전에 작가가 대본을 써 줘야 한다.
 대본이든 악보든, 누군가가 계획을 짜 놓았기 때문에 이런 집단적인 창작이 가능한 것이다. 어떤 음악이 세상에 울려 퍼지기도 이전에 그 음악을 만든 사람이 있다. 배우가 대사 한 마디를 읊기도 전에 그 이야기를 써 둔 사람이 있다. 구성이 먼저 되어야만 공연도 할 수 있다.

소설을 쓰는 우리에게는 배우나 연주자가 따로 없기에, 소설 창작 역시도 구성 단계와 공연 단계로 나뉜다는 사실을 잊기 쉽다. 하지만 우리는 작곡가와 연주자의 몫을 둘 다 해야만 한다. 정확히 말하자면, 우리는 설계자임과 동시에 집필자다.

실제로 글을 쓰는 과정, 즉 단어와 시점을 선택하고, 문체와 분위기를 다듬고, 대화문과 서술문을 만드는 것이 공연 단계에 해당한다. 이 집필 단계가 바로 '집필자'의 일이다.

캐릭터와 상황과 사건을 구상하고, 플롯과 장면을 구축하고, 사건이 일어나는 순서를 정하고, 갈등과 반전을 계획하고, 설정과 역사적 배경을 마련하는 것은 구성 단계다. 이 부분이 '설계자'의 일이다.

이 두 가지 역할이 뚜렷하게 구분되지는 않는다. 구성 단계에서도 결국은 언어를 사용해야 하니까. 아이디어를 메모하고, 친구들에게 이야기하고, 구체적인 개요와 시놉시스를 적어 내려가는 등등. 그리고 집필 단계에 들어가서 최대한 정교한 언어적 기법을 동원하며 글을 써 나갈 때에도, 세부 사항들을 끊임없이 재구성해야 하는 건 마찬가지다. 미처 생각지 못한 캐릭터들의 동기나 관계를 발견하기도 하고, 한 장면이 제대로 기능하게 만들기 위해서 전체적인 플롯을 뜯어고치기도 하고, 긴장감이나 공포감이나 감상적인 요소를 집어넣기도 하고, 뒤늦게 떠오른 새로운 아이디어를 즉석에서 추가하기도 한다.

설계자와 집필자라는 두 역할을 수행하는 데에는 이렇다 할 정도

(正道)랄 게 없다. 나는 몇 년 동안이나 치밀하게 구성을 거친 다음에야 집필에 들어가곤 한다. 작가 래리 니븐은 친구들에게 구상한 내용을 들려주고 반응을 주고받으면서 이야기에 살을 붙이고 구체적인 형상을 잡아 간다고 한다. 어떤 작가들은 집필을 하면서 동시에 구상을 병행하기도 한다. 마치 즉흥적으로 독백을 하는 배우처럼, 실제로 글을 써 나가는 과정에서야 아이디어가 떠오르고 캐릭터가 손에 잡히고 플롯이 짜여진다는 것이다.

어떤 방식을 쓰든 간에, 설계자의 역할과 집필자의 역할 모두 빠짐없이 잘 해내야만 한다. 구성을 잘하지 않으면 아무리 아름다운 문체로 글을 써 봤자 가수가 발성 연습을 하거나 클라리넷 연주자가 워밍업 하는 정도의 결과밖에 나오지 않을 것이다. 그건 멋진 기교일 수는 있어도 결코 음악이라고 할 수는 없다. 그리고 집필을 잘하지 않으면 당신이 애써 준비한 근사한 이야기가 독자들에게 전달되지 못할 것이다. 연기를 못하는 배우가 좋은 시나리오를 망쳐 버리고, 실력과 연습이 부족한 악단이 모차르트를 소음 공해로 만드는 것처럼.

그리고 소설을 쓰는 전 단계에 걸쳐서 캐릭터에 세심히 주의를 기울여야 한다. 착상 시에는 진부하지 않고 생동감 넘치는 캐릭터를 만들어 내야 하고, 이야기를 구상할 때는 각 캐릭터의 어떤 요소를 얼마나 활용할지 결정해야 한다. 또한 집필 단계에서는 어떤 캐릭터의 눈을 통해 독자에게 이 이야기를 보여 줄 것인지를, 즉 시점을 선택해야 한다.

나는 이 책을 착상, 구성, 집필이라는 세 부분으로 나누었다. 그러나 실제 캐릭터 형상화 과정이 이렇게 단계별로 깔끔하게 나뉘어 진행된다고 생각하면 안 된다. 이 책의 각 장을 무슨 매뉴얼처럼 따라하면서 소설을 쓰지 말고, 당신이 쓰고자 하는 이야기의 착상이나 의문점들을 이 책에 대입해 보는 방식으로 활용해라. 어떤 부분을 잘하고 있었는지, 어떤 부분을 미처 간과했는지 확인해 보라. 당신의 시점 조절이 독자들을 이끌고 있는지, 아니면 오히려 혼란스럽게 하고 있는지 점검해라. 캐릭터를 기계적으로 짜 맞추는 식으로 설정해서는 좋은 이야기를 쓸 수 없다. 당신의 마음속에 이미 존재하는 캐릭터를 재발견하고, 풍부한 생명력을 불어넣고, 스스로 자라나도록 해야만 좋은 이야기가 된다.

다시 말해, 이 책의 내용을 마치 요리 재료 다루듯이 계량하고 혼합하고 가열해서 훌륭한 소설 캐릭터를 만들어 낼 수 있다고는 생각지 말라. 그보다는 공구 세트처럼 활용해라. 여기에 쇠지레, 끌, 망치, 펜치, 집게, 체, 드릴이 준비되어 있다. 이걸로 당신의 기억과 상상력과 영혼 속에 이미 살아 숨 쉬고 있는 캐릭터들을 들어 올리고, 깎고, 두드리고, 비틀고, 펴고, 끄집어내서 다듬어 보기를 바란다.

1부
캐릭터 착상

| 1장 |
캐릭터란 무엇인가?

 당신의 소설에 등장하는 캐릭터는 사람이다. 인간이라는 뜻이다.
 물론 당신이 만들어 낸 가상의 인물이긴 하다. 하지만 독자는 그 캐릭터가 실존 인물처럼 보이기를 바란다. 관심 있게 지켜보고 믿을 만한 가치가 있는, 실제로 살아 있는 완전한 인간처럼 느껴지기를 바란다. 진짜 친구나 가족이나 심지어는 자기 자신만큼 속속들이 알 수 있기를 바란다.
 아니, 오히려 실존 인물보다 더 실제 같아야 한다. 독자가 소설을 다 읽었을 때쯤에는 한 인간이 인간을 이해할 수 있는 수준을 능가할 만큼 캐릭터들을 훤히 꿰뚫어 볼 수 있어야 한다. 소설이란 그런 것이다. 인간의 본질과 습성에 대해 현실보다도 더 잘 알려 주는 것이 바로 소설이다.

그러므로 현실에서 사람을 알 수 있는 수단들을 생각해 보고, 소설에서는 어떻게 적용될 수 있는지 살펴보자.

캐릭터의 행동이 그 캐릭터를 말한다

만약 파티에서 어떤 남자가 술을 엎지르고, 너무 큰 소리로 떠들고, 부적절하거나 무례한 말을 반복한다고 가정해 보자. 당신은 이러한 언행으로 그의 됨됨이를 판단하게 될 것이다.

어떤 남자와 여자가 처음 만났는데, 얼마 뒤 서로 열성적으로 대화를 나누면서 남자가 여자의 등을 쓰다듬는다거나 여자가 남자의 가슴에 손을 얹는다고 가정해 보자. 당신은 그들의 관계가 어떻게 진전되었는지 파악이 될 것이다.

당신이 한 친구에게 괴로운 비밀을 털어놓았는데, 불과 몇 시간 뒤에 다른 사람 세 명이 그 비밀을 아는 듯이 군다고 해 보자. 당신은 그 친구의 어떤 일면을 알게 될 것이다.

우리는 사람의 행동을 보고 그 사람을 판단한다.

이것은 캐릭터를 묘사하는 가장 강력하고도 효과적인 방법이다. 영화 「레이더스」 도입부에서 인디아나 존스에 대해 무엇을 알 수 있는가? 그는 말수가 적고, 곧잘 비틀린 웃음을 지으며, 고대 지하 신전에서 보물을 찾아낸다. 죽음의 위기에 처했을 때는 탈출하는 방법을 알아내고, 거대한 바위가 굴러 와도 공포에 얼어붙지 않고 미친 듯이 내달려서 도망친다. 여기에는 아무런 설명도 필요가 없다. 영화가 시작된 지 10분 만에 관객들은 인디아나 존스가 영리하고 용감하고 치열하며 지략과 욕심이 있는 사람이라는 걸 알게 된다. 유머 감각이 있고, 지나치게 심각해지는 법이 없으며, 어떤 상황에서도 살아남을 각오가 되어 있는 사람이라는 것을. 누가 말해주지 않아도 알 수 있다. 행동으로 보여 주니까.

가장 강력할 뿐 아니라, 가장 손쉬운 방법이기도 하다. 캐릭터가 무언가를 훔친다면 도둑이라는 뜻이다. 여자 친구가 바람피우는 장면을 목격하고 여자 친구를 구타하는 캐릭터라면, 폭력적이고 질투심 많은 성격이라는 뜻이다. 캐릭터가 갑자기 걸려 온 전화를 받고 3학년 교실로 들어가서 수업을 한다면, 독자는 그가 임시 교사임을 알 수 있다. 여기서 한 말과 저기서 한 말이 완전히 다른 캐릭터는 거짓말쟁이나 혹은 위선자로 보일 것이다.

행동으로 보여 주는 방법은 분명 간편하다. 하지만 한계가 있다. 어떤 경우에는 이 방법만으로도 충분하겠지만, 대부분의 소설에서는 이것만으로 이야기와 캐릭터를 충분히 전달할 수가 없다. 현실에서도 마찬가지가 아니던가. 단지 누군가가 어떤 행동을 하는 광경을 우연히 목격했다고 해서 그 사람의 본질을 모두 알았다고 확신할 수는 없는 법이다.

동기

 파티에서 술을 엎지르고 시끄럽게 떠들고 무례하게 굴던 남자가, 실은 이 파티장에서 벌어지고 있는 어떤 사건을 숨기려고 의도적으로 사람들의 이목을 끌고 있는 것이었다면 어떻겠는가? 혹은 파티가 시작되기 몇 분 전에 주최자에게 악질적인 모욕을 받았기 때문에 앙심을 품고 난동을 피우는 것이라면? 당신은 여전히 남자의 행동이 탐탁지 않을 수 있겠지만, 꼭 무식하고 막돼 먹은 사람으로 보이지는 않을 것이다.
 당신의 비밀을 남들에게 흘리고 다닌 친구는 어떤가? 당신이 심각한 곤란에 처했으니 도와줘야겠다는 생각에 사람들에게 상의를 했을 뿐이라면? 그리 나쁜 친구로 보이지는 않을 것이다. 하지만 만약 당신이 연예인인데 그 친구가 유명인과의 친분을 과시하려고 당신의 비밀을 여기저기 떠벌렸다면, 그 친구의 이미지는 또 달라질 것이다.
 그리고 만난 지 얼마 되지 않아 성적인 친밀감을 드러내며 서로를 어루만지는 남자와 여자를 생각해 보자. 여자는 외로움과 자기혐오에 시달리는 정부 관료이고, 남자는 매력적이고 아첨에 능하며 이 여자에게서 중대한 계약을 따내기 위해 무슨 짓이든 할 작정이라면? 혹은 두 사람이 불륜을 나누다가 헤어진 사이로서, 남자는 얼마 전에 아내에게 버림받았고 여자는 그와 다시 관계를 시작하기를 원한다면? 혹은 둘 다 남들의 시선을 속이려고 단순히 눈 맞은 남녀처럼 연기하고 있을 뿐, 실은 여자가 남자에게 정부의 기밀 정보를 전달하고 있다면? 똑같은 행동이 전혀 다른 의미를 갖게 되는 것이다.

어떤 사람이 특정한 행동을 하려고 시도는 했는데 실패했다면 어떨까? 예컨대 A라는 남자가 총독에게 총을 겨누고 방아쇠를 당겼는데 총이 발사되지 않았다면? B라는 여자가 물에 빠진 사람을 구하려고 뛰어들었는데 너무 무거워서 구할 수가 없었다면? A가 비록 아무도 죽이지 못했을지라도 그는 어쨌든 암살자로 여겨질 것이다. 마찬가지로, B가 실제로 목숨을 구하지 못했을지라도 그가 영웅이라는 사실은 달라지지 않는다.

동기는 캐릭터의 행동에 도덕적인 가치를 부여한다. 캐릭터가 무슨 행동을 하든, 그 행동이 겉보기에 아무리 저질스럽든, 아무리 훌륭하든, 그 자체만으로는 완전한 도덕적 척도가 되지 못한다. 살인범의 범행이 알고 보면 자기 방어였거나, 정신병의 증상이었거나, 환상이었을 수도 있다. 달콤한 키스가 실은 배신, 기만, 아이러니일 수도 있다.

현실에서 사람들의 행동에 숨은 동기를 전부 파악하기란 불가능하다. 그러나 소설에서는 독자가 캐릭터의 동기를 분명히, 심지어는 완벽하게 이해하도록 유도할 수 있다. 이것은 우리가 소설을 읽는 여러 이유 중 하나이기도 하다. 다른 사람들이 왜 그렇게 행동하는지 소설 속의 등장인물을 통해 이해할 수 있는 것이다.

캐릭터의 행동이 그 캐릭터의 일면을 말해 주는 것은 사실이다. 하지만 더욱 중요한 것은 행동보다도 의도이다.

과거

사람의 과거를 알고 나면 현재의 그 사람도 달리 보게 된다.

저녁 만찬 자리에서 어떤 남자를 소개받았다고 하자. 지금은 식탁 머리에서 그가 하는 말과 행동만으로 그의 면면을 짐작할 뿐이다.

그러나 이전에 친구에게서 그 남자의 과거에 대해 은밀히 전해 들었다면 어떨까? 가령 그는 적국에 전쟁 포로로 7년 동안 붙잡혀 있다가 탈출한 사람으로서, 500킬로미터를 도망친 끝에 최근에야 비로소 안전한 고국 땅을 밟았다고 한다면? 혹은 그가 기업 사냥꾼이며, 당신의 친구들이 회사에서 줄줄이 해고된 게 바로 그 남자가 추진한 인수 합병 때문이었다고 한다면?

아니면 저녁 식사를 하는 도중에 그 남자가 자신의 과거를 털어놓는다면 어떨까? 몇 달 전 교통사고로 아내와 젖먹이 아들이 죽었으며, 가족을 잃은 고통을 이제야 슬슬 이겨내고 있다고 한다면? 혹은 그가 지역 신문에 기고하는 평론가라고 밝혔는데, 생각해 보니 당신이 최근에 발표한 소설에 대해 혹평을 썼던 평론가가 바로 그 남자였다면?

그러한 정보를 알고 나면 상대방에 대한 생각이 확연히 달라질 것이다.

과거에 어떤 일을 했고 어떤 일을 당했는지가 현재의 그 사람을 결정짓는다. 우리 자신의 이미지도 그렇게 쌓아 올리게 마련이다. 우리는 모두 과거의 내력을 기억 속에 품고 살아간다. 어떤 사건은 가볍게 무시하기도 하고('그래, 내가 그런 짓을 하긴 했지. 하지만 그땐 어린애였는걸.') 어떤 경험은 평생토록 머릿속을 떠나지 않기도 한다. 하지만 기억 속에서 왜곡한다고 할지라도, 우리는 과거의 경험을 통해 현재의 우리 자신을 파악한다. 캐릭터의 특정한 과거를 알려 주면 독자가 그 캐릭터를 이해하는 데에 도움이 될 것이다.

평판

처음 소개받은 자리에서 상대방이 "아아, 아무개 씨? 당신 이야기 정말 많이 들었어요!"라고 말한다면 끔찍하지 않은가? 당신이 없는 자리에서 사람들이 당신 이야기를 했다는 증거이니 말이다. 좋은 말만 나왔다는 보장이 없으니 아무래도 찝찝해진다.

누구에게나 평판은 따라다닌다. 연예인이나 정치인처럼 유명하지 않다고 해도, 이웃이나 직장 동료나 친인척들 사이에서 당신에 대한 이야기가 떠돌 수밖에 없다. 그리고 그 평판이 당신에 대한 사람들의 판단에 영향을 미친다.

우리 모두가 주변인의 평판을 형성하거나 무너뜨리는 데에 기여한다. 어쩔 때는 추천장이라든가 직원 평가 같은 공식적인 절차를 통하기도 하지만, 비공식적인 경로가 더 흔하다. 남들이 그럴 때는 소문을 퍼뜨린다고 하고, 자신이 그럴 때는 대화를 나눈다고 표현하곤 한다.

"존스 부인이 요양원에 갔다니, 정말 안됐지 않아요? 그동안 아들한테 얼마나 지극정성이었는데 돌아오는 보답이 그거라니……."

"야, 빌이 요새 조베스 꼬시고 있단 얘기 들었어? 완전히 시간 낭비지. 조베스 걔가 얼마나 뻣뻣한데. 목욕할 때도 옷을 안 벗을걸. 콜라 마실 때도 취할까 봐 겁나서 물을 같이 마실 애라니까."

"제프한테는 기부하란 소리 하지도 말아요. 구두쇠도 그런 구두쇠가 없대요. 도나 남편 죽었을 때도 꽃 한 송이 안 사 줬다는데 말 다 했죠."

한 번도 만나 본 적 없는 사람이라도 소문을 통해 많은 걸 알게 되곤 한다. 소설에서도 같은 방법을 쓸 수 있다. 독자가 아직 '만나지' 못한 캐릭터라도, 다른 캐릭터들이 흘리는 정보를 통해 독자에게 그 캐릭터에 대한 인상과 평가를 미리 심어 줄 수 있다. 그러다가 마침내 그 캐릭터가 직접 등장하면 독자는 이미 알고 있는 사람처럼 친숙하게 여긴다. 그 캐릭터가 무엇을 할지 예상이 되니까.

당신은 독자의 예상을 충족할 수도 있고, 뒤엎을 수도 있다. 하지만 뒤엎으려거든 캐릭터가 어째서 그런 잘못된 평판을 얻었는지도 알려 줘야 한다. 일부러 긍정적인 이미지로 자신을 포장한 사기꾼이었다든지, 남들의 시기심을 산 탓에 좋은 뜻에서 한 행동이 악의적으로 왜곡되었다든지, 아니면 과거에 치명적인 실수를 저질러서 신뢰를 회복하지 못하고 있다든지, 기타 등등. 평판이 참이든 거짓이든 간에 어떻게든 활용은 해야 한다. 다른 캐릭터들의 평가는 해당 캐릭터의 정체성을 형성하는 한 가지 요소이니까.

고정관념

우리는 낯선 사람을 보는 순간 그 사람이 어떤 부류인지 판별하려 한다. 또한 무의식적으로 그 사람과 우리 자신을 비교한다. 여자인가, 남자인가? 나이가 많은가, 적은가? 나보다 덩치가 큰가, 작은가? 나와 같은 인종인가, 아닌가? 우리 나라 사람인가, 외국인인가? 나보다 부자인가, 가난한가? 나와 비슷한 종류의 직업인가, 내가 존경하는 직업인가, 아니면 내가 깔보는 직업인가?

일단 그 사람이 어떠한 집단에 속한다고 판단하고 나면, 우리는 그 집단이 갖고 있다고 생각되는 모든 특성을 그 사람도 공유한다고 여기게 마련이다. 이러한 시각을 바로 편견이나 고정관념이라고들 한다. 그래서 누군가에 대해 남부끄러운 오해, 불필요한 공포, 심지어는 부당한 악의까지 품기도 한다. 마음 같아서는 이런 식으로 사람을 평가하고 싶지도, 인종이나 성별 따위에 연연하고 싶지도 않을 것이다. 편견에 따라 사람을 '대우'하는 행동은 분명 현대 사회에서 몰상식한 짓으로 간주되며, 대부분 그 기준에 맞춰 살아가려고 노력한다. 하지만 마음속의 고정관념까지 완전히 몰아낼 수 없는 법이다.

사람 자체가 생물학적으로 그렇게 발달된 동물이다. 침팬지나 개코

원숭이 같은 영장류 동물들도 모두 똑같은 심리 작용을 거친다. 야생에서 침팬지가 다른 침팬지를 맞닥뜨리면 즉시 상대가 속한 무리, 성별, 나이, 체격, 힘으로 분류 지으려 한다. 그럼으로써 공격할지, 도망칠지, 구애할지, 먹이를 나눠 줄지, 털을 골라 줄지, 무시할지를 결정한다.

인간이 침팬지와 다른 점은, 즉각적인 판단에만 근거해서 행동하지 않는다는 것이다. 하지만 좋든 싫든 간에 판단 자체를 막을 수는 없다. 숨을 쉬거나 눈을 깜빡이거나 침을 삼키는 것처럼 무의식적으로 일어나는 현상이니까. 의식적인 수준으로 끌어 올려서 제어할 수는 있지만, 대개는 우리가 알지도 못하는 사이에 판단이 끝나 버리곤 한다.

우리는 자신과 비슷한 사람을 보면 안전하다고 느끼며, 그만큼 무관심해지기도 쉽다. 반대로 자신과 다른 사람일수록 위협감과 동시에 흥미를 느끼게 된다.

낯선 사람은 매력과 반감을 둘 다 불러일으킨다. 침팬지도 이러한 모순적인 반응을 나타낸다. 낯선 침팬지를 마주치면 처음에는 겁을 내지만, 곧바로 공격당하지 않는다면 계속 근처에 머물면서 상대를 관찰하는 것이다. 그러다가 상대가 해를 끼칠 의사가 없다는 확신이 들면 두려움보다 호기심이 앞서서 결국은 가까이 다가가게 된다.

독자도 소설 속의 캐릭터에게 똑같은 반응을 보인다. 친숙하고 무난한 캐릭터는 편안하고 신뢰가 가지만, 딱히 흥미롭지는 않다. 낯설고 이상한 캐릭터는 즉각 매력과 거부감을 자아내며, 약간의 호기심과 동시에 두려움을 심어 준다. 독자는 더 알고 싶은 충동 때문에 이야기를 계속 읽어 나가겠지만, 한편으로는 애초의 공포에서 비롯된 긴장감을 느낄 것이다. 이 캐릭터가 앞으로 무엇을 할지, 위험한 인물인지 아닌지 알 수 없다는 불안 때문이다.

독자는 낯선 상대를 관찰하는 침팬지와 같다. 캐릭터가 갑작스럽게 움직이면 독자는 몇 발짝 물러났다가 뒤돌아보고 다시 관찰할 것이다. 캐릭터가 독자를 신경 쓰지 않고 무언가를 하고 있다면, 독자는 캐릭터가 뭘 하는지 지켜보고 가늠해 보려고 가까이 다가올 것이다.

일반적인 고정관념에 들어맞는 캐릭터는 친숙하다. 독자는 그 캐릭터를 이미 잘 안다고 생각하기에, 더 잘 알아야 할 필요도 별로 느끼지 않는다.

고정관념에 위배되는 캐릭터는 흥미롭다. 독자를 놀래고, 호기심을 자극하며, 더 알아보고 싶게 한다.

작가는 독자가 고정관념에 따라 판단하지 못하도록 막을 수 없다. 오히려 독자의 고정관념에 의존해야 한다. 우리는 세상에 널리 퍼진 선입관이나 편견을 대부분 알고 있을 뿐더러, 일정 부분 공유하기도 한다. 우리는 이것을 이용해서 독자가 캐릭터를 이해한다고 생각하도록 유도해야 한다.

노인은 10년쯤 묵은 듯한 정장을 입고 있었다. 처음 샀을 때는 고급스럽고 몸에 딱 맞는 옷이었을지 몰라도 지금은 너무 크고 헐렁했다. 바짓단이 발등 위에 축 늘어지고 길바닥에 질질 끌렸으며, 소매도 손을 다 덮을 만큼 길게 내려와서 들고 있는 와인 병의 주둥이 부분이 가려져 있었다.

❖❖❖

눈으로 보기도 전에 소리부터 들려왔다. 그녀의 뒤에서 한 무리의 아이들이 시끄럽게 웃고 있었다. 볼륨을 최대로 높인 휴대용 오디오에서 쿵쾅쿵쾅 흘러나오는 힙합 음악 속에서 서로 고함을 치다시피 해가면서 허튼소리를 떠들었다. 그냥 저녁 시간이면 길거리를 돌아다니는 그렇고 그런 애들일 것이다. 공기가 적당히 식어서 좀 움직일 만해지면 밖으로 나와서 어슬렁거리는 건달들. 한 명이 그녀를 밀치고 지나갔다. 아까 낄낄거리던 애가 저 녀석일까? 그들은 몇 미터 앞까지 걸어가서 멈춰 서더니 그녀가 따라오기를 기다리는 듯이 지켜보았다. 오디오를 든 녀석이 이가 드러나도록 벙긋 웃었다. 그녀는 눈길을 주지만 않으면 집적거리지 않을 거라고 생각하면서 핸드백을 팔 아래에 단단히 끼우고서 앞만 똑바로 쳐다보았다.

노인과 도시 청소년들에 대한 위의 두 가지 묘사는 고정관념에 의존하고 있다. 첫째 문단의 노인은 읽자마자 술주정뱅이 부랑자로 생각될 것이다. 그리고 만약 독자가 미국 백인이라면 둘째 문단에 나오는 청소년들은 흑인이라고 생각할 것이다. 흑인이라는 언급은 한 마디도

하지 않았지만, 현대 미국 백인들의 마음속에 잠재된 고정관념을 일깨울 단서들을 충분히 배치해 두었기 때문이다. '힙합', '오디오', '건달', 도시 배경 등등. 이 모든 것은 수많은 영화, 텔레비전 프로그램, 뉴스에서 흑인과 관련되어 나왔던 소재들이고, 인종적 고정관념을 유도하는 장치이다.

작가에게 독자의 고정관념은 유용하며 필수적이기까지 하다. 하지만 여기에 대해서는 나중에 더 자세히 다루도록 하겠다. 일단은 고정관념을 역이용하는 방식도 있다는 것을 기억해야 한다. 예컨대 노인에 대한 첫째 문단이 이렇게 이어진다면 어떨까?

"어이, 영감. 살이 많이 빠졌구먼." 피트가 말했다.
노인이 대답했다. "암 때문에 이렇게 된 게 아닐세. 항암제가 살을 쪽쪽 빠지게 하지 뭔가. 자, 아무튼 잘 왔네. 올라가서 나랑 같이 샤블리*나 들지."

어떤가, 노인에 대한 인상이 완전히 뒤바뀌지 않는가? 이런 것이 고정관념의 강력한 효과 중 하나이다. 독자에게 어떤 예상을 심어 준 다음 뒤엎어 버릴 수 있는 것이다. 고정관념을 따르든 아니면 부수든, 그게 무엇인지는 알고 있어야 한다.

---
* 프랑스산 백포도주

고정관념이 모든 개개인에게 부합될 수는 없지만, 한편으로는 여러 사람들의 오랜 관찰로 성립된 결과라는 것을 유념하자.

직업: 배관공은 보통 배관 시설을 가지고 일한다. 의사는 보통 청진기를 걸치고 회진을 돌거나 검사를 한다. 이발사와 미용사는 대개 일하면서 잡담을 한다. 대부분의 뉴스 진행자는 카메라에 잘 나오려고 외모에 세심하게 공을 들인다.

성별: 성인 여자는 대개 남자보다 가슴과 엉덩이가 크다. 성인 남자는 여자보다 얼굴에 털이 더 많고, 키가 더 크며, 헤어스타일이 수수한 편이다. 일반적으로 성별에 따라 옷차림도 다르다. 이성끼리는 성적 매력에 따라 상대방을 판단하는 경우가 많다.

나이: 노인은 보통 상대적으로 연약하고, 시력과 청력이 나쁘며, 기억을 잘 잊어버리거나 대화의 맥락을 놓치는 일이 잦다. 아이는 자꾸 꼼지락거리고, 난처한 말을 하고, 길을 잃어버리고, 어른의 말을 오해하거나 안 듣곤 한다.

가족 역할: 부모는 아이에게 이래라저래라 말하고, 형제끼리는 다투고, 10대 아이는 부모에게 반항적이거나 화를 내는 것이 일반적이다.

인종 및 신체적 유형: 흑인은 보통 피부가 검고, 입술이 두툼하고, 코가 평퍼짐하다. 미국에 사는 흑인이라면 인종 차별을 겪은 경험이 많으며 상당수가 궁핍한 환경에서 산다. 동양인은 검은 생머리가 많고 대부분이 눈에 몽고주름이 있다. 빨간 머리인 사람들은 대개 주근깨가 있고, 부끄럽거나 화가 나면 얼굴이 새빨갛게 달아오르곤 한다. 나바호 부족과 호피 부족은 대부분 어른이 되면 체격이 육중해진다.

민족 및 지역적 특성: 이탈리아인은 말하면서 손짓을 많이 섞는 편이다. 미국에서 동양인은 수학과 과학에 특출하게 뛰어나다고 알려져 있다. 보통 미국 북부인에게 남부인은 느릿느릿 말하는 걸로 느껴지고, 남부인은 북부인이 너무 빨리 말한다고 생각한다. 대개 서부인의 말씨에는 비음이 섞여 있으며, 외국인이 쓰는 영어는 억양이 독특하다.

이러한 편견들이 맞지 않는 예외는 아주 많다. 그리고 시간이 흘러 사람들의 사고방식이 변화함에 따라 일반적으로 통용되는 고정관념도 변하게 되어 있다. 그러나 인간이 고정관념을 통해 사람을 식별한다는 사실 자체는 변하지 않는다. 무슨 고정관념이든, 의식을 하든 못하든, 당신은 어떤 소설 캐릭터를 만들더라도 고정관념을 활용할 수밖에 없다.

하지만 현실에서와 마찬가지로, 다른 방법을 통해 캐릭터를 잘 알면 알수록 고정관념에 따른 첫인상은 중요치 않게 될 것이다.

인간관계

내가 어렸을 때 어머니는 남자가 자기 여자 형제를 어떻게 대하는지를 보면 그의 본성을 알 수 있다고 말씀하셨다. 나더러 누나와 여동생에게 잘해 주라는 뜻으로 하신 말씀이었지만, 그 속뜻을 따져보면 사람이란 자기가 속한 인간관계에 따라 인격이 달라진다는 진실을 알 수 있다.

10대에 들어선 아이들은 친구 사이에서 또 다른 인격을 형성하면서 이 변화를 가장 예민하게 체험한다. 학교에서는 '얼음'이라는 별명으로 통하고 친구를 절대로 집에 놀러오지 못하게 하는 쌀쌀맞은 소녀가, 집에서는 '로레인'이라고 불리고 방이 지저분하다고 엄마에게 잔소리를 듣고 가끔 동생이랑 같이 인형 놀이를 해 줘야 하는 아이일 수도 있다. 학교에서의 모습과 집에서의 모습이 전혀 다른 것이다.

정도의 차이가 있을 뿐 우리 모두가 그렇다. 직장에서 일할 때, 통화를 할 때, 아이들을 대할 때, 배우자와 단둘이 있을 때가 다 다르다. 의도적으로 자신을 포장해서 남을 속이는 행위라면 가식적이라고 표현할 수도 있겠지만, 이건 가식이 아니다. 인간관계의 종류에 따라서 우리가 쌓아 올린 과거, 통용되는 은어나 농담, 공통의 경험이 제각각 다르기 때문에 일어나는 현상이다. 행동의 동기도 변하고 행동 자체도 변하는 것이다.

그렇다면 사람의 '자아'란 늘 변화하는 무수한 인간관계들로 이어지는 여러 자아들의 체계라고 해야 할 것이다. 우리는 친밀한 사람들과의 관계 속에서 성장하며, 그 관계가 흔들리거나 끊어져도 거기에 속한 자아는 우리 안에 그대로 남아 있다. 동창들을 오랜만에 만나면 예전에 그 친구들과 어울리던 시절의 자신으로 돌아온 듯한 경험을 해 본 적이 있을 것이다.

그러므로 한 가지 환경에서 어떤 사람을 자주 만나 보았다고 해서 그 사람을 안다고 말할 수는 없다. 직장에서는 무뚝뚝하던 사람이 볼링장에서는 익살꾼일지도 모른다. 터프가이인 줄로만 알았던 친구가 자식들에게는 낯간지러울 만큼 다정다감한 아버지일 수도 있다. 조용하고 공손하기만 하던 딸이나 아들이 친구들이랑 있을 때는 트럭 운전사처럼 험악한 욕쟁이일 수도 있다(고정관념에 주목하라!).

소설에서 캐릭터를 기존의 환경에서 꺼내 다른 환경에 집어넣는 것은 깜짝 놀랄 만큼 효과적인 장치이다. 전혀 다른 인격이 튀어나오기 때문이다. 캐릭터 스스로도 자신의 변화에 놀랄지도 모른다.

습관과 행동 패턴

습관과 행동 패턴은 분명히 그 사람을 구성하는 일부이다. 특히나 그 버릇 때문에 주변 사람들이 미쳐 버릴 지경이라면.

테이블을 손가락으로 계속 두드리는 사람.
다른 사람들이 아직 읽지도 못한 신문에서 연재 소설란을 잘라 내고는, 나중에 스크랩북에 정리할 거라며 계속 쌓아 두기만 하는 사람.

화장실 휴지를 다 쓰고 나서 새것으로 갈아 놓지 않는 사람.
귀가길에 늘 신문 가판대에 멈춰 서서 잡지를 살지 말지 15분씩 고민하는 사람.
당신이 반쯤 풀어 놓은 십자말풀이를 보고는 빈칸이 남아 있는 걸 못 봐주겠다며 멋대로 풀어 버리는(게다가 볼펜으로 틀린 답을 적어 넣는) 사람.
식당에서 식사하기 전에 항상 큰 소리로 기도하는 사람.

꼭 불쾌하지 않은 버릇이라고 해도, 그 사람의 일면을 말해 주는 건 마찬가지다.

어딜 가든 최루 가스를 가지고 다니는 사람.
옆자리에 주차한 사람이 문을 열다가 자기 차를 찧을까 봐 겁난다는 이유로 늘 주차 공간 경계선 위에다가 차를 대는 사람.
항상 화요일 밤에만 쓰레기를 내다 놓는 사람.
그릇이나 컵을 쓰고 나면 즉시 설거지를 해야 직성이 풀리는 사람.
수표를 쓸 때 액수를 쓴 다음 꼭 줄 세 개를 긋는 사람.

이러한 습관이나 행동 패턴은 사람의 특정한 진실을 암시한다. 어쩌다가 그런 습관이 생겼는지까지는 모른다 해도, 같은 상황에서 어떤 행동이 나올지는 예측할 수 있다. 습관은 그 사람의 일부이다.

캐릭터도 마찬가지다. 습관은 캐릭터를 더 리얼하게 해 줄 뿐만 아니라 이야기의 전개 방향에 가능성을 열어 준다. 습관이 변한다면 캐릭터의 인생에 중대한 변화가 찾아왔음을 뜻할 것이다. 다른 캐릭터들이 그의 버릇을 이용할 수도 있다. 캐릭터가 다른 캐릭터의 습관에 호기심이나 불쾌감을 느껴서 둘 사이에 흥미로운 관계가 생겨날 수도 있다.

재능과 능력

사람의 능력은 그 사람의 많은 것을 보여 준다. 평범하고 재미없게만 보이던 사람이 어느 날 피아노를 친다든지, 직접 그린 그림을 보여 준다든지, 농구공을 링에 정확히 던져 넣는다든지, 강렬한 판매 전략 프레젠테이션을 선보인다면 인상이 확 달라 보일 것이다. 특히 남다르게 비범한 능력이 있다면 능력이 곧 그 사람 자체가 된다. 적어도 그 외의 면모를 잘 모르는 사람들에게는 그렇게 인식될 것이다.

독자 역시 캐릭터가 무언가를 뛰어나게 잘한다면 바짝 눈여겨보게 된다. 어떤 종류의 판타지나 SF는 위대한 일을 해낼 수 있는 특별한 능력을 가진 주인공이 이야기를 이끌어 나간다. 하지만 꼭 엄청나게 대단한 능력이어야만 캐릭터의 정체성에 결정적인 역할을 하는 것은 아니다. 슈퍼맨은 고층 빌딩들을 한 번 만에 건너뛸 수 있는 반면, 로버트 파커의 미스터리 시리즈에 등장하는 탐정 스펜서는 주먹을 능숙하게 다루긴 해도 어디까지나 현실에 있을 법한 사람이다. 스펜서는 권투 실력을 유지하려고 열심히 노력하며, 보스턴에서 전직 경찰로 일했던 거친 중년 남성이 해낼 법한 수준을 넘어서지 않는다. 나는 파커의 스펜서 시리즈를 모두 읽고 나니 스펜서를 매우 잘 안다는 느낌이 들었고, 그 캐릭터를 떠올리면 무엇보다도 싸움 솜씨부터 생각난다.

취향과 기호

스펜서라는 캐릭터가 기억에 남는 점 또 하나는 그가 시를 인용하기를 즐긴다는 것이다. 스펜서가 문학을 무척 좋아한다는 사실을 모르면 그를 제대로 이해할 수 없다. 한편 렉스 스타우트의 작품에 나오는 훌륭한 탐정 네로 울프는 미식가이며 오후마다 난초를 가꾸는 취미가 있고, 이 점 역시 네로 울프를 이해하는 데에 중요한 핵심이다.

네로 울프의 취향은 강박적이라고 할 만큼 집요하기 때문에 그의 정체성에서 커다란 비중을 차지한다. 하지만 현실의 사람들에게 취향은 단지 그 사람의 일부일 뿐이다. 물론 당신이 우디 앨런의 영화를 좋아하는데 누군가가 "나는 음산한 죽음의 골짜기를 지나고 있어요. 아니, 음산한 죽음의 골짜기를 달려가는 중이죠."라고 말했고, 당신이 "아, 우디 앨런의 「사랑과 죽음」에 나오는 대사군요!"라고 받아친다면, 그리고 좋아하는 장면과 대사를 주고받으며 대화를 이어 간다면, 당신은 상대방에게 즉시 친밀감을 느낄 것이다.

그러나 취향이 그 사람이 누구인지를 결정하지는 않는다. 생각해보라. 내가 가장 좋아하는 현대 연극이 「누가 버지니아 울프를 두려워하라」이고 가장 좋아하는 영화는 「성난 군중으로부터 멀리」와 「겨울의 사자」라고 말한다 해도, 당신이 나에 대해 얼마나 알 수 있겠는가? 당신과 취향이 똑같은 사람이라고 해도, 아이를 봐 달라고 맡길 수 없을 만큼 위험하거나 나쁜 사람일 수도 있다.

어쨌든 현실의 사람들은 모두 저마다의 취향이 있으니 소설 속 캐릭터도 그래야 한다. 독자가 캐릭터를 더 잘 알 수 있는 수단일 뿐 아니라, 이야기가 전개될 가능성을 열어 주는 도구이기 때문이다.

단순하게는, 캐릭터가 와인에 관심이 많다면 저녁 식사 자리에서 다른 캐릭터와 잡담을 할 때 화제로 삼을 수 있을 것이다. 캐릭터의 경박한 사고방식을 보여 주거나 혹은 다른 캐릭터의 경박함에 화를 내는 계기로 삼을 수도 있고, 아니면 다른 캐릭터의 취향이나 지식을 얕잡아 보는 이유로 삼을 수도 있다. 심지어는 그 캐릭터만의 사랑스러운 매력으로 끌어낼 수도 있다. 칙 영의 만화 「블론디」에 나오는 대그우드 범스테드가 한밤중에 즐기는 거대한 샌드위치가 그렇듯이.

더 깊은 단계로 들어가 보자. 만약 캐릭터가 스키를 매우 좋아한다면, 그가 겨울에 산으로 들어가는 동기로 이용할 수 있다. 스키장에서 알게 된 친구들과 연락하거나 만나는 장면을 넣을 수 있다. 게다가 캐릭터가 스키를 탈출 수단 삼아서 누군가의 추적을 피해 달아나게 할 수 있고, 그렇게 해도 독자의 의구심을 사지 않을 수 있다. 스키 타기는 이미 그 캐릭터의 일부이기에, 스키를 타고 위기에서 빠져나오는 것은 그 캐릭터와 딱 어울리는 행동이기 때문이다.

신체

사람을 아는 여러 방법 중에서 하필 신체적 특징을 맨 마지막에 거론하는 데에는 이유가 있다. 물론 우리의 몸은 삶에서 매우 중요한 역할을 한다. 신체의 장애가 한 사람의 인생을 송두리째 바꿀 수 있다. 사소한 육체적 약점들, 예컨대 연약하거나 왜소하거나 비만이거나 얼굴이 못났다거나 하는 특성들은 자기 인식에도 남들이 그를 대하는 방식에도 강력한 영향을 미칠 수 있다.

작가가 자신의 캐릭터를 파악하려면 신체적 특징을 염두에 두어야 한다. 캐릭터가 관절염이 있거나 다리를 철판으로 보철했거나 심한 축농증을 앓는다면, 그러한 신체적 문제나 제약이 없는 캐릭터와는 딴판으로 행동할 것이다. 만성적이거나 항구적인 문제들, 예컨대 체력이나 미모가 떨어진다는 한계는 소설 전체에 걸쳐서 캐릭터의 행동과 인간관계 전반을 형성할 것이다.

내가 신체를 마지막에 언급하는 것은 중요하지 않기 때문이 아니라, 너무 많은 작가들이(특히 초심자들이) 캐릭터의 신체 묘사가 전부라고 착각하기 때문이다. 한 여자가 거울 앞에 서서 가느다란 손가락으로 만듦새가 정교한 빗을 쥐고 긴 갈색 머리카락을 빗어 내리며 거울에 비친 자신의 반짝이는 갈색 눈동자를 바라본다, 이러면 다 되는 줄 알더라. 하지만 분명히 밝혀 두건대, 신체 묘사는 독자에게 캐릭터를 전달하는 여러 가지 방법 중 하나일 뿐이다.

그리고 머리카락과 피부와 눈의 색깔, 손가락 길이, 가슴 크기, 몸에 털이 많고 적고 하는 점 등은 대개 사소한 문제에 속한다. 굉장히 이례적인 특징이 있지 않다면 말이다. 독자가 캐릭터의 행동, 동기, 과거, 평판, 인간관계, 습관, 재능, 취향까지 알았다면, 캐릭터의 눈 색깔이 뭔지 모르더라도 아무런 문제없이 이야기를 끝까지 읽을 수 있으며, 그래도 캐릭터를 충분히 알았다고 생각할 것이다.

위에서 열거한 방법 중에서 사람을(더 나아가 캐릭터를) 가장 효과적으로 파악할 수 있고 강렬한 인상을 남기는 수단은 처음의 세 가지라는 점을 기억해라. 즉 <u>캐릭터가 어떤 행동을 하는지, 동기가 무엇인지, 과거에 무엇을 했는지</u>가 가장 중요하다.

| 2장 |
무엇이 좋은 캐릭터를 만드는가?

 현실의 사람들은 그 자체로 존재한다. 좋으면 만나면 되고, 싫으면 안 보면 그만이다. 하지만 소설 속의 캐릭터는 독자에게 읽혀야 할 의무가 있다. 캐릭터가 의무를 이행하지 못한다면 고쳐야 하고, 정 안된다 싶으면 처음부터 다시 만들어야 한다.
 주역 캐릭터는 독자가 끝까지 읽어 나가고 싶을 만큼 흥미롭고 신뢰가 가야 한다.
 조역 캐릭터는 이야기를 진전시키거나 전환하거나 긴장을 없애 주거나 정보를 전달해야 하고, 그런 다음에는 비켜 줘야 한다.

독자가 던지는 세 가지 질문

독자가 처음 당신의 소설을 펼쳤을 때는 재미있기를 기대한다. 캐릭터들에게 마음을 쏟고 싶어 하고, 이야기를 믿어 주고 싶어 한다. 이때 독자는 당신 편이다. 하지만 독자와의 이러한 행복한 신혼여행은 단편소설에서라면 처음 세 단락, 장편 소설에서라면 두세 페이지 정도 만에 끝나고 만다.

그동안 당신은 독자에게 계속 읽어야 할 이유를 제시해야 한다. 독자가 소설을 읽을 때마다 무의식적으로 던지는 세 가지의 까다로운 질문에 답해야만 한다. 각 질문에 준비된 대답이 적절하다면 독자는 계속 읽을 것이고, 대답이 변변치 못하다면 의구심을 느낄 것이다.

질문 하나: 그래서 어쩌라고?

이 사건에 내가 왜 신경 써야 하는데? 이게 대체 뭐가 중요하지? 그냥 거실로 나가서 TV나 보면 안 되나? 이런 게 나오는 소설은 벌써 천 번도 넘게 봤는데. 이 소설도 딱 그런 얘기라면 그냥 관둘래.

질문 둘: 아, 그러셔?

지금 장난해? 이런 소릴 어떻게 믿으란 거야? 말이 안 되잖아. 이렇게 얼렁뚱땅 넘어가면 단 줄 알아? 이 작가는 독자를 바보로 아나? 적당히 좀 하지? 작가가 아무것도 모르는군. 그만 읽어야겠다.

질문 셋: 이게 뭔 소리야?

대체 뭐가 어떻게 된 거야? 이해가 안 되는걸. 이건 누가 하는 말이람? 무슨 얘길 하는 거지? 지금 여기가 어딘데? 하나도 모르겠잖아. 주절주절 뭐라고 쓰여 있긴 한데 뭔 뜻인지 전혀 알 수가 없군. 내가 독해력이 부족하거나 작가가 글을 못 써서 그런 거겠지. 어쨌든 도저히 못 읽겠어.

꽤 공격적으로 들리지 않는가? 하지만 어쩔 수 없다. 소설을 쓴다는 것은 대부분의 독자가 던지는 이 기본적인 질문 세 가지에 나름대로의 답변을 마련한다는 뜻이다.

독자가 무의식적으로 "그래서 어쩌라고?"라는 질문을 던지면, 당신은 독자가 관심을 기울여야 하는 이유를 제시할 것이다.

독자가 의구심을 품고 "아, 그러셔?"라고 말하려 하면, 당신은 독자를 설득할 증거나 해명을 제시할 것이다.

그리고 당신은 소설에 혼란스럽거나 모호한 부분이 없도록 확실히 할 것이다. 물론 긴장감을 유지하기 위해서 정보를 의도적으로 숨겨야 하는 드물고도 결정적인 순간들이 있게 마련이지만, 그때에도 독자에게 대답은 안 알려 줄지언정 질문은 정확히 전달할 수 있어야 한다. 불확실한 상황조차도 명료하게 써야만 한다. 그래야 독자도 작가가 나름의 의도가 있어서 이렇게 처리했다고 생각할 테고, 당신이 약속한 이야기를 제대로 전달할 능력이 있는 작가라고 믿어 줄 것이다.

소설이 시작되자마자 당신의 캐릭터들은 저 세 가지 질문에 맞닥뜨린다. 극히 예외적인 경우를 제외하면, 소설이란 기본적으로 캐릭터와 그 캐릭터가 하는 일에 대한 이야기다. 그리고 더더욱 희귀한 예외를 제외하면, 소설은 소수의 캐릭터들에게만 집중된다. (대체로 소설이 길면 길수록 더 많은 캐릭터를 소화할 수 있다.) 그러므로 이 소수의 주요 캐릭터들이 독자가 끊임없이 무의식적으로 던지는 질문들을 충족해야 한다.

모든 독자를 만족시키는 캐릭터는 없다. 1번 독자가 세 질문의 대답에 만족했다 하더라도, 2번 독자는 여전히 당신의 이야기에 관심이 없을 수 있고, 3번 독자는 여전히 못 미더워할 수 있고, 4번 독자는 여전히 이해를 못 할 수 있다.

작가는 첫 번째 독자다

이 책의 기본 취지는 당신의 캐릭터가 독자의 흥미와 신뢰를 살 수 있도록 도와주는 것이다. 하지만 무엇보다도 중요한 출발 지점은, 당신 스스로에게 흥미롭고 믿음이 가는 캐릭터를 만드는 것이다. 당신이 바로 그 소설의 첫 독자이니까.

당신이 캐릭터에게 별 관심이 없다면 그 캐릭터에 대해 재미있는 이야기를 쓰지도 못할 것이다. 또한 당신이 믿지 못하는 캐릭터를 독자가 믿어 줄 리도 만무하다.

지적으로 판단할 수 있는 차원이 아니다. 본능적인 영감의 차원이다. 어떤 캐릭터(혹은 여타 글감들)에 대한 착상을 떠올렸을 때, 흥미가 당기고 흥분되고 뭘 쓰고 싶은지 감이 오는 순간이 있다. 만약 그렇지 않다면, 즉 캐릭터나 글감이 당신이 생각하기에 따분하거나 바보 같다고 느껴진다면, 설득력 있고 매력적인 이야기를 쓸 수가 없을 것이다. 그 캐릭터나 글감에서 흥미로운 부분을 어떻게든 찾아내지 않는 한.

이 책 전체에 걸쳐서 나는 소설의 글감을 개선하는 방법들을 제시하고, 그 과정에서 예시 삼아 짧은 이야기 토막들을 써 보일 예정이다. 개중에는 당신에게 매력적으로 느껴지고, 관심이 생기고, 믿음 가는 이야기도 있을 것이다. 하지만 대부분은 내 의도를 머리로 이해만 할 뿐 마음에 와 닿지는 않을 것이다. 조금은 시시하게 느껴질지도 모르겠다. 그래도 괜찮다. 이 책은 당신이 맞닥뜨린 모든 문제에 정확한 해답을 제공하는 설명서가 아니다. 오히려 당신이 착안한 캐릭터와 소재에 대해 어떤 질문을 던지고 어떤 요구를 해야 하는지 일러 주기 위한 것이다. 질문과 요구를 던지다 보면 당신의 마음에 드는 해답이 떠오르고, 어서 그 이야기를 쓰고 싶어서 좀이 쑤실 것이다.

두 명의 작가가 똑같은 소설을 쓸 수는 없다. 서로 다른 사람이 정확히 똑같은 관심사를 똑같은 수준으로 믿고 똑같은 깊이로 파고들 수는 없기 때문이다. 소설을 쓰면서 당신이 취하는 모든 선택은 당신의 내면에서, 영혼의 가장 깊은 곳에서 나오는 것이다. 당신의 소설은 당신이 어떤 사람인지, 자신을 둘러싼 세상을 어떻게 인식하는지 드러낼 것이다. 당신 자신조차 몰랐던 것까지 드러낼 것이다.

글이란 결국은 자기가 재밌자고 쓰는 거라는 얘기는 바로 이런 뜻이다. 당신이 관심이 없는 이야깃거리는 잘 쓸 수도 없다. 자기 자신조차 설득하지 못하는 허술한 거짓말을 길게 적어 내리는 일이나 마찬가지다.

하지만 일단 마음에 와 닿고 쓸 만한 가치가 있다는 느낌이 드는 이야깃거리를 발견했다면, 단지 혼자 재밌자고 써서는 절대로 안 된다. 그 시점부터는 당신이 이제껏 터득한 모든 기술을 발휘해서 독자를 설득하기 위해 심혈을 기울여야 한다. (이 책을 참고하여) 당신의 이야기가 얼마나 중요하고 진실한지 납득시키고, 어떤 일이 벌어지고 있는지 확실히 전달하고, 독자를 당신의 세계로 끌어들이고, 독자들의 눈앞에서 그리고 그들의 상상력과 기억 속에서 이야기가 생생하게 펼쳐지도록 이끌어야만 한다.

어떤 독자는 당신과 죽이 잘 맞아서 글이 얼마나 서툴든 받아들여 줄 것이다. 반면 아무리 잘 써도 도저히 사로잡을 수 없는 독자도 있을 것이다. 하지만 그렇다고 이래도 저래도 상관없겠거니 하고 아무렇게나 써서는 안 된다. 당신은 다른 사람들이 이 중대하고도 진실한 이야기를 받아들일 가능성을 최대한 끌어내야 할 의무가 있다. 가능한 명료하게 전달하고, 관심을 갖고 읽어야 할 이유를 만들고, 믿어야 할 합당한 근거를 제시해야 한다.

믿음을 주고, 정서적 공감을 자아내고, 이해가 되도록 쓰기.

나는 이 원칙을 성서에 나오는 바울로의 표현('믿음, 소망, 사랑')에 빗대서 기억하길 좋아한다.

믿음, 소망, 명확성.

사실 이런 경구에 의존할 것까지도 없다. 만약 당신의 소설이 정말로 중요하다면, 당신이 만든 이야기가 정녕 어떤 가치가 있다면, 최대한 많은 사람이 그 이야기를 읽을 수 있도록 베푸는 것은 진실로 자선 행위이자 형제애에 해당하기 때문이다.

이 책에 나온 몇몇 기술들은 별다른 고민 없이 기계적으로 가져다 써도 어느 정도는 먹힐 것이다. 하지만 그런 식으로 사용하지는 않기를 바란다. 당신의 소설에 진짜로 부합하는 것만을, 당신의 이야기가 지닌 본연의 진실과 힘을 훼손하지 않는 것만을 활용하기를 권한다.

작가인 우리의 목표는 돈을 버는 것이 아니다. 돈을 버는 데에는 더 쉽고 빠른 방법이 얼마든지 있다. 우리의 목표는 사람들의 기억 속에 우리의 이야기를 남겨서 그들에게 변화를 불러오는 것, 세상을 더 낫게 만드는 것이다. 현실을 직시하도록 한다든지, 미래에 대한 희망을 심어 준다든지, 그 외에 어떤 형태로든 진실을 전하는 것이다. 당신은 이 진실을 가능한 폭넓은 독자층에게 전해야만 한다. 당신의 이야기를 독자들에게 열어 주기 위해 최대한 솜씨를 발휘하는 것은 '대중에 영합하는' 짓이 아니다. 오히려 당신이 가진 최선의 능력을 너그럽게 베푸는 행위다. 물론 그 소설이 매우 많은 독자에게 읽힌다면 돈도 들어오긴 할 것이다. 하지만 소설 쓰기의 가치는 돈이 아니다. 돈을 원동력으로 삼기에는 너무나도 많은 작가들이 너무나도 적게 벌고 있다.

당신의 이야기에 들어맞지 않는 테크닉을 억지로 가져다 쓴다면, 예컨대 순전히 가상의 독자를 만족시키기 위해서 야한 내용이나 감상적인 부분이나 터프한 액션을 조금씩 집어넣는다면, 그 순간 당신의 이야기에 깃든 생명력의 일부가 죽어 버릴 것이다. 덜 진실하고 더 거짓된 이야기가 되어 버리는 것이다. 그런 식으로 특정 독자들의 마음을 얻는다 해도, 그 소설의 거짓을 알아보고 외면하는 독자들의 마음을 돌릴 수는 없을 것이다.

캐릭터 심문하기

캐릭터의 아이디어를 어디에서 얻는지에 대해서는 곧 다루도록 하겠다. 지금은 일단 아이디어를 가지고 무엇을 해야 하는지부터 짚고 넘어가도록 하자.

바로 캐릭터에게 질문을 하는 것이다.

인과관계에 대한 질문

당신이 던질 질문은 대부분 원인과 결과에 대한 것이다. 이 캐릭터가 왜 그런 일을 할까? 무엇이 캐릭터를 그렇게 몰고 갔나? 만약 그 행동을 한다면 어떤 결과가 발생할까?

여기서 내가 몇 년 전에 했던 캐릭터 심문의 한 사례를 살펴보도록 하겠다. 나는 '한 시간 동안 천 가지 아이디어'라는 이름의 워크숍을 열곤 한다. 어른과 아이, 프로 작가와 작가 지망생, 글쓰기에 별로 관심이 없는 사람들에 이르기까지 다양한 참여자들과 함께했는데, 언제나 유쾌하고 창조적인 경험이었다.

이때는 초등학교 4학년생들과 진행한 워크숍이었다. 내가 질문을 던지면 학생들이 대답하는 방식이었다.

주인공이 남자였으면 좋겠어요, 여자였으면 좋겠어요?
　—남자요! 아니, 여자요!
좋아요, 이건 나중에 정해요. 그럼 나이는 몇 살일까요?
　—열 살! 아니, 열두 살이요!
열두 살? 왜 열두 살이지요? 열두 살이 되면 무슨 일이 일어나나요?
　—좀 더 늦게 자도 돼요.
그래요? 그럼 늦게까지 안 자고 뭘 하고 싶어요?
　—TV 볼래요!
　—재밌는 거!

─ 무서운 거!

또 뭐가 있을까요?

─ 혼자서 놀러 가기!

어디로 놀러 가지요?

─ 쇼핑몰이요!

─ 친구 집이요!

─ 가고 싶은 데 아무 데나요!

아이쿠, 아저씨는 서른일곱 살인데도 아무 데나 다 가진 못하는데.

─ 열두 살이 되면 돈도 더 많이 생겨요.

어째서 돈이 더 생기지요?

─ 부모님이 용돈을 더 많이 줘요.

─ 아기 돌봐주는 아르바이트 해서요.

열두 살이 되면 아기를 돌볼 수 있군요. 해 본 적 있는 사람?

─ 네, 제 동생 봐줬어요.

─ 옆집 아기요.

─ 저, 해 본 적 있어요!

아기 볼 때 어떤 사고가 일어날 수 있을까요?

─ 집에 불이 나는 거요.

흐음, 하지만 자주 일어나는 사고는 아닐 거예요.

─ 애들이 불을 내잖아요!

그러면 어떻게 할래요?

— 불을 꺼요!

　　— 소방서에 신고해요!

　　— 집에서 도망쳐요!

　　— 애들을 집에서 내보내요!

　　— 불을 낸 애는 집에 놔둘 거야!

이야, 대단하다. 불이 나면 이야기가 엄청 흥미진진해지겠네요. 하지만 지금은 그거 말고 다른 걸 생각해 봅시다. 아기 보다가 또 어떤 사고가 일어날 수 있을까요?

　　— 기저귀가 더러워져요.

그건 항상 더러워지니까요. 또 다른 건?

　　— 아기가 울어요.

그렇군요. 아기가 울면 어떻게 하죠?

　　— 기저귀를 갈아 줘요.

주인공이 기저귀를 갈아 줬는데도 계속 울어요. 어떻게 하죠?

　　— 분유 먹여요.

　　— 트림을 시켜 줘요.

　　— 조용히 하라고 해요.

그렇게 했는데도 계속 우네요.

　　— 아픈가 봐요.

그럴 수도 있겠네요. 이제 어떻게 하죠?

　　— 엄마한테 전화해요!

엄마가 집에 없어요. 약속이 있어서 나가셨거든요.

― 그럼 그 아기네 부모님한테 전화해요.

그분들은 차 타고 어디로 가는 중이에요. 카폰도 없고요.

― 옆집으로 가서 도와 달라고 해요!

그런데 주인공은 옆집에 누가 사는지 잘 몰라요. 게다가 밤이라서 어둡고, 나무도 많고요. 그리고 그 사람들도 집에 없어요.

― 에이, 말도 안 돼!

― 아무것도 못하잖아요!

너무 쉬우면 재미없잖아요. 여러분이 하는 말이 전부 이 이야기를 만들고 있어요. 모든 걸 해봤는데도 여전히 안 되는데, 이제 주인공은 어떻게 하죠?

― 아기를 침대에 내려놓고 울게 놔둬요.

그렇게 했더니 아기가 점점 더 큰 소리로 울어요. 그러다가 숨이 막혀서 기침을 하길래 다시 안아 들었어요. 이제 어떻게 하죠?

― 의사한테 전화해요.

의사가 전화를 안 받아요.

― 병원에 전화해요!

― 응급실!

― 응급실은 항상 전화 받으니까요.

아이쿠, 한 방 먹었네. 맞아요. 응급실은 항상 전화를 받죠. 그래서 전화를 했어요. 어떻게 됐을까요? 응급실에서는 주인공이 이미 한

걸 또 하라고 해요. 그리고 이미 연락해 본 사람들한테 연락해 보라고 하네요. 이제 어떡하나?

― 에이이이!

― 앰뷸런스!

좋아요, 앰뷸런스를 불렀어요. 앰뷸런스가 사이렌을 왱왱 울리고 불빛을 번쩍번쩍하면서 도착했어요. 그다음엔 어떻게 됐을까요?

― 아기가 울음을 멈췄어요.

― 아기 부모님이 집에 왔어요!

우와, 잘됐다! 아기가 울음을 멈추고, 아저씨 아줌마가 집에 오셨어요. 아저씨 아줌마가 집 밖에 있는 앰뷸런스를 보고는 안으로 들어왔더니……?

― 아기가 자고 있어요.

― 쿨쿨!

주인공은 이제 어떻게 할까요?

― 무슨 일이 있었는지 말씀드려요.

― 그런데 안 믿어 줘요.

― 맞아, 어른들은 아이들을 절대 안 믿어 줘.

― 주인공한테 막 화를 내요.

그럴 수도 있겠네요. 그분들이 다음번에 주인공에게 또 아기를 돌봐 달라고 맡길까요?

― 아뇨!

─절대!

─주인공 엄마한테 이를 거예요!

─그럼 엄마가 다시는 아기 돌보는 아르바이트를 못 하게 할 거예요.

─그 집에 다시 가서 아기를 때려요!

그러고 싶지만 못 하겠지요.

─너무해요! 주인공이 잘못한 것도 아닌데!

맞아요. 주인공 잘못이 아니에요. 너무 억울한데 어쩌면 좋지요?

─엄마 아빠를 믿게 만들어요.

어떻게요?

─엄마한테 그 멍청한 아기를 돌봐 주라고 해요.

멋진 아이디어예요! 하지만 주인공이 그런 일을 시킬 수는 없겠지요. 두 달쯤 뒤에 그 집 아저씨 아줌마가 아기를 데려와서, 주인공 엄마한테 잠시만 아기를 봐 달라고 부탁했다고 합시다. 주인공은 너무 부끄러워서 방에서 나가지도 못하고 가만히 있어요. 공부를 한다든가, 책을 읽는다든가…….

─음악 들어요.

─텔레비전 봐요.

이제 무슨 일이 일어날까요?

─아기가 울기 시작해요.

자, 아기가 웁니다. 아기 우는 소리가 주인공 방에까지 다 들려요. 주

2장 무엇이 좋은 캐릭터를 만드는가? | 51

인공은 재밌게 그걸 듣고 있어요. 엄마가 기저귀를 갈아 주고, 분유를 먹이고, 주인공이 했던 일을 전부 똑같이 하네요. 아기 부모님한테 전화도 해 보고요. 심지어는 외할머니한테까지 전화해 봐요.

— 결국 앰뷸런스를 부를 거예요!

그럴 수도 있겠네요! 하지만 일단 엄마가 위층으로 올라와서 주인공의 방문을 열어요. 온 집이 떠나가라 빽빽 우는 아기를 안고서 말이에요. 그리고 주인공한테 이렇게 말해요. "네 말이 진짜였구나. 아기 보기 아르바이트 또 해도 괜찮아."

— 그 아기는 안 맡을 거예요!

그렇죠! 엄마한테 그렇게 말했더니 알았대요. 자, 이야기는 이렇게 끝났어요.

이야기가 전개되는 과정을 잘 보라. 우리는 캐릭터의 나이 외에 아무것도 모른 채로 시작했다. 하지만 그것만으로도 '왜 그런가'와 '그래서 어떻게 되나'라는 질문을 던지기에는 충분했던 것이다.

"열두 살이기 때문에 일어날 수 있는 일은 뭐가 있나?" 여기에는 여러 대답이 있을 수 있다. 꼭 아기 돌보기가 아니더라도 무엇이든 쓸모가 있었을 것이다. 실제로 나는 이 워크숍에서 열두 살 주인공이 늦게까지 안 자고 무서운 영화를 본다는 발상으로 또 다른 이야기를 이끌어 내기도 했다. 이 책에서는 그냥 아기 돌보기 이야기를 예시로 선택했을 뿐이다.

"어떤 사고가 일어날 수 있나?" 이건 이야기에 문제와 곤경을 불러오는 근본적인 질문이다. '그래서 어떻게 되나'라는 질문에 해당하지만 일부러 부정적인 답변만 나오도록 유도한 것이다. 시련이 없으면 이야기도 안 나오니까. 불이 난다는 아이디어는 내게 너무 극단적으로 느껴져서 선택하지 않았다. 물론 아기를 보는 중에 불이 나서 아이들을 구하는 이야기도 박진감 넘쳤겠지만, 당시에는 그리 내키지 않아서 마음에 드는 답변이 나올 때까지 계속 같은 질문을 던졌다.

아기가 운다는 아이디어를 잡은 다음에는 다시 '어떻게 되나' 질문을 던졌다. 아기가 그만 울게 하려면 어떻게 할 것인가? 학생들이 해결책을 제시할 때마다 나는 합당한 조치라고 수긍했지만 아무 효과가 없다고만 말했다. 왜? 울음이 멈추면 이야기가 끝나 버릴 테니까.

만약 아기의 몸을 살펴보자는 제안이 나왔다면, 나는 무엇을 발견했냐고 물었을 것이다. 아기에게 멍이 들었을 수도 있고, 흉측한 벌레가 옷 안에 들어가 있었을 수도 있고……. 어떤 대답이 나왔을지 누가 알겠는가? 주인공은 아기가 우는 원인이 뭔지 찾아냈을 수도 있을 것이다. 하지만 뻔하고 재미없는 제안만 나왔기 때문에 나는 다른 대답이 나올 때까지 계속 물었다. 아기가 그렇게 쉽게 울음을 그치도록 놔둘 수는 없었다.

캐릭터의 동기에 관한 더 복잡한 질문을 던질 수도 있었을 것이다. '그냥 아기를 침대에 눕히고 방에서 나간 다음 문을 확 닫아 버리고 울든 말든 내버려 두면 안 되나? 어째서?' 그러면 아마 이런 식의 대답들이 나왔을 것이다. 주인공이 어렸을 때 어두운 방에 갇혀 본 적이 있어서 차마 아기 혼자 방에 놔둘 수는 없다든지 아기 울음소리를 견딜 수가 없다든지, 아니면 아기가 죽을까 봐 무섭다든지.

아기가 죽는 걸 왜 무서워할까요?
— 예전에 주인공 동생이 죽었어요.
— 동생이 죽기 전에 막 울었었어요.

단순한 '왜 그런가' 질문이 이야기에 얼마나 새로운 가능성을 열어주는지 실감이 되는가? 물론 기존의 이야기도 좋았다. 귀엽고 재미있는 이야기였다. 하지만 동생의 죽음이라는 과거를 추가하면, 아기가 우는 상황은 주인공에게 단순히 성가신 골칫거리가 아니라 훨씬 깊은 의미를 지닌 사건이 된다. 절박하고 가슴 아픈 요소가 생기는 것이다. 이렇게 되면 저 가벼운 결말만으로는 충분치 않다. 주인공의 엄마는 주인공이 어째서 앰뷸런스까지 불렀는지 이해할 테고, 아기의 부모에게 자초지종을 설명할 것이다. 어쩌면 구급대원들이 아기에게 정말로 심각한 문제가 있었다는 사실을 발견하는 것으로 이야기를 끝맺을 수도 있다. 아니면 엄마가 주인공을 동생의 무덤으로 데려가서 이전에는 해 준 적 없던 깊은 이야기를 들려줄 수도 있다.

하지만 이런 가능성들은 우리가 아이디어에 더 많은 것을 요구해야만, 즉 '왜 그런가'와 '그래서 어떻게 되나' 질문을 더 많이 던져야만 발견할 수 있다. 처음 만족스러운 대답이 나왔을 때 멈춰 버리면, 그걸로도 '충분히 좋은' 이야기를 쓸 수는 있겠지만 그 이상으로 깊고 섬세한 이야기로 발전할 기회는 놓치고 만다. 질문을 많이 던져 보면 단순히 재미있기만 한 이야기가 재미있으면서도 강력한 이야기로 거듭날 것이다.

과장

내가 '그 어떤 방법을 써도' 아기가 울음을 그치지 않는다고 일관했다는 점을 주목하라. 여기서 나는 아기를 신화적인 위상으로 끌어올리고 있다. 보통의 인간이 이해할 수 있는 일상 속의 아기가 아니라, 일종의 원형적인 상징으로서의 아기가 된 셈이다. 인간의 자궁에서 나왔으나 무슨 생각을 하는지 전혀 헤아릴 수 없는 어떤 야만스러운 존재가 변덕스럽고 불가해한 요구를 하며 한 가족을 쥐락펴락하는 것이다. 그 어떤 제물을 바쳐도 만족하지 않는 악마 혹은 신처럼.

약간의 과장을 동원하면 일상적이고 밋밋하고 무난한 캐릭터가 흥미로운 존재로 바뀔 수 있다. 거기서 조금 더 과장한다면, 캐릭터는 더 전형적인 존재가 되는 대신 실제로 있을 만한 사람이라는 신빙성은 떨어질 것이다. 더더욱 많이 과장한다면 희화화된 만화 캐릭터처럼 된다. 웃음이나 풍자를 유발하는 데에는 유용하지만 비장한 느낌이나 진심 어린 신뢰를 얻기는 힘들 것이다. 그리고 그 이상으로 심하게 과장하면 캐릭터는 전혀 쓸모가 없어진다. 믿을 수도, 알 수도 없게 된다.

발상의 전환을 꾀하라

위의 이야기에서 우리는 주인공이 맡은 일을 성실하게 해내려고 노력하는 책임감 있는 인물이라고 간주했다. 하지만 만약 주인공이 부정한 방법으로 돈을 뜯어내고 있었다면 어떨까? 그 집 부모가 집에 와 보면 아기가 항상 울고 있으니, 종일 시달렸을 주인공에게 미안해서 아르바이트 수당을 더 얹어 주었다면?

캐릭터에 대해 또 다른 방향을 가정해 보면 의외의 면모를 갖춘 참신한 캐릭터로 바꿀 수 있다. 여기서 하나의 사례를 들어 보겠다. 내가 채터누가에서 진행했던 '한 시간 동안 천 가지 아이디어' 워크숍에 1980년대 최고의 사변 소설 작가인 진 울프가 참석한 적이 있다. 그때 우리는 한 판타지 캐릭터를 만들어 낸 참이었다. 일체의 성적(性的) 활동을 금지당한 젊은 왕으로서, 만약 그가 어떤 방법으로든 성적인 만족감을 얻게 되면 왕국을 유지하는 마법이 약해지거나 풀려 버려서 국운이 기운다는 설정이었다. 우리는 모두 젊은 왕이 이 답답한 제약을 못 견뎌서 안절부절못하고 섹스를 갈망하며 감시자들의 눈을 피해 탈출할 방법을 찾고 있으리라고 생각했다. 그런데 진 울프가 색다른 발상의 전환을 내놓았다. "아니, 그게 아니죠. 이 왕은 오히려 감시가 부족하다고 생각할 거예요. 어쩌다가 뜻하지 않게 성적인 접촉을 하게 돼서 백성들에게 끔찍한 결과를 불러올까 봐 공포에 질려 있죠. 그래서 시종들이 자신을 항상 감시하도록 확실히 할 거예요."

다른 사람들이 만들어 낸 캐릭터는 확실히 그럴듯했다. 실제 10대 청소년들은 성적인 제약에서 탈출하고 싶어하는 경우가 많으니까. 하지만 울프가 만들어 낸 캐릭터는 덜 그럴싸하긴 해도 훨씬 더 흥미로웠고, 거기에서 비롯된 수많은 '왜 그런가'와 '그래서 어떻게 되나' 질문을 통해 이 워크숍 사상 최고의 이야기들 중 하나를 지을 수 있었다.

클리셰의 선반

아이디어에 철저한 심문을 퍼붓지 않고 대충 지나가지 마라. 밝은 조명을 비추고 꼼꼼히 살펴보라. 당신의 질문에 대답하라고 요구해라. 그리고 꼬리에 꼬리를 무는 질문을 자꾸만 던져 보라. 왜 그런가? 어째서 그런 일이 생겼나? 어떤 목적으로? 그 결과는 무엇인가? 그래서 어떤 일이 일어나나?

가혹해져야 한다. 대답 없는 아이디어를 가만 놔두지 마라. 그리고 가장 먼저 떠오른 대답을 무턱대고 믿지도 마라. 처음 떠오른 대답은 클리셰일 가능성이 매우 높다. 두 번째 대답도 마찬가지다. 질문을 계속 반복해서 더욱 많은 대답을 끌어내 보라. 그러다 보면 마침내 진실로 살아 숨 쉬는 해답을 발견할 것이다. 만약 그렇게 했는데도 맨 처음의 대답이 가장 마음에 든다면, 그걸 선택해도 괜찮다.

그리고 딱 맞는 아이디어를 찾아냈다면, 당신이 원하는 정확한 캐릭터가 손에 잡혔다면, 캐릭터의 특징들 중에서 누구도 감히 과장할 생각을 못 했을 법한 측면을 가지고 과장해 보라. 아니면 캐릭터에 대해 발상의 전환을 시도해 보라. 둘 다 해 봐도 좋다.

누구나 나름대로의 클리셰들을 갖고 있다. 비단 작가만이 아니라 모든 사람이 그렇다. 우리는 책에서, 우스갯소리에서, 사람들끼리 주고받는 일화에서 각종 클리셰를 습득한다. 그중 대부분은 많은 사람들이 수많은 매체를 통해 접한 사건 패턴이나 캐릭터 유형과 같은 대중적 클리셰일 것이다. 하지만 당신이 미처 의식하지도 못하는 버릇이나 강박관념에서 기인하는 당신만의 개인적인 클리셰들도 있다.

집필을 할 때든, 이야기를 구상할 때든, 아니면 단순히 막 생각난 아이디어를 심문할 때든, '왜 그런가'와 '그래서 어떻게 되나' 질문에 가장 먼저 떠오른 대답은 십중팔구 클리셰다. 그건 마치 각종 클리셰들을 꽂아 놓은 선반에 손을 뻗고서 제대로 확인해 보지도 않은 채 처음 손에 닿는 것을 무작정 끄집어낸 것이나 마찬가지다. 정신을 바짝 차리지 않고 거기에 안일하게 만족해 버리면 당신의 이야기는 허술하고 얄팍해질 것이다. 끈질긴 질문을 통해 진정으로 훌륭한 해답을 찾아내지 않고 편하고 값싼 대답으로 대충 때워 버린 셈이기 때문이다.

캐릭터에서 이야기로, 이야기에서 캐릭터로

아이디어 심문에서 특히 유용하게 쓰이는 질문이 몇 가지 있다.

앞서서 다룬 워크숍 이야기를 살펴보라. 우리는 주인공의 나이가 열두 살이라는 것 외에는 거의 아무것도 정하지 않고 시작했다. 그런데 주인공에게 할 일을 부여하려니 고정관념에 따른 아이디어가 즉각 떠올랐다. 바로 베이비시터였다. 그러나 단순한 고정관념만으로는 이야기를 전개해 나갈 수가 없기에, 나는 "어떤 사고가 일어날 수 있나?"라는 질문을 던졌다. 이 질문은 한 캐릭터에게서 이야기나 상황을 끌어내는 데에 유용하게 쓸 수 있다.

이것과 정반대의 경우도 있을 것이다. 즉 이야기의 배경이나 상황에 대한 아이디어는 있는데, 거기에 어떤 캐릭터를 넣어야 할지 모르겠을 때. 그러면 당신은 이런 질문을 던져야 한다. "어떤 종류의 사람이 이런 상황에서 가장 심하게 시달릴까?" 그 상황을 바꾸는 데에 가장 절박하게 매달릴 법한 유형의 인물을 찾는 데에 초점을 맞춰서 아이디어를 심문해 보라. 그렇게 하면 최대한의 가능성을 이끌어 낼 수 있고, 대개는 그 캐릭터가 이야기의 주인공이 될 것이다.

사실 정확한 질문은 "어떤 종류의 사람이 이런 상황에 처했을 때 '죽거나 무능력해지지 않는 선에서' 가장 심하게 시달릴까?"여야 한다. 현실적인 이유 때문이다. 주인공이 초장부터 죽어 버리거나 아무것도 할 수 없게 되면 이야기를 끌고 나갈 수가 없으니까.

2장에서는 처음부터 끝까지 질문에 대해서 다룬 셈이다. 우선은 독자가 던지는 질문들. "그래서 어쩌라고?" "아, 그래서?" "이게 뭔 소리야?"

작가인 당신은 독자보다 더 많은 질문을 할 것이다. 우선은 인과관계에 대한 질문이 있다. "무엇 때문에 이런 일이 일어났나?" "목적이 무엇인가?" "결과는 무엇인가?"

다음으로는 이야기와 캐릭터의 가능성을 열어주는 질문들. "어떤 사고가 일어날 수 있나?" "어떤 종류의 사람이 이런 상황에서 가장 심하게 시달릴까?"

끝으로, 캐릭터나 글감을 마지막 한 방울까지 쥐어짜는 두 가지 절차가 있다.

과장, 그리고 발상의 전환.

자, 아이디어를 다듬을 계획은 다 세웠다. 그러면 이제 아이디어를 잡으러 가 보자.

| 3장 |
캐릭터는 어디에서 나오는가?

 캐릭터의 아이디어를 잡으려고 무슨 성배 찾기 하듯이 험난한 여정을 거칠 필요는 없다. 신비로운 비법 같은 건 전혀 없다. 당신은 그저 삶과 문학이라는 바다에 항상 던져져 있는 아이디어의 그물로 시선을 돌려서 잡히기를 기다리고 있는 물고기들을 주워 담기만 하면 된다.
 정말이다. 아이디어는 흔하다. 언제나 당신 주위에 널려 있다. 캐릭터 발상이나 이야깃거리를 하루에만 수백 개, 심지어는 수천 개도 맞닥뜨리게 되어 있다.
 "나는 아닌데."라고? 천만에. 당신도 그렇다.
 이 아이디어들이 보이지 않는다면 당신이 신경을 안 써서 그렇다. 그게 아이디어인 줄도 모르고 지나쳐 버리기 때문이다.
 그러니 이제부터 아이디어의 진원지들을 살펴보도록 하자. 그 진원지들을 눈여겨보면 아이디어의 그물이 어떻게 캐릭터들을 낚는지를 알아볼 수 있을 것이다. 거기서 캐릭터들을 건지고 심문하고 다듬어서 생명을 부여하면 된다.

삶에서 아이디어 얻기

'미메시스'에 대해 들어 본 적이 있을 것이다. 예술이 삶을 모방한다느니 삶에서 나온다느니 등등. 하지만 그게 당신의 삶은 아니라고 생각했을 것이다. 당신의 주위에서 일어나는 일들은 모조리 평범하고 시시하고 재미없는 일상일 뿐이라고.

완전히 틀렸다. 당신에게는 아무리 평범하게 보이는 것이라도 다른 사람에게는 낯설게 보인다. 뿐만 아니라, 내게 평범하게 보이는 것을 당신이 글로 쓴다면 또한 낯설게 보일 것이다. 당신은 그것을 나와 다른 관점으로 볼 테니까.

언젠가 읽었던 판타지 소설이 생각난다. 조지아 주의 산간 지역에 사는 어느 평범한 10대 청소년들이 요정 나라의 주민들과 엮인다는 내용이었는데, 이 요정들은 미국을 마법의 땅 '티르 나 노그'*로 여기고 있었다. 그 결과 「일리아스」와 비슷한 효과가 나온다. 신적인 존재들이 자기 이익을 위해서 인간사를 조종하는 것이다. 그런데 2부를 읽

---

* Tír na nÓg, 켈트 신화에 등장하는, 영원한 젊음과 아름다움을 유지할 수 있는 요정들의 낙원.

어 보니 이 작가는 자기 소설에서 정말로 매력적인 부분이 무엇인지 이해를 못 하는 듯했다. 조지아 주 배경이 평범하다고 생각하고 대신 요정들에게 매료되었던지, 2부에서는 대부분의 사건이 요정 나라에서 벌어지는 것이었다. 하지만 내가 보기에 그건 여타 판타지 소설에서도 숱하게 등장하는 미치도록 식상하고 흔해 빠진 네버랜드일 뿐이었다. 내가 좋아했던 부분은 낯설면서도 동시에 생생한 사람들의 삶을 보여주었던 조지아 주 쪽의 이야기였다. 작가 본인에게는 지루하게 느껴졌을 부분이 내게는 오히려 흥미진진했던 것이다.

그러니 캐릭터를 잡으려면 당신의 삶에 먼저 그물을 던져라. 당신이 보는 사람들, 아는 사람들, 당신 자신에 이르기까지.

낯선 사람들 관찰하기

어떤 작가들은 평소에 수첩이나 녹음기를 갖고 다니면서 눈에 띄는 장면이나 사람들의 대화 내용을 틈틈이 기록한다. 주유소에서, 마트 계산대에서, 병원 대기실에서, 오고 가는 사람들의 이야기나 태도나 행동 따위가 우스꽝스럽거나 성가시거나 괴상하거나 딱 전형적이라는 느낌이 드는 때가 있을 것이다. 이러한 소재들이 바로 매력적인 캐릭터의 기초가 될 수 있다.

내가 얼마 전에 빅스타 슈퍼마켓에 뭘 사러 갔을 때의 일이다. 하필 손님이 한창 많은 퇴근 시간대였고, 나는 빨리 계산하고 나가야 했기에 그나마 줄이 짧은 계산대 앞에 섰다. 내 앞에 선 여자는 바구니에 물건이 몇 개 없었으므로 금방 끝날 줄 알았다. 그런데 기다리다 보니 그 여자의 남편과 세 아이들이 품에 다른 물건들을 잔뜩 껴안고서 끼어드는 게 아닌가. 아, 솔직히 말하자면 그렇게까지 많지는 않았다. 아이는 한 명이었고, 애 아빠도 그 아이도 물건 한두 개씩만 더 들고 왔을 뿐이었다. 하지만 나는 그 순간 머릿속으로 상황을 과장해 보기 시작했다. 의식하지도 못하는 사이에 아이디어의 그물이 작동하고 있었던 것이다. 그리고 약간의 과장을 보태니 확실히 더 좋은 이야깃거리가 만들어지지 않는가?

결과적으로 나는 언젠가 글감으로 활용할 한 가족에 대한 아이디어를 얻었다. 구체적인 동기까지는 확실히 정하지 않았다. 부부 중 한 명이 시간 낭비를 싫어하는 성격이라거나, 아니면 부부가 맞벌이를 하고 아이들도 학교에 다니니 집안일을 도맡을 사람이 없어서 협동하자는 차원에서 조직적으로 장을 보는 것일 수도 있겠다. 어쨌든 그들은 마트로 가는 길에 각자 구매할 식료품 목록을 분배하고, 마트에 도착하면 저마다 한 코너씩 맡아서 물건들을 챙긴다. 엄마는 먼저 카트를 끌고 계산대 앞으로 가서 줄을 서고, 계산할 차례가 오기 전에 각 식구가 정확한 시간 내로 양팔 가득 물건을 들고 와야 한다. 만약 맡은 물건을 전부 가져오지 못하는 사람이 생기면, 그는 자기가 빠뜨린 식료품 때문에 상차림이 부족해진 식탁 앞에서 심한 무안을 당할 것이다.

물론 이건 아직 제대로 된 이야기라고 할 수 없다. 그냥 우스꽝스러운 가족에 얽힌 상황 한 토막일 뿐이다. 하지만 이 부부의 아이를 주인공으로 잡고, 그 아이가 자기 가족의 장 보기 과정 전체를 무척 창피하게 여긴다고 설정한다면 어떨까? 혹은 발상의 전환을 시도해서, 이 아이가 오히려 장 보기 체계를 직접 고안했으며 다른 식구들이 제대로 따라 주지 않는다고 불만스러워한다면? 아니면 각자 더 많은 물건을 챙겨 오려고 경쟁하는데, 주인공 아이는 마트 진열장을 일일이 찾아다니지 않고 다른 손님들 카트에서 필요한 물건을 슬쩍 빼돌리는 수법을 써서 항상 경쟁에서 이긴다고 하면 또 어떨까?

일상에서 마주친 평범한 사건 하나에서 이렇게 무궁무진한 가능성이 나온다. 내가 이 아이디어를 어떻게 가공해서 어떤 이야기를 써 내든 간에, 처음에는 마트 계산대에서 차례를 기다리는 한 손님을 지켜본 데에서 비롯된 생각일 뿐이었다.

하지만 기억하라. 실제로 보고 들은 대화나 사건을 있는 그대로 가져다 쓸 수는 없다. 꼭 위의 예시처럼 심하게 과장하지는 않더라도, 어떻게 해서든 아이디어에서 단순한 사실 이상의 것을 끌어내야만 한다.

누군가가 유난히 흥미가 당기는 말을 한다면, 그 사람이 왜 그런 말을 했을지, 어째서 그런 사고방식이 생겼을지 자문해 보라. 그리고 처음 떠오르는 추측으로 만족하지 말고 질문을 거듭해라. 현실에서 관찰한 것은 아무리 흥미롭다 해도 지엽적인 색깔, 배경의 일부분에 지나지 않는다. 거기에 잠재된 이야기와 캐릭터를 한껏 쥐어 짜내야만 쓸 만한 글감이 된다.

당신이 아는 사람들

많은 작가들이 현실의 친구나 가족을 모델로 삼아서 소설을 쓴다. 나도 종종 그런 적이 있다.

물론 그래도 된다. 왜 아니겠는가? 당신은 그 사람들에 대해 익히 알고 있다. 말버릇, 기벽, 장점과 약점까지도. 완전히 새로운 사람을 창조하기보다는 이미 아는 사람에 대해 쓰는 편이 수월할 수 있다.

하지만 이 방법에는 크게 두 종류의 위험이 따른다는 것을 주의해야 한다.

1) 실존 인물로 캐릭터를 만들면 소설을 망칠 수 있다.

당신은 생각보다 그 사람들에 대해 잘 모른다. 결국 그들의 기억과 영혼 속에 들어가 본 적은 없지 않은가. 그들이 왜 그렇게 행동하는지, 왜 그런 말을 하는지 정확히 알 도리가 없다. 추측만 할 수 있을 따름이다. 하지만 작가는 자기 캐릭터에 대해 친구나 가족보다도 훨씬 더 빠삭하게 꿰고 있어야 한다. 그러므로 이건 모방을 잘하고 못하고의 문제가 아니다. 실존 인물을 소설 속으로 불러와서 주어진 역할을 해낼 캐릭터로 만들려면, 결국 굉장히 많은 것을 허구로 지어내야만 한다. 아무리 잘 아는 사람이라 할지라도.

그리고 현실의 사건을 글감으로 삼을 때도 위험이 따른다. 그 사건이 당신 친구들에게 실제로 일어났다는 사실을 독자들은 모른다는 점이다. 소설에서 유난히 이상하거나 흥미로운 사건이 나오면 독자는 합당한 근거가 뒷받침되어야만 믿을 것이다. 그러나 당신은 이 점을 쉽게 잊어버리고, 그런 사건이 일어나는 계기나 캐릭터가 그런 행동을 하는 이유를 마련하는 데에 자칫 소홀해질 수 있다. 그러면 당신의 소설에서 가장 사실적인 부분이 도리어 가장 비현실적으로 보일 것이다.

소설의 개연성이란 어떤 사건이 우리 삶에서 '실제로 일어났는지'에 달려 있는 것이 아니다. 그 사건이 '일어날 법한지'의 문제다. 독자가 읽기에 '그럴싸하다'고 느껴져야 한다. 사건이 그럴싸함에서 벗어나면 벗어날수록, 당신은 더 많은 정당성을 부여하고 사건의 세부적인 절차를 보여 주고 동기와 원인과 결과를 해명해야 한다. 그래야만 독자가 믿을 것이다. "하지만 그건 정말로 일어났던 일인데요."는 소설에서 변명이 될 수 없다.

2) 실존 인물로 캐릭터를 만들면 사적인 갈등을 빚을 수 있다.

캐릭터의 모델로 삼은 친구나 가족이 당신의 소설을 읽고 자기를 알아본다면 당신은 심각한 곤란에 처할 수 있다. 굳이 악의적으로 묘사하지 않았더라도 그렇다. 심지어 좋게 써 줬다거나, (진저리를 치며) "그만하면 공정하게 써 줬다."라고 말하더라도 마찬가지다. 왜냐하면 그들은 당신과 알고 지내는 동안 자신이 소설의 소재로서 '취재'당하거나 '촬영'당하고 있었다는 걸 전혀 몰랐기 때문이다. 그들이 당신에게 내밀한 희망, 공포, 기억, 저의를 솔직히 털어놓았더라도 그건 어디까지나 친구끼리의 사적인 대화였다. 당신이 그걸 소설에 집어넣었다면 그들은 충분히 배신감을 느끼고도 남는다.

그렇다고 사전에 양해를 구하고 시작한다면 사태는 더욱 악화될 것이다. 그 사람이 당신의 소설에 어떤 권한을 가진 것처럼 생각할 테니까. 자꾸만 당신에게 전화해서 또 다른 기억이 떠올랐다며 알려 주려고 할 수도 있다. 그러면 당신은 "미안. 나는 네 인생에서 몇몇 부분만 참고해 쓰는 거야. 그 이상으론 필요 없어."라고 말할 수밖에 없을 것이다. 더욱 큰 문제는 소설을 발표한 다음이다. "어떻게 나를 그런 식으로 쓸 수가 있어? 나는 그런 짓 하는 사람 아니야!" 같은 항의 전화가 온다고 상상해 보라. 소설 캐릭터의 모델이 되는 부담감을 견딜 수 있는 친구는 극히 드물다. 캐릭터라는 건 결국 작가가 시키는 대로 하는 존재고, 소설이란 원래 그런 거다. 그러나 당신의 친구나 가족으로서는 받아들이기 힘들 수 있다.

이 모든 문제에 대한 해결책은 간단하다. 당신의 친구나 가족을 캐릭터 구상의 출발점으로만 삼으라. 그런 다음에는 철저한 심문을 거쳐서, 그들을 당신이 '아는 것 같은' 주변인이 아니라 '모든 걸 완벽하게 이해하는' 당신만의 캐릭터로 바꿔 놓으라. 다시 말해, 기존의 사람을 가지고 새로운 사람을 창조해 내라.

그런 다음에는 이야기에 필요 없는 세부 사항들을 모두 버려라. 당신이 친동생을 모델로 삼았다고 해서 캐릭터의 직업, 옷 취향, 유년 시절까지 동생과 똑같아야 할 필요는 없다. 캐릭터에 필수적이지 않은 요소는 전부 과감히 버리고, 그나마 남은 것도 최대한 위장하고 감춰라.

그리고 나중에 동생이나 아버지나 친구가 "이거 혹시 내 얘기야?"라고 묻는다면, 당신은 아주 진실하게 이렇게 대답해라. "이 캐릭터가 당신과 닮았다는 생각이 들 만큼 리얼하다니 기쁘네요. 하지만 당신은 그 캐릭터보다 훨씬 좋은(예쁜/정직한/대담한) 사람인걸요." 만약 친구의 삶에서 따온 소재가 감추기 어려운 부분이었다면, 이렇게 답하라. "내가 아는 사람들의 삶에서 이런저런 것들을 참고했을 수도 있어. 어쩔 수 없는 일이야. 작가는 무의식적으로 주변에서 소재를 찾아내니까. 하지만 캐릭터는 그냥 캐릭터일 뿐이야. 소설에 나오는 그 누구도 특정한 사람 한 명을 본뜨진 않았어." 당신이 캐릭터를 제대로 창조해낸 게 맞다면, 이 답변들은 결코 거짓말이 아니다.

나는 이 모든 교훈을 힘겹게 터득했다. 대학 시절에 외가댁을 소재로 희곡을 쓴 적이 있었다. 내가 접한 정보는 오로지 어렸을 때 어머니가 들려준 유년 시절에 대한 회고담뿐이었다. 나는 어머니의 이야기를 무척 좋아한 데다가, "스스로 잘 아는 것에 대해 쓰라."라는 지침을 숱하게 들었기에, 딱 좋은 글감이라고 생각했다.

결과물은 당시 작가로서의 내 수준을 고려하면 썩 괜찮은 편이었다. 그런데 어머니가 연극을 보시더니 아연실색하고는, 외삼촌이나 이모를 절대로 초대하지 말라고 신신당부했다.

왜였을까? 그 이야기에 악역이라고는 없었다. 모든 캐릭터가 호의적으로 묘사되었다.

　문제는 내가 미처 생각지 못한 곳에 있었다. 삼촌과 이모 들은 그 시절을 어머니와 또 다르게 기억하리라는 것. 30년도 더 전에 일어났던 일들이라고는 해도 이 연극을 보면 새삼 식구들 사이에 감정이 상하거나 의문이 생길 수 있고, 그러면 가족 내에 얽힌 해묵은 갈등이 되살아날 수도 있는 것이었다.

　그리고 재미있는 점이 있었다. 이 희곡의 캐릭터들에서 가장 뛰어난 부분은 어머니의 경험담에서 그대로 차용한 소재들이 아니었다. 오히려 내가 이야기에 살을 붙이려고 만들어 넣은 동기, 오해, 대화, 세부 사항 등이었다.

　내 경우만이 아니라 누구든 마찬가지다. 실존 인물을 모델로 삼는 것은 캐릭터를 만드는 방법이 아니다. 그건 단지 출발점에 불과하다. 책장이나 무대 위에서 캐릭터가 생생하게 살아 움직이려면 반드시 작가의 상상력을 거쳐야 한다. 현실 속의 인간에 대해서라면, 독자들도 살면서 나름대로 겪고 아는 바가 다 있다. 독자가 소설을 읽는 이유는 현실의 경험만으로는 알 수 없는 인간과 삶에 대한 진실을 깨닫기 위해서다. 그런데 당신이 독자도 이미 아는 것만을 소설 속에 늘어놓는다면 독자를 저버리는 일이 된다. 작가가 현실의 사람이나 사건에만 매달리면, 독자가 진실을 깨달을 기회를 빼앗는 것이다.

당신 자신

살인을 저질러 본 적이 없는데 살인범에 대한 이야기를 쓰려 한다고 치자. 그러면 살인범의 심리를 이해하려고 교도소로 찾아가서 사형수들을 일일이 인터뷰해야 한다는 뜻인가?

그렇지 않다.

물론 인터뷰를 해서 안 될 건 없다. 흥미로운 영감을 얻을 수도 있을 테니까. 하지만 친구나 가족을 모델로 삼는 데에 수반되는 위험 요소들은 인터뷰 상대를 캐릭터에 반영할 때도 마찬가지로 적용된다. 아니, 심지어는 더 많은 위험이 따른다. 인터뷰에 응하는 사람은 결코 진실을 털어놓지 않기 때문이다. 아, 물론 자기 나름대로는 솔직하게 말한다고 생각할 수도 있겠지만, 일단 남에게 의식적으로 설명하는 입장에 놓이면 자기도 모르게 내용이나 진술을 다듬게 되기 마련이다. 상대방이 자신을 어떠어떠하게 봐 줬으면 좋겠다는 생각으로 특정 요소는 강조하고 특정 요소는 생략하는 것이다. 그러면 당신은 타당한 시각을 얻을 수가 없다. 그 인터뷰에서 얻은 정보를 모두 문자 그대로 받아들인다면, 당신의 이야기는 도리어 인터뷰를 안 하느니만 못할 만큼 진실성이 떨어지는 결과를 맞을 수도 있다. 인터뷰는 끽해야 출발점이 될 수 있을 뿐이다. 거기서부터 캐릭터 전체를 새로 구상해야만 한다.

하지만 그 누구보다도 많은 진실을 알려 줄 사람이 딱 한 명 있다. 게다가 언제 어디서든 인터뷰할 수 있는 사람. 바로 당신 자신이다. 만약 당신이라면 어떤 상황에서 그런 행동을 할지 '상상'해 보면 되는 것이다.

살인을 해 본 적이 없으면 뭐 어떤가? 눈에 뵈는 게 없을 만큼 격하게 화가 난 적이 한 번도 없나? 냉혹한 복수를 열망한 적은? 당신은 이미 온갖 감정과 동기를 겪어 보았다. 남은 일은 그러한 감정이나 욕구를 더욱 증폭하거나 아니면 폭력을 억누르는 자제심을 약화한다고 상상해 보는 것이다.

홧김에 저지른 살인인가? 그렇다면 당신이 어떤 자극을 받아야 누굴 죽이고 싶을 만큼 분노에 사로잡힐지 상상해 보라. 그런 다음 캐릭터에게 같은 반응을 이끌어 낼 만한 자극을 찾아보라.

계획적인 살인인가? 그렇다면 어떤 목적을 달성하기 위해 누군가를 반드시 제거해야 한다는 뜻이다. 당신이 그런 상황에서 살인을 진지하게 고려하려면 당신의 어떤 사고방식을 바꿔야 할지 생각해 보라. 뭔가 중대한 대의를 위해 절박하게 싸우고 있다면 어떨까? 어렸을 때 살인이 매우 흔한 환경에서 자라났다면? 타인을 전부 무가치하게 여길 만한 이유가 있다면?

유추

도저히 상상이 안 된다고? 그러면 캐릭터의 행동을 당신이 똑같이 한다고 생각하지 말고, 당신이 실제로 했던 행동 중에서 캐릭터의 행동과 최대한 비슷한 것을 찾아보라.

예컨대 작가 마이클 비숍은 1988년 발표한 훌륭한 소설 『유니콘의 산(Unicorn Mountain)』에서 이와 같은 문제에 맞닥뜨렸다. 그 소설에는 에이즈로 죽어 가는 동성애자인 보(Bo)라는 이름의 남성 캐릭터가 등장한다. 보가 다른 캐릭터와 함께 모텔 수영장에 있는데 어떤 근육질 남자 세 명이 수영을 하러 왔다. 여기서 보는 여러 반응을 취할 수 있었을 것이다. 그들의 건강과 힘을 질투한다든가, 저 천박한 이성애자 남자들이 성관계로 에이즈 같은 대가를 치르지 않는다는 데에 분개한다든가. 하지만 마이클 비숍이 선택한 것은 단순히 욕정이었다. 저 남자 셋은 결국 근육질의 멋진 육체를 갖고 있었던 것이다. 보가 에이즈에 걸렸다고 해서 동성애 성향이 사라진 것은 아니다. 그는 여전히 젊은 남자들을 욕망할 수 있다.

마이클 비숍은 동성애자가 아니니, 이 장면은 주로 유추를 통해 구상했을 것이다. '에이즈에 걸린 동성애자가 되면 어떤 느낌일까?' 『유니콘의 산』을 쓰는 내내 이 질문은 수없이 떠올랐을 것이다. 나는 그 작가가 다음과 같은 유추를 했을 것이라고 본다. 이성애자로서 아무와도 섹스를 할 수 없는 매우 치명적인 질병에 걸렸는데, 성욕이 사라지거나 약해지지는 않은 느낌과 매우 비슷할 거라고.

비숍은 우리 모두가 아는 사실을 알고 있었다. 즉 수영복은 정장보다 사람의 육체를 훨씬 더 많이 노출하며, 성적 매력을 강조하도록 디자인된다는 것. 그래서 보는 자연히 흥미를 느꼈고 성적 충동이 일어났다. 그러나 보통 여자들이 수영복 차림의 남자를 보고 느끼는 감정이 아니라, '이성애자 남성'이 수영복 차림의 '여자'를 보고 느낄 법한 감정이었다.

복잡한가? 맞다. 그래도 덕분에 비숍은 잔잔하면서도 놀라운 장면을 써 낼 수 있었다. 적어도 내게는 무척 진실하게 와 닿았다. 나는 그 책을 읽으면서 나도 모르는 사이에 "동성애자가 되면 어떤 느낌이지?"라는 질문을 던지고 있었고, 이 장면에서 캐릭터가 젊은 남자들을 대하는 사고방식을 보고 나니 질문에 대한 대답을 부분적으로라도 얻을 수 있었다. 게다가 그 질문은 소설을 다 읽고 나서도 마음에 남아 반향을 일으켰다. 나와 다른 부류의 사람들을 이해하는 새로운 관점과 시야를 열어 주었으니까. 다시 말해, 비숍은 소설의 주요 목적 하나를 달성한 것이다.

그러니 당신 자신을 캐릭터에게 대입해서 상상할 수가 없다면, 당신이 과거에 했던 비슷한 행동을 가지고 비교해 보아라. 예컨대 내 캐릭터가 어떤 목표를 이루려고 누군가를 살해한다고 치자. 그러면 나는 예전에 급박하게 어떤 일을 하려다가 다른 사람의 감정을 함부로 무시했던 경험을 떠올릴 것이다. 그때 나는 친구를 잃었다. 실제로 그 친구를 죽이지는 않았지만, 오로지 내 목적에만 전념하느라고 다른 사람을 존중하지 않았다는 면에서는 비슷하다. 마음속에서 그 친구를 나와 대등한 인격체로 생각하지 않았던 셈이다. 나는 그렇게 과거의 뼈아픈 경험을 되새기면서, 내 캐릭터가 어떻게 타인의 생명을 완전히 무시해 버릴 수 있는지 유추할 수 있는 것이다.

기억

이 항목을 이제야 다루는 까닭은, 기억은 깊은 우물이기는 하지만 금방 고갈될 수 있기 때문이다. 의도하든 안 하든 당신은 소설의 사건과 캐릭터를 짜면서 끊임없이 자신의 기억을 뒤지게 되어 있다. 사실 지금까지 다룬 캐릭터 소재들도 따지고 보면 전부 기억 속에서 나온다. 친구와 가족에 대한 기억, 낯선 사람들에 대한 기억.

모든 기억은 시간의 흐름에 따라, 당신의 욕구와 인식의 변화에 따라 왜곡된다. 당신 자신에 대한 기억도 마찬가지다. 당신이 했던 일, 하려고 했던 일, 당신의 행동을 일으킨 계기, 당신의 행동이 일으킨 결과 등등. 하지만 왜곡되었든 아니든 간에, 자기 자신에 대한 기억은 인간의 본질과 행동에 대해 가장 선명하게 이해할 수 있는 수단이다. 내면까지 속속들이 들여다볼 수 있는 사람은 세상에서 오로지 자기 자신밖에 없다. 따라서 소설에서 캐릭터의 내면을 보여 줄 때에도 불가피하게 당신 자신을 드러내게 되어 있다.

이것은 무의식적으로 일어나는 과정이다. 당신이 쓴 소설을 돌이켜 보다가 불현듯 뜻하지도 않게 자신의 비밀을 수두룩이 까발렸다는 사실을 깨달을 때가 있을 것이다. 그러면 충격을 받거나 심지어는 창피해질 수도 있다.

나도 비슷한 경험을 했다. 예전에 어떤 소설 원고의 초반부를 친구이자 동료인 잡지 편집자에게 보여 주었는데, 그 친구가 읽더니 돌려주면서 이런 감상을 말해 주는 것이었다. "인간의 자기 소외를 탐구하는 흥미로운 이야기네. 이 캐릭터는 정말로 자기 몸을 싫어하는구나."

나는 딱 의도한 바라는 듯이 미소를 짓고 고개를 끄덕였지만, 실은 그 소설에서 그런 주제 의식이 나올 수 있다고는 생각지도 못했다. 그러나 친구의 말을 듣자마자 과연 옳다고 수긍할 수밖에 없었다. 내가 10대 시절 심각한 부상을 입고 개인적으로 심한 괴로움에 시달렸던 경험을 부지불식간에 캐릭터의 상황에 고스란히 반영했던 것이다. 그러자 그 소설을 계속 쓰기가 힘들어졌다. 나도 모르는 사이에 독자에게 나 자신을 너무 많이 노출할까 봐 겁이 났기 때문이다. 애초에 피할 수도 없는 일이었다. 그래도 결국 어떻게든 완성해서 출간을 했고, 여러 결함에도 불구하고 그 소설은 내 작품 중에서 가장 진실한 이야기 중 하나가 되었다.

어떤 강박관념이라도, 가장 소중한 기억이나 가장 괴로운 기억이라도, 어떻게든 당신의 글에 드러나게 되어 있다.

하지만 작가의 기억이 무의식적인 발상의 창고라고 해서 의식적으로 사용할 수 없다는 뜻은 아니다. 나는 언젠가 어린아이가 형과 누나를 대하는 태도를 묘사할 때 내 어린 시절의 기억을 끄집어낸 적이 있다. 당시의 내가 손윗형제들에게 느꼈던 감정을 되새겼고, 심지어는 그 관계의 특징을 보여 주기에 적당한 사건들을 소재로 활용하기도 했다. 실재하는 내 형제들을 토대로 그 형과 누나 캐릭터를 만들었다는 건 아니다. 다만 어린아이 캐릭터를 그리면서 그 나이 때의 나 자신에 대한 기억을 참고했다는 뜻이다. 내가 세상 그 누구보다도 잘 아는 사람은 바로 나 자신이다. 그러니 내 기억 속에서 나온 소재가 무엇보다도 진솔할 수밖에 없다.

그러나 이 방법에도 위험은 따른다. 당신은 한 번의 삶밖에 살아 보지 못했으니까. 자기도 모르게 자꾸만 똑같은 사건이나 사고방식을 꺼내게 될 것이다. 바로 여기서 개인적인 클리셰가 나온다. 어린애가 상처에 앉은 딱지를 습관적으로 뜯듯이, 기억 속의 한 지점을 계속해서 파고 또 파게 되는 것이다. 똑같은 것을 똑같은 방식으로 떠올리지 않으려면 의식적인 노력이 필요하다. 다시 말해, 설령 특정 시기나 상황에 처했던 자기 자신을 그대로 끌어와서 캐릭터로 사용한다 하더라도 결국 캐릭터를 '창조'해야 하기는 마찬가지라는 뜻이다. 인과관계에 대한 질문들을 던지고, 과장하고, 발상의 전환을 시도해라.

'새로운' 기억을 찾아내기

지금부터 다룰 것은 일종의 자가 정신 분석이다. 심리 치료의 효과도 있을지 모르겠지만, 여기서는 그보다도 좋은 캐릭터를 발견하는 한 가지 방법으로 제안하려 한다. 주위에 아이디어의 그물을 던진 채 이곳저곳을 돌아다니면서 글감을 건지듯이, 자신의 기억 속을 무작위로 뒤져 보는 것이다.

　우선은 임의로 출발점을 하나 잡아라. 시간상의 지점일 수도 있겠다. 예컨대 중학교 1학년 때를 생각해 보자. 어떤 학교였나? 담임 선생님은 누구였나? 다른 선생님들은? 나는 곧바로 떠오르는 선생님이 한 분 있다. 과학 담당이었던 아렐라 선생님이다. 지난 20년간 한 번도 떠올려 본 적이 없는 사람인데, 돌이켜 보니 기억 속에 고스란히 파묻힌 채로 건져지기만을 기다리고 있었던 것이다.

　과학 수업은 그날 시간표 중에서 맨 마지막이었다. 나는 학기 초 며칠 동안 방과 후에 남아서 그 선생님에게 질문을 하고 이야기를 나누곤 했다. 내가 워낙 과학을 좋아하기도 했지만 그보다는 어머니가 데리러 올 때까지 기다려야 했던 이유가 컸다. 당시에 나는 튜바를 연주했는데 그걸 혼자서 들고 집까지 걸어갈 수가 없었기 때문이다. 그런데 둘째 날에 선생님이 나를 '실험 조수'라고 부르면서, 앞으로 학교 끝나고 시험관이며 유리병을 닦는 일을 맡겨야겠다고 하셨다. 나로서는 전혀 생각해 본 적도 없는 일이었다. 나는 이내 방과 후에 남기를 그만두었는데, 이후 학년 말이 되어 어느 날 과학 시간에 선생님이 다른 학생을 조수로 언급하면서 몇 초쯤 나를 의미심장한 눈길로 쳐다보더니 다른 화제로 옮겨 가는 것이었다. 내가 본의 아니게 선생님의 마음을 상하게 했거나 실망을 안겨 드린 게 분명했다. 하지만 선생님은 내게 조수가 되면 어떻겠냐고 의향을 물어본 적이 없었다.

　또 다른 사건도 기억난다. 나는 백과사전을 읽다가 전류를 이용해서 물을 수소와 산소로 분리하는 원리를 알게 되었다. 그래서 아렐라 선생님에게 내가 고안한 실험 계획을 말씀드렸더니 한번 해 보라며 격려해 주었다. 나는 배터리와 구리줄을 구하고, 물에서 나온 수소가 엎어 놓은 병 속에 차오르는 동안 모든 것을 제자리로 유지할 방법을 찾아내느라고 갖은 고생을 다 했다.

그렇게 모든 준비가 갖추어졌을 때, 반 아이들이 모두 지켜보는 앞에서 최초로 실험을 실시했다. 혼자서 예행연습을 해 볼 생각까지는 미처 못했던 것이다. 그런데 실험이 실패하고 말았다. 수소가 분리되면 불을 켜 둔 성냥에서 작은 폭발이 일어나 연기가 피어올라야 하는데, 그런 현상이 일어나지 않았다. 나는 이유를 알 수 없었고 아렐라 선생님도 모르겠다고 했다. 창피하고 속상한 경험이었다.

하지만 그 정도 속상함은 약과였다. 한두 달쯤 뒤에 교과서 진도가 전기 분해 부분까지 나가자, 선생님이 실험실 수납장을 열더니 완벽한 조립식 전기 분해 기구를 꺼내는 것이었다. 모든 장치가 갖추어지고 전문적으로 설계되어 있었으며, 조립도 다 되어서 사용만 하면 되는 기구였다. 수업이 끝나고 나서 나는 그런 기구가 있었으면서 왜 내가 고생하게 놔두셨냐고 따졌다. 그러자 선생님은 "네가 경험을 통해 스스로 배우기를 바랐단다."라고 말씀하셨다. 훌륭한 취지였다. 하지만 당시 나로서는 선생님 때문에 엄청난 시간 낭비를 했으며 공개적으로 망신까지 당했다고밖에 생각이 안 됐다. "전기 분해가 어떻게 작동하는지 보고 싶다고? 여기 기구가 있는데, 한번 해 볼래?"라고만 했으면 끝났을 일이라고.

　유일한 위안이라면, 전문적인 장비를 동원한 선생님의 실험 역시 내 아마추어 실험과 마찬가지로 실패했다는 사실이었다.

　이 모든 기억이 컴퓨터에 '중학교 1학년'을 쳐 넣은 순간 한꺼번에 되살아났다. 글감으로 쓸 만한 부분이 있을까? 아마 곧바로 써먹기는 어려울 것이다. 이 이야기가 얼마나 재미있었을지는 몰라도 당신은 읽는 동안 좀 지루했을 것 같다. 하지만 아렐라 선생님이나 나 자신을 캐릭터로서 심문하면 흥미로운 이야깃거리를 얻을 수도 있다.

　그때 나는 아렐라 선생님에게 아무런 앙갚음도 하지 않았다. 하지만 만약 이 학생 캐릭터가 복수 작전을 꾸민다면 어떨까?

　아니면 선생님 캐릭터가 다른 꿍꿍이가 있어서 학생에게 일부러 무안을 주었다면 어떨까? 학생이 실험실 조수가 되어 주지 않았다는 데에 화가 나서?

　아니면 실험의 종류를 다른 걸로 하면 어떨까? 단순히 아무 효과도 없었던 정도가 아니라, 엄청난 망신거리가 될 만한 거창한 실험 실패였다면?

　아니면 이걸 남편과 아내의 관계로 바꾸면 어떨까? 아내가 남편과 같은 업계에서 일하게 되었고, 업무와 관련한 멋진 아이디어가 떠올라서 실행에 옮기기로 했다. 남편도 격려해 주었다. 하지만 온갖 고생을 해 가며 밀어붙인 일이 실패로 돌아가고 말았다. 그런데 얼마 뒤에 알고 보니 남편은 그 일을 하는 방법을 정확히 알고 있었으며, 아내가 성공하는 데에 필요했을 핵심적인 도구나 정보까지 손에 쥐고 있었다. 아내가 이 일에 대해 따지자 남편은 이렇게 말한다. "당신이 혼자 힘으로 하고 싶어 할 줄 알았지."

"그게 뭐가 중요해? 제대로 하는 게 중요하지! 당신은 다 알면서 안 도와준 거잖아!"

"자기 일에 남편이 일일이 나서서 해결해 주면 그게 무슨 보람이 있고 발전이 있나?"

"기가 막혀, 당신은 내 덕분에 대학 다녔잖아! 그럼 나도 그때 나서서 해결 안 해 줬어야 했어? 그랬으면 퍽이나 보람 있고 발전 있는 대학 다녔겠네! 업무에서도 사람들은 다 서로 도우면서 살아. 좋은 사람들은 그렇다고. 구명조끼를 손에 들고 있으면서 남이 물에 빠져 죽게 내버려 두는 사람이 어딨어?"

"알았어, 미안해. 내가 실수했어!"

"실수가 아니지. 작정하고 그런 거잖아. 일부러 망치게 할 셈이었으면서! 내가 당신보다 잘하면 당신 입지가 위태로워졌을 테니까!"

"그건 또 무슨 소리야? 남자들의 권력이 여자의 사회 진출을 가로막는다, 뭐 이런 걸로 확대 해석하는 모양인데, 잘 들어. 내가 끼어들어서 도와줬으면 그것도 성차별이 됐을 거야. 당신이 내 도움 없이는 성공하지 못한다고 증명하는 꼴이 될 테니까!"

기타 등등. 이 부부 관계는 이야깃거리로서 잠재력이 있다. 물론 위의 대화 자체는 너무 추상적이다. 실제로 사람들은 싸울 때 이렇게까지 직접적으로 화제에 파고들지 않으니까. 하지만 위의 장면을 그대로 소설에 쓰지는 못하더라도 캐릭터와 관계의 골자는 활용할 수 있다. 그리고 만약 이런 소설을 쓰게 된다면 누가 아렐라 선생님과 전기 분해 실험에서 나왔다고 생각이나 하겠는가? 이 모든 이야기는 내 기억 속의 시공간을 탐사하다가 우연히 건진 아이디어 하나에서 나온 것이다.

이야기에서 아이디어 얻기

작품을 구상하다 보면 이야기의 줄거리 자체가 캐릭터를 빚어내기도 할 것이다. 당신은 찾아내는 방법만 알면 된다.

누가 등장해야 하는가?

젊은 공주가 탑 꼭대기에 갇히는 이야기를 쓴다고 해 보자. 이런 동화적인 설정이 마음에 안 든다면 좀 바꿔도 좋다. 어떤 소녀가 뉴욕 길거리에서 납치당해 버려진 건물 안에 갇혔다. 이런 멜로드라마적인 설정도 마음에 안 드는가? 그렇다면 또 바꿔 보자. 어떤 소녀의 부모님이 오스트레일리아로 장기 워크숍을 떠나는 바람에, 소녀는 여름 내내 누군가 불편한 사람과 한 집에서 같이 살아야 하게 되었다.

이야기의 발상 자체가 특정한 캐릭터를 내포한다. 소녀가 타의에 의

해 어딘가에 붙들려 있다면, 누군가는 소녀를 붙잡고 있다는 뜻이다. 즉 소녀를 납치하거나 가둬 놓은 '악역'이 필요하다. 또한 소녀를 빼앗긴 보호자도 있어야 한다. 만약 소녀가 공주라면 왕이나 여왕이나 왕비가 소녀를 구출하려 할 것이다. 아니면 공주는 오히려 부모님이 자기를 없애려 한다고 생각할 수도 있다. 어느 쪽이든 부모 중 적어도 한 명은 이야기에서 일정한 역할을 맡아야만 한다.

만약 친척 댁에서 지내야 하는 소녀의 이야기라면, 친척 캐릭터들도 추가되어야 한다. 권위적인 숙모? 따분한 숙부? 아니면 더욱 음산하게 꾸며 볼 수도 있겠다. 숙모는 늘 쇼핑하러 나가고 숙부는 온종일 소파에 퍼드러져서 텔레비전을 보며 꾸벅꾸벅 조는데, 알고 보니 숙부는 밤마다 지하실에서 환각제를 제조하느라 잠이 모자라서 그랬고 숙모는 낮 동안 그 마약을 배달하러 집을 비웠던 거라면? 아, 또 너무 멜로드라마 같은가? 그렇다면 이렇게 바꿔 보자. 가장인 숙모는 항상 일하러 나가서 없고, 게으르고 얼빠진 사람인 삼촌은 심지어 조카에게 친척 사이보다 더 친밀한 관계를 요구해도 좋게 받아들여 주리라고 생각할 만큼 우둔하기까지 하다.

이런 아이디어들이 마음에 들든 안 들든, 어떤 과정인지는 이해가 될 것이다. 기본적인 이야기 구상이 나오면 거기에 따르는 역할을 맡을 인물들도 필요해진다. 일단 채워 넣어야 할 배역이 무엇인지만 알고 나면, 지금까지 소개한 방법들을 동원해서 흥미롭고 입체적인 캐릭터를 만들어 내면 된다.

누가 등장할 법한가?

꼭 필요한 인물이 아니고라도, 단순히 이야기 구상만으로도 그런 상황에 또 나올 법한 인물들이 누가 있을지 감이 잡힐 것이다. 여름 동안 숙부 댁에서 지내는 소녀 이야기를 다시 살펴보자. 숙부에게 자식이 있을 수도 있다. 소녀가 돌봐 줘야 하는 사촌 동생들? 아니면 소녀를 괴롭히거나 따돌리는 사촌 언니와 오빠? 아니면 소녀가 자기 집에 얹혀 지낸다는 데에 화를 내는 딱 동갑내기 사촌이 나와도 괜찮겠다. 혹은 그 사촌이 미치도록 따분하고 귀찮은 애인데 소녀를 졸졸 따라다닌다고 하면 어떨까?

숙부 댁이 있는 곳이 어떤 지역인지도 생각해 보자. 도시일까? 그렇다면 어떤 이웃이 있나? 세븐일레븐 편의점 직원, 핀볼이나 게임을 하러 나온 동네 아이 등이 소녀와 친해진다고 하면 어떨까?

숙부 댁을 해변가로 설정할 수도 있다. 해변에는 늘 관광객이 온다. 매일 아침 해변을 산책하는 어떤 흥미로운 사람과 소녀가 맞닥뜨린다면?

소녀도 자기가 원래 살던 곳이 있다. 그러면 그쪽 친구에게 편지라도 쓰지 않을까? 아니면 여름 동안 못 만나는 남자 친구와 연락을 주고받으려 애쓰는데, 사실 그 남자 친구는 소녀의 단짝 친구와 바람을 피우고 있다면?

소녀가 그 지역의 하계 학교에서 수업을 듣는다면 어떨까? 그러면 선생님과 학생 들이 엮일 것이다. 아니면 방학 동안 아르바이트를 할 수도 있다. 그 지역 주간지의 교정을 보는 일? 그렇다면 편집자가 나올 것이다. 그리고 소녀가 본 교정에 노발대발하는 식자공, 괴짜 칼럼니스트, 배달부인 동시에 신참 기자인 남자애 등등.

만약 숙부 댁이 농장이라면, 여름 동안 체리 수확 일자리에 몰려든 임시 일꾼들이 있을 수 있다. 산간 지역이라면 밀렵꾼, 산림 관리인, 흥미롭거나 혹은 위험한 등산객이 나올 수도 있겠다.

보다시피 무척 간단한 과정인데, 놀라울 만큼 많은 작가들이 이 절차를 잊어버리고 지나치곤 한다. 그저 주역 캐릭터들에게서 눈을 돌려 근처에 누가 있는지만 둘러보면 된다. 이렇게 발견한 캐릭터는 대개 조역이거나 사소한 배역일 것이다. 그렇더라도 이들을 활용하면 이야기를 한결 풍부하고 생생하게 만들 수 있다.

또한 갈등이나 문젯거리를 불러오거나 주역 캐릭터들에게 도움을 주는 수단으로 쓸 수도 있다. 어떤 캐릭터는 너무나도 매력적이어서 원래 계획에는 전혀 없었음에도 불구하고 주요 배역으로까지 끌어올릴 수도 있다.

하지만 등장시킬 만한 캐릭터가 누가 있는지 먼저 둘러보지 않는다면, 그들을 찾아낼 기회도 영영 없을 것이다. 그러면 당신의 소설은 그만큼 빈약해지는 것이다.

예전에는 누가 있었는가?

소설은 현재 시점의 캐릭터들을 중점적으로 다루겠지만, 과거에 어떤 캐릭터가 있었을지 살펴보는 것도 중요하다. 현재의 캐릭터들을 형성하는 데에 도움이 되기 때문이다. 간혹 주인공이 난데없이 튀어나온 사람처럼 보이는 소설들이 있다. 오로지 현재의 사람들에 대해서만 생각하고, 오래전부터 알던 사람과 만나는 일도 전혀 없고, 심지어는 부모님이나 전 직장이나 여타 과거의 행적을 언급하지도 않는 주인공. 하지만 현실에서 우리는 곁에 없는 사람들을 끊임없이 회상하고, 오랜 지인들과 마주치며, 옛 인간관계에서 비롯된 방식으로 현재 상황에 대응하곤 한다.

우리가 만든 저 10대 소녀가 편의점에서 일하는 웃기게 생긴 청년과 친해진다고 가정해 보자. 소녀는 점차 그에게 단순한 사랑의 감정을 느끼게 될까? 학교에서 알았던 번드르르한 바람둥이 남자애와 비슷해 보인다면 어떨까? 어쩌면 소녀는 원래 사귀던 남자 친구를 배신하고 싶지 않아서, 편의점 직원 청년에게 갈수록 끌리면서도 자꾸만 남자 친구 생각에 집착할지도 모른다. 고향에 있는 이 캐릭터들은 소설상에 '등장'하지는 않겠지만, 그들과 소녀의 관계는 매우 중요하다.

아니면 소녀가 숙부 댁에서 잘 지내려고 노력하는데, 진짜 문제의 원인은 오래전에 돌아가신 친할머니였다는 사실을 깨닫는다면 어떨까. 할머니는 생전에 소녀의 아빠를 편애하고 숙부를 못마땅하게 여겼다. 처음에 소녀는 할머니의 생각이 옳다고 여긴다. 숙부가 소녀를 싫어하는 눈치가 역력하니 소녀로서도 숙부를 좋아할 수가 없었다. 그런데 점차 이야기가 진행되면서 소녀는 아빠도 할머니도 미처 몰랐던 숙부의 좋은 면모를 깨닫게 되고, 할머니의 불공정한 처사를 되새기며 분노한다. 이렇게 되면 사실상 소설은 죽은 할머니, 즉 기억 속에만 존재하는 캐릭터와 소녀의 관계에 초점을 맞추게 될 것이다. 그리고 소녀가 마침내 숙부와 결판을 내는 장면은 꽤 섬세해질 것이다. 소녀는 할머니가 덮어씌운 이미지대로 행동하는 숙부에게 화를 내는 것이다. 이로써 두 캐릭터 모두가 변화의 국면을 맞을 수 있다.

이야기의 현재 시점에 등장하지는 않지만 과거에는 있었을 캐릭터에 대해 생각해 보지 않았더라면, 이런 구상도 나올 수 없었을 것이다.

관념의 하인들

때로는 캐릭터도 사건도 아니라, 당신이 전달하고자 하는 어떤 관념이나 주제 의식에서 이야기가 나오기도 한다. 환경 오염의 위험성, 군비 경쟁, 의료비 인상, 불공정한 이주민 정책 등등. 낙태, 여성 인권, 인종주의, 빈곤 문제를 우려할 수도 있다. 아니면 군비 축소, 교도소 수감자에 대한 인도적인 대우, 탄압받는 사람들을 위한 정의 실현, 해양 포유 동물의 권리를 주장하고 싶을지도 모른다.

이 모든 것은 물론 현명하고 사려 깊은 사람들이 중요하게 생각하는 문제다. 하지만 당신은 논설문을 쓸지 소설을 쓸지부터 먼저 결정해야 한다.

이 두 가지 형식이 서로 전혀 겹치지 않는 것은 아니다. 신문 기고란이나 팸플릿에 들어갈 논설, 심지어는 책 한 권 분량의 평론을 쓸 때에도, 독자를 설득할 효과적인 도구로서 소설 형식을 선택할 수 있다. 돌고래의 권리에 대해 아무리 철학적으로 논변을 펼쳐 봤자 돌고래 한 마리의 일생을 그린 소설 한 편이 독자에게 훨씬 더 강력한 영향을 미칠 수도 있으니까. 돌고래의 탄생, 성장 과정, 가정생활, 자유로운 놀이, 이 모든 것이 그물에 한번 걸리는 순간 무의미하게 끝장나고 만다는 사실을 직관적으로 전달할 수 있지 않겠는가. 한 편의 소설이 사람들에게 미치는 감정적 영향력은 수천 개의 관념과 통계에 비할 가치가 있는 것이다.

소설을 쓸 때도 마찬가지다. 소설을 쓰기로 결정했다고 해서 자기주장을 펼치면 안 된다는 법은 없다. 문제는 당신이 쓰는 글이 소설이라는 것을 잊어버리고 주제 의식에만 급급할 때 발생한다. 완전한 캐릭터를 창조하는 일을 잊어버리는 것이다!

환경 오염의 심각성을 보여 주는 글을 쓰기 위해서 공해를 유발하는 사람을 사악한 악역으로 설정했다고 치자. 사람들이 죽건 말건 아랑곳도 없이, 돈을 쉽게 벌겠다는 이유만으로 토양이나 강을 폐기물로 더럽히는 음모자라고.

하지만 그런 소설을 누가 읽고 싶어 하겠는가? 당신의 생각에 이미 동의하고, 환경 오염을 자행하는 기업은 비인간적인 괴물들이 운영한다고 믿는 사람들이라면야 당신의 소설이 정곡을 찔렀다고 생각할 것이다. 하지만 당신에게 동의하지 않는 독자는 어떻겠는가? 환경 오염에 대해 별로 깊이 생각해 본 적이 없는 사람이라면? 지나치게 평면적인 캐릭터로는 아무도 설득할 수가 없다. 이런 독자들은 당신이 거짓말을 하고 있다고 생각할 것이다. "이렇게까지 사악하기만 한 사람은 세상에 없어."라고 말하면서 고개를 저을 것이다. 믿어 주는 사람은 몇 없을 테고, 결국 당신은 이미 똑같은 생각을 하는 사람들을 앞에 세워 놓고 설교하는 셈이나 다름없게 될 것이다.

주제 의식을 전달하고 사상을 관철하고자 한다면 더더욱 좋은 이야기꾼이 되어서 모든 캐릭터를 철저히 검토하고 최대한의 진실을 쥐어짜내야 한다. 산업공해의 위험이 정말로 절실하게 와 닿는 이야기를 쓰고 싶다면, 공해를 일으키는 회사 사장 쪽을 단순히 사악한 음모를 꾸미는 '나쁜 놈'으로 설정해서는 안 된다. 오히려 악역이기는 한데 자기가 선량한 사람이라고 생각하는 캐릭터로 만들어야 한다. 그의 공장은 사람들에게 꼭 필요한 제품을 생산하며, 모든 법적 규제를 준수하고 있다. 또한 경쟁력을 갖추고 소비자가 쉽게 구할 수 있도록 가격도 가능한 낮추려고 애쓴다. 그런데도 사람들이 그 공장 때문에 해당 지역의 하천이 오염된다고 불평하자, 사장은 사악하기 때문이 아니라 그 사람들이 틀렸다고 생각하기 때문에 항의를 묵살한다. 사장 캐릭터가 보기에 그들은 공장에서 깨끗한 증류수 외에 조금이라도 해로운 물질이 나오면 안 된다고 믿는 비현실적인 극단주의자다. 그들의 말대로 하자면 현대 문명의 발전을 일절 차단하고 동굴에 들어가서 원시인처럼 살라는 얘기밖에 안 된다는 것이다.

  그리고 공장을 비난하는 사람들 중 일부는 실제로 기술 진보에 무작정 반대하는 극단주의자였다. 하지만 그중 한 명은 사장에게 더 복잡한 의미를 가져온다고 해 보자. 이웃일 수도 있고, 아니면 연구실 기술자일 수도 있겠다. 예컨대 사장이 그 캐릭터의 가족과 개인적으로 아는 사이여서 공장의 기술자로 고용했는데, 그가 연구실 자료를 언론에 누설하는 바람에 해고해야 하는 상황에 놓이는 것이다. 사장은 기술자가 회사 규정을 어겼으니 당연히 해고해야 마땅하다고 생각한다. 그러나 한편으로는 고발 내용이 사실일까 봐 걱정스럽기도 하다. 그 기술자가 지각없는 사람이 아니라는 것을 잘 알고 있으니까. 그래서 이야기를 나눠 보고는 이제껏 몰랐던 사실을 알게 된다. 이 공장이 인류의 멸망을 초래하고 있는 건 아니더라도, 오염 문제는 정말로 심각할 수 있다는 점을 차차 깨닫게 된다. 그래서 내부에서부터 문제를 해결하려고 나선다.

  어디서 들어 본 이야기 같은가? 맞다, 「차이나 신드롬(The China Syndrome)」이라는 영화에도 이런 얘기가 나온다. 어느 핵발전소에서 안전 규정을 위반하다가 노심이 융해되는 위험천만한 사고가 발생할 뻔한다는 내용이다. 위에서 쓴 이야기와 똑같지는 않지만 기본적인 줄거리는 비슷하다. 「차이나 신드롬」에는 몇몇 뻔하고 진부한 악역들이 나와서 설득력을 떨어뜨리긴 한다. 그래도 여기서 살펴본 캐릭터들은 모두가 나름대로 떳떳하게 살아가는 평범한 사람들이고, 완벽하게 선하지는 않지만 그렇다고 무조건 악하지만도 않다. 이 영화는 캐릭터를 무척 사실적으로 그려 낸 덕분에 믿을 만한 이야기가 되었다. 독자를 효과적으로 설득하는 글쓰기의 본보기로 삼을 만하다. 물론 개봉했을 당시에 스리마일 섬에서 원전 사고가 일어났기 때문에 더욱 호소력을 얻은 점도 있지만.

논설문, 즉 설득하는 글은 선동이 아니어야만 효과가 있다. 당신이 반대하는 사람들도 공정하게 다뤄야만 한다. 당신이 반대편 진영을 악마처럼 묘사하면, 그 시각에 동조하지 않는 독자들은 혐오감만 느낄 뿐 전혀 설득되지 않을 것이다. 모든 캐릭터를 인간답게 그려야만 가능한 많은 독자들을 당신의 관점으로 끌어들이거나 공감을 불러올 수 있다.

소설을 쓰면서 어떤 관념을 전달하려 할 때도 마찬가지다. 과학 소설을 읽다 보면 이런 문제가 종종 눈에 띈다. 독자에게 멋들어진 장치나 과학적 발견을 보여 주려는 목적에 급급한 나머지 캐릭터를 정보 전달의 수단으로만 이용하는 경우. 물론 역사 소설에서도 같은 일이 생길 수 있다. 캐릭터가 특정한 역사적 사고방식을 입증하는 수단으로서만 존재하는 것이다. 학문적 소설이나 순수 문학도 마찬가지다. 캐릭터가 순전히 무언가의 상징으로만 나타나거나, 주제를 명확히 표현하는 핵심 어구를 말하는 창구로만 등장하는 경우 등등.

이런 관념들을 캐릭터 구상의 출발점으로 사용한다면야 충분히 합당한 아이디어가 될 수 있다. 하지만 독자가 당신의 소설에 공감하고

'소설로서' 반응하기를 원한다면 결국은 캐릭터에 생명력을 부여해야만 한다. 캐릭터가 이야기의 전개와는 관련 없는 목적을 수행하기 위해 작가에게 조종당하는 걸로 보이지 않도록.

물론 이 원칙도 잘못 활용될 수 있다. 수많은 작가들이 캐릭터에 '생명력'을 부여한답시고 평면적인 종이 인형 캐릭터가 또 다른 평면적인 종이 인형 캐릭터와 한 침대에 들어가서 평면적인 인형 놀이 같은 섹스를 하는 장면을 쓰곤 한다. 그러나 관념이나 주제 의식을 전달하는 것이 역할인 캐릭터가 그 주제와는 아무 상관도 없는 이런저런 행동을 많이 한다고 해서 '생명력'이 생기는 건 아니다.

그러지 말고 애초의 착상을 따라가야 한다. "'어째서' 캐릭터가 이 주제에 이렇게까지 많이 신경을 쏠까?"라고 자문해라. 그리고 처음 떠오르는 대답으로 만족하지 마라. "어째서 노라가 환경 오염을 유난히 우려할까? 아, 아버지가 환경 오염 때문에 암으로 죽었다고 하면 되겠네!" 아니, 안 된다. 발상의 전환을 시도해 보자. 거꾸로 아버지가 베트남 전쟁 때 헬리콥터로 고엽제를 살포한 군인이었다고 하면 어떨까. 아버지가 그 영향으로 건강을 해치지는 않았지만, 자신이 얼마나 큰 해를 끼쳤는지 자각하고 가면 갈수록 죄책감에 시달린다면? 아니, 이것도 안 된다. 또 발상의 전환을 해 보자. 노라는 아버지가 옛 전우와 대화하는 걸 우연히 듣고서 전쟁 때 고엽제를 뿌렸다는 사실을 알게 되었다. 노라가 그 일을 가지고 따지자 아버지는 적대적으로 반응했다. 그 물질은 인체에 무해하며, 피해자라는 사람들은 사실 베트남 전쟁과 전혀 무관한 건강 문제를 앓고 있을 뿐이면서 정부에 보상금을 뜯어내려는 수작이라고 주장하는 것이다. 이러면 노라가 환경 오염에 맞서 싸우는 것은 사실 아버지에게 대항하는 의미가 된다. 혹은 아버지가 아무것도 잘못하지 않았다고 주장할지라도 노라는 아버지의 과거를 대신 속죄하려는 건지도 모른다.

어떤가? 아버지가 환경 오염 때문에 죽었다고 설정했을 때보다 노라의 캐릭터가 훨씬 더 흥미로워지지 않는가? 부모의 죽음이 좋은 동기가 아니라는 말은 아니다. 지나치게 쉽다는 점이 문제다. "아버지가 그것 때문에 돌아가셨어."라고 노라가 말하면 모든 게 설명되어 버리지 않는가. 바꿔 말하면 아무것도 설명하지 못한다는 뜻이다. 환경 오염으로 부모를 여읜 아이들은 전부 뛰쳐나가서 퇴치 활동에 나서는가? 그렇지 않다. 노라가 아버지를 잃었다고 해서 환경 보호 운동에 전념하게 된 이유는 또 뭐냐는 질문이 남는 것이다. 간단한 대답은 결코 완전한 해답이 될 수 없다.

독자를 설득하거나 계몽하는 소설을 효과적으로 쓰려면, 흥미롭고도 믿을 만한 캐릭터가 필요하다. 그러려면 오히려 여느 소설보다도 더욱 더 세심하게 신경을 써서 입체적이고 균형 잡힌 캐릭터를 만들어야 한다는 뜻이다. 만약 자신이 없다면 1장으로 돌아가서 각 항목을 검토해 보고 당신이 캐릭터에 대해 얼마나 알고 있는지 확인해 보라. 그리고 2장에 나온 질문들을 캐릭터에게 던져 보라. 관념은 캐릭터가 나오는 원천이 될 수 있지만 그것만으로는 부족하다. 또 다른 원천을 찾지 않으면 당신의 이야기는 좋은 소설도 될 수 없을 뿐더러 좋은 논설문조차도 될 수가 없다.

뜻밖의 횡재

그 밖에도 캐릭터의 아이디어를 얻는 계기는 많다. 딱히 글감을 찾고 있지도 않았는데 아이디어의 그물에 우연히 걸려들 수도 있다. 꿈, 뉴스, 상담 칼럼에 독자가 투고한 편지, 역사나 전기에 나오는 일화, 슈퍼마켓에 진열된 타블로이드 신문의 표제, 노래 가사 한 줄에서 아이디어를 얻기도 한다. 어쩔 때는 그야말로 난데없이 캐릭터가 머릿속에 떠올라서 말하기 시작하는 경우도 있다.

어떤 경우든 신중하게 검토하고 살을 붙여서 살아 움직이도록 만들어야 한다.

서로 관련 없는 두 가지 출처에서 나오는 아이디어들

꼭 동시에 떠오른 아이디어들만 한데 엮을 수 있는 것은 아니다. 가끔 나는 글이 잘 안 풀려서 끙끙거리다가 수년 전에 썼던 전혀 다른 소설의 캐릭터나 아이디어를 기억해 냄으로써 문제를 해결하곤 했다. 예컨대 장편 소설 『사자(死者)의 대변인』의 경우, 통 진척을 못하고 있다가 이전에 쓴 작품 『엔더의 게임』의 주인공 캐릭터에게 다시 주인공을 맡겨야겠다는 생각이 미쳤다. 그 캐릭터의 과거를 떠올린 나는 불현듯 그가 '죽은 자를 대변'할 동기가 무엇인지 깨달았고, 그러자 소설은 훨씬 쉽게 풀렸다.

내 경험상으로는, 한 가지의 출처에서 나온 글감이나 캐릭터만 가지고 글을 쓰면 잘 되질 않았다. 이전에 또 다른 출처를 통해 얻었던 아이디어나 캐릭터를 접합해야만 비로소 이야기가 살아났다. 나는 따로 떨어진 아이디어들을 연결함으로써 이야기를 구체화하는 편이다. 당신에게도 이런 방법이 먹힐 수 있다.

궁금해하기

지금까지 아이디어를 여기저기서 '건지는' 방법들을 소개했는데, 단지 생각만으로 아이디어를 불러내는 방법도 있다. 머릿속을 궁금증으로 채우는 것이다. "······이라면 어떨까?"라는 가정으로.

'내가 실명한다면 어떨까? 그러면 나는 어떻게 대처할까?'
'뭔가 굉장히 귀중한 물건을 무심코 내다 버렸다면 어떨까? 누가 찾아내게 될까? 내가 찾으러 간다면? 가치가 있는 줄도 모르고 버릴 만한 물건이 어떤 게 있지? 당연히 복권이겠지. 또 다른 건? 유명인한테 받은 편지. 무지 귀한 책. 가짜인 줄 알았던 보석. 겉보기에는 클립 쪼가리처럼 생겼는데 실은 다른 행성에서 온 외계인이었다든가. 그다음은?'

'평생 사무실에서만 일하던 남자에게 갑자기 재택근무를 맡긴다면 어떻게 될까? 똑같은 업무인데 집에서 컴퓨터로만 처리해야 하는 것이다. 가족의 반응이 어떨까? 그 남자는 사무실 생활로 돌아가고 싶어 할까? 아니면 자기 일정을 스스로 관리하는 자유를 한껏 즐길까? 그의 아내는 자신이 출근한 동안 남편이 집안일을 하기를 원하지 않을까?'

장소에 대한 궁금증도 좋다. 당신이 사는 곳, 기억하는 곳, 차를 몰고 가다가 마주친 곳, 《내셔널 지오그래픽》에서 본 곳에 대해 호기심을 품어 보라.

'저기에 누가 살까? 저기서 누가 죽었을까? 어떻게 죽었을까?'
'이곳 아이들은 뭘 하고 놀지? 어디서 책을 구하지? 어떤 공상을 할까? 무엇을 무서워할까? 밤이 되면 가지 않는 장소는 어디일까? 서로 어떤 위험한 짓을 해 보라고 부추길까?'
'이 근방에서 어린 시절을 보낸 사람이 처음으로 구하는 일자리는 어떤 걸까? 이곳 부모들은 자식에게 어떤 희망과 두려움을 품을까? 물건을 사거나 거래하는 건 어디서 하지? 이곳에서 일어났던 가장 끔찍한 자연 재해는 무엇일까?'
'친척은 어디에 살지? 무더운 여름밤에 창문으로 흘러들어오는 노래는 어떤 걸까? 어떤 냄새를 자주 맡을까? 그런 냄새, 노래, 날씨, 직업에 대해, 그리고 자기 자신과 서로에 대해 어떻게 생각할까?'

이러한 질문들에 대답하다 보면 당신이 경이로운 이야깃거리를 찾아내지 못할 장소는 세상에 없다.

'뒷장이 궁금해서 도저히 손에서 놓을 수가 없는 책'과 같은 표현을 많이 들어 봤을 것이다. 궁금증이란 바로 그런 것이다. 독자에게 끝없는 호기심과 경이감을 불러일으키려면, 당신 스스로가 끝없는 궁금증을 품고 정신을 바짝 곤두세워야 한다. 모든 것은 당신의 정신에서 나온다. 끊임없이 추측하고, 과장하고, 질문하고, 도전하고, 전환하고, 탐색하라. 머지않아 좋은 이야기와 캐릭터가 찾아올 것이다. 당신은 그 글감들을 아이디어의 그물에서 건져 올린 다음 입김을 불어넣고 생명을 주면 된다.

| 4장 |
결정 내리기

지금까지는 캐릭터들의 모든 설정을 마음대로 바꿀 수 있는 것처럼 이야기했다. 물론 구상하는 단계라면야 얼마든지 그럴 수 있다. 하지만 본격적으로 집필 단계에 들어가면, 바꿀 수 없는 결정을 내려야 할 때가 생긴다.

이름

가장 먼저 만들어야 할 설정 중 하나는 캐릭터 이름 정하기다. 물론 안 정하고 글을 쓸 수도 있다. 내 친구 하나는 캐릭터들의 이름을 하나도 짓지 않고 소설 한 편을 거의 끝까지 써 나가기도 한다. 그냥 XXX나 YYY 같은 기호로 임시 명칭만 붙여 둔 다음, 글을 쓰다가 캐

럭터들이 구체적으로 손에 잡히면 그제야 적당한 이름을 지어서 워드 프로세서의 '찾아 바꾸기' 기능으로 한꺼번에 수정하는 것이다. XXX는 마리온으로, YYY는 에드나로, 기타 등등. 하지만 나는 도저히 그렇게는 못 쓰겠더라. 이름은 사람의 일부이고, 그 사람의 모든 것을 상징하는 표식과 같다고 생각하기 때문이다.

캐릭터에게 이름이란 어떤 의미인가

이름 하나에 많은 연결 고리가 들어 있다. 성은 가족과 연관된다. 캐릭터가 결혼한 성인이라면 남편이 아내의 성을 쓰거나 아내가 남편의 성을 쓸 수도 있다. 이혼한 여성이라면 남편의 성을 계속 쓰거나 아니면 결혼 전 성으로 돌아왔을 수도 있다. 캐릭터의 부모가 이혼했고, 어머니가 자식들의 양육권을 가졌는데 나중에 재혼했다면 어떨까. 캐릭터는 아버지의 성을 쓰나, 새아버지의 성을 쓰나? 분명히 이러한 결정은 소설의 내용에도 영향을 미친다.

성은 민족을 나타내기도 한다. '워즈니악'이라는 성은 오라일리, 비외른손, 레드페더, 골드파브, 피츠워터, 로블레스 등의 성과 다른 민족 출신임을 암시한다. 성을 고르는 순간 당신은 캐릭터의 민족, 국적, 심지어는 인종까지 한정할 수 있다. 그 성만으로도 캐릭터의 삶에 대한 온갖 가능성이 열리고 그의 성장 환경을 생각하게 될 것이다. 민족성이 캐릭터에게 얼마나 영향을 미쳤을까?

누군가의 이름을 따왔을 수도 있다. 캐릭터에게 '주니어'나 '2세'와 같은 호칭이 붙었나? 삼촌, 이모, 할아버지나 할머니의 이름을 빌려 왔나? 그렇다면 캐릭터가 그 사람에 대해 품은 생각이 자기 이름에 대한 생각에도 영향을 미칠 것이다. 여자애 이름이 스칼렛이나 메릴이라거나, 남자애 이름이 엘비스나 레논이라면 어떨까? 캐릭터가 태어난 시대를 암시할 뿐 아니라, 다른 아이들의 놀림감이 되기도 할 것이다. 여자애의 이름이 스칼렛 오하라 와트(Scarlett O'Hara Watt)인데 친구들은 그 이니셜을 따서 '뭐 어쩌라고(So Watt)'라는 별명으로 부른다면? 지나치게 깜찍한 이름이라 꺼려지긴 하지만 그마저도 캐릭터의 속성이 될 수 있다.

작가 로버트 파커의 저작에서 가장 유명한 캐릭터의 이름은 '에드먼드 스펜서(Edmund Spenser)'다. 이 캐릭터는 문학을 무척 좋아하기에 16세기 영국 시인과 똑같은 자신의 이름을 즐겨 사용한다. 하지만 이름이 아닌 성으로 불러 달라고 사람들에게 요구하며, 특히 성의 철자를 Spencer가 아닌 Spenser로 제대로 표기하라고 강조한다. 에드먼드는 학구적이고 섬세한 느낌이 드는 이름이니만큼 유년 시절 또래 남자아이들이 업신여겼을지도 모른다. 캐릭터가 반드시 최적의 건강 상태와 싸움 실력을 유지하려고 노력하는 면모 역시 어느 정도는 그런 과거에서 기인했을 수 있다. 이렇듯 스펜서라는 캐릭터가 갖춘 대부분의 특성이 이름과 연관되는 것이다. 애초에 작가가 에드먼드 스펜서라는 이름 하나를 선택함으로써 이 캐릭터의 아이디어가 떠올랐을지 누가 알겠는가?

구별이 되는 이름을 지어라

이름을 정할 때는 캐릭터 개인에게 미치는 영향 외에도 또 고려할 점이 있다. 독자가 이름을 보고 누가 누구인지 구별할 수 있어야 한다는 것. 그러려면 각각의 캐릭터에게 어감이 매우 다르면서도 기억하기 쉬운 이름을 붙여야 한다.

내 원칙은 주요 캐릭터들의 이름 첫 글자를 전부 다르게 짓는 것이다. 예컨대 부득이한 이유가 있지 않는 이상 '밀튼'과 '밀포드'를 한 소설에서 쓰지는 않는다.

또한 이름의 길이와 발음 패턴에도 신경 쓴다. 모든 캐릭터의 이름이 엇비슷한 발음이면 기억하기가 힘들다. 빌, 밥, 톰, 롭과 같은 한 음절짜리 이름만 계속 나온다면 헷갈릴 뿐더러 지루하다. 게다가 워낙 흔한 이름 일색이니 독자는 당신이 아무 이름이나 떠오르는 대로 대충 지었다는 인상을 받을 것이다. 그러면 은연중에 캐릭터의 정체성 따위는 중요하지 않다는 메시지로까지 작용할 수도 있다.

그렇다고 현란하고 특이한 이름만 잔뜩 붙여 놓아도 헷갈리기는 마찬가지다. 중요한 의도가 있다면야 그럴 수도 있다. 조직 폭력배에 대한 이야기라서 쌍칼, 불곰, 백상어, 망치 같은 이상한 별명이 필요하다든가. 하지만 아름다운 여성 캐릭터들을 여럿 등장시켜 놓고서 죄다

가짜 같고 예쁘장한 이름만 붙인다면 아무래도 설득력이 떨어질 것이다. 그리고 캐릭터의 이름이 전부 다 무슨 깊은 의미를 담고 있으면 오히려 역효과다. 일부러 상징적인 이름을 부여하는 은유적 소설이 아닌 이상은. 예컨대 나는 알레고리 형식의 판타지 작품을 쓰면서 페이션스(Patience, 인내), 윌(Will, 의지), 엔젤(Angel, 천사)라는 이름들을 쓰기도 했다.

주의하지 않으면 비슷비슷한 이름만 짓게 되기 십상이다. 잭슨, 피터, 디버, 러드맨…… 이런 식이면 곤란하다. 음절 숫자를 조절해서 '피터'를 '피터슨'으로 고쳐 보라. 그리고 강세가 들어가는 위치도 너무 똑같지 않도록 해라. '**디**버(Deaver)'를 '디스**페**인(Despain)'으로 바꾸면 강세가 바뀐다. 이름 하나는 자음 대신 모음으로 시작하게 해라. '러드맨'을 '어드만'으로 바꾼다든가. 그리고 저 이름들은 하나같이 전형적인 미국 백인 주류층 같으니 하나는 색다른 걸로 지어 보자. '잭슨'을 이탈리아식 이름 '지아코니'나 일본식 이름 '카부토'로.

비망록 작성

이름 외에도 캐릭터에 대한 수많은 설정을 만들 것이다. 집필을 시작하기 전에 짜 두는 것들도 있다. 캐릭터의 과거 이력, 캐릭터가 하게 될 일, 기타 등등. 하지만 소설을 쓰는 과정에서도 많은 것을 결정하게 된다. 그렇게 결정한 사항들을 틈틈이 따로 정리해 두면 큰 도움이 된다.

예컨대 1페이지에서 캐릭터가 옷을 입는 장면을 그리면서 줄무늬 넥타이를 맨다고 썼다고 치자. 특별한 이유는 없다. 그저 아침에 일상적으로 하는 일을 구체적으로 묘사하느라 그랬을 뿐이다. 그런데 10페이지 뒤에서 당신은 그 사실을 잊어버리고, 캐릭터가 수영하러 들어가기 전에 넥타이를 푼다는 언급 없이 셔츠를 머리 위로 훌렁 벗었다고 써 버렸다. 왜 잊어버렸을까? 별로 중요한 부분이 아니었고, 사흘 전에 썼던 내용이라서 그만 깜빡한 것이다. 우리는 인간이기에 모든 걸 기억할 수 없다.

물론 독자도 인간이다. 하지만 독자는 소설을 한 번에 읽어 나가기 때문에 1페이지에서 10페이지까지 독파하는 데에 몇 분밖에 안 걸린다.

영화 촬영장에서는 배우가 피우는 담배가 딱 4센티미터 길이를 유지하는지 확인하는 일만 담당하는 스태프도 있다. 그래서 시간차를 두고 촬영하더라도 모든 장면에서 정확히 4센티미터짜리 담배가 나오게 된다. 하지만 당신에게는 그런 걸 도와줄 사람이 따로 없다. 직접 해결해야 한다.

최선의 방법은 비망록을 작성하는 것이다. 노트를 하나 마련하거나 컴퓨터에 별도의 파일을 만들어서 매번 결정한 사항을 기록해 두어라. 집필하는 데에 방해가 된다면 일부러 흐름을 끊을 필요는 없다. 하루치 분량을 다 쓰고 나서 그날 쓴 내용을 몇 분간 쭉 훑어보고 메모해도 된다. 내게 가장 잘 맞는 방법은 매일 컴퓨터로 집필을 시작하기 전에 전날 쓴 내용을 읽어 보면서 옆에 공책을 펼쳐 놓고 비망록을 쓰는 것이다. 그러면 일관성을 유지하는 데에 도움이 될 뿐 아니라, 이제껏 진행한 이야기의 흐름을 파악하고 재검토하는 절차가 되기도 한다. 각 설정이 타당한지, 캐릭터의 새로운 면모가 발견되지는 않는지 확인할 수 있다.

넥타이 색깔 같은 사소한 설정만 문제가 되는 게 아니다. 내가 비망록을 작성하지 않던 시절에는 5장과 15장 사이에서 캐릭터의 이름을 바꿔 버리기까지 했다. 캐릭터를 고아로 설정했다는 사실을 깜빡하고 어머니에게 전화를 거는 장면을 쓴 적도 있다. 조역 캐릭터의 인종이나 직업을 틀리는가 하면, 주인공의 머리 색깔, 나이, 키, 생일을 이랬다저랬다 하기도 했다. 해당 설정이 언급된 사건에서 캐릭터가 중요 초점이 아니었거나, 그사이에 분량을 많이 나가면 으레 그런 실수가 일어난다.

다행히도 편집자와 아내인 크리스틴이 원고를 읽고 대부분의 실수를 찾아 주었다. 나는 어긋나는 두 가지 설정 중에서 어느 쪽이 적합한지 골라야 했다. 그러자면 얼김에 아무렇게나 만들었던 설정에 대해 재고할 수밖에 없었고, 그중 상당수가 부주의한 결정이었음을 깨닫게 되었다. 클리셰의 선반에서 손에 먼저 닿는 걸 무턱대고 꺼내서 집어 넣었던 것이다. 이때 조금만 더 고민해 보면 이야기와 캐릭터를 한결 다채롭고 생기 있게 만들 개선책을 생각해 낼 수 있었다.

비망록을 작성하면 당신이 그때그때 내린 결정을 의식하는 데에도 도움이 된다. 설정을 옮겨 적는 과정에서 다시금 생각해 보고, 의문을 품고, 추측을 하게 되니까. 이미 타당한 결정을 내렸다 하더라도, 아직 감이 생생하게 남아 있는 그날 밤이나 아니면 다음 날 아침에 더더욱 좋은 아이디어로 고칠 기회가 있는 것이다. 그러지 않으면 10페이지, 50페이지, 100페이지가 넘도록 마냥 모른 채로 진행해 버릴지도 모른다.

하지만 아무리 비망록을 작성해도 모든 실수를 완벽하게 방지하거나 모든 결정을 돌이켜 볼 수는 없다. 당신이 눈치 채지도 못하는 수백, 수천 가지의 결정들이 있을 것이다. 그래도 괜찮다. 소설의 요소 하나하나를 빠짐없이 의식적으로 고민할 필요는 없다. 그런 식으로 하려면 누구도 글을 끝맺을 수가 없을 것이다. 대부분의 결정은 여전히 무의식적으로 내려질 수밖에 없다. 하지만 일단 의식한 아이디어를 재고하면 당신의 소설에 더 많은 창조의 가능성이 열릴 테고, 무의식의 차원에서 캐릭터와 시공간을 즐겁게 가지고 놀 만한 여지도 더욱 넓어질 것이다.

'필요가 곧 발명을 낳는다.'라는 금언이 있지만, 소설에서는 그렇지만도 않다. 꼭 새로운 것을 발명하지 않더라도 소설은 쓸 수 있다. 반드시 독창적이어야만 할 필요는 없다.

하지만 우리를 경이롭게 하는 이야기와 기억 속에 영원히 살아 숨쉬는 캐릭터는, 풍부한 상상력, 통찰력 있는 관찰, 철저한 심문, 신중

한 결정에서 나온다.

소설에서는 발명이 곧 경이와 기쁨과 진실의 어머니다.

2부
캐릭터 구성

| 5장 |
어떤 종류의 소설인가?

착상 단계에서는 중요하고 진실한 캐릭터를 창조하는 것이 관건이다. 구성과 집필 단계에서도 그건 마찬가지지만, 일단 글을 쓰기 시작하면 이야기 전체의 방향에 무엇이 적합한지의 문제도 따져야 한다. 이제는 새롭게 창조한 캐릭터들을 본격적으로 움직일 때다.

<u>4대 요소</u>

어떤 소설에나 적용되는 '모범적인 캐릭터 구성'의 원칙이 정해져 있다고 생각한다면 오해다. 소설의 종류에 따라 필요한 캐릭터의 종류도 달라진다.

그런데 소설의 종류란 무엇인가? 출판업계에서 쓰는 장르 구분은 잠시 젖혀 두도록 하자. 순수 문학에 맞는 캐릭터 따로, 과학 소설에 맞는 캐릭터 따로, 서부극, 미스터리, 스릴러, 역사물에 맞는 캐릭터가 각각 따로 있는 게 아니다. 그보다는 모든 소설에 존재하는 네 가지 기본 요소를 기준으로 삼기를 권한다. 각각의 요소가 차지하는 비중은 작품에 따라 편차가 있고, 이 요소들 간의 균형을 파악해서 어떤 방식으로 캐릭터를 구성할지 결정해야 한다.

소설의 4대 요소는 바로 **배경, 정보, 인물, 사건**이다.

배경은 캐릭터를 둘러싼 세상이다. 풍경, 실내 공간, 문화, 날씨에서부터 교통 법규에 이르기까지, 캐릭터가 출현하고 또 반응하는 주변 환경을 뜻한다.

정보는 소설이 전개되면서 독자가 발견하거나 깨닫게 될 지식 또는 생각이다.

인물은 등장하는 캐릭터의 행동이나 동기와 같은 일련의 속성에 해당한다. 이 요소는 인간의 보편적 본질을 나타내는 결말을 불러오거나, 그러한 결말에서 비롯되곤 한다.

사건은 이야기에서 일어나는 일과 그 원인을 뜻한다.

4대 요소들은 대개 서로 겹친다. 캐릭터 A가 캐릭터 B를 둘러싼 배경의 일부일 수 있다. 이야기에 담긴 정보가 동시에 인물의 본성을 알려 주는 단서일 수도 있고, 배경의 일부분일 수도 있으며, 이전에는 오해했거나 간과했던 사건의 진실일 수도 있다. 사건은 으레 인물이 일으키거나 배경에서 발생하고, 정보를 발견하는 과정이 그 자체로 하나의 사건일 수도 있다.

정도의 차이만 있을 뿐, 소설이라면 무조건 위의 4대 요소가 들어간다. 각 요소에는 특정한 서사의 구조가 내포되어 있고, 가장 두드러지는 요소가 소설 전체의 구조를 결정짓는다.

배경

이야기에는 반드시 무대가 필요하다. 어떤 공간, 상황, 환경이 있어야만 캐릭터가 그 위에서 행동을 하고 이야기를 엮어 나갈 수 있다. 이야기에 나오는 모든 물리적인 위치가 여기에 해당한다. 도시, 건물, 길, 버스, 농장, 숲 속의 빈터, 또한 그러한 장소에서 나오는 광경, 냄새, 소리까지도. 또 관습, 법, 사회적 역할, 대중의 가치관과 같은 문화적인 배경은 캐릭터의 생각과 느낌과 말과 행동을 제약하거나 또는 명확히 한다.

배경을 개략적으로만 보여 주는 소설도 있는 반면, 애정을 담아서 세세하게 그려 내는 소설도 있다. 어떤 소설에서는 배경이 아예 이야기의 주요 초점이다. 조너선 스위프트의 『걸리버 여행기』나 마크 트웨인의 『아서 왕 궁전의 코네티컷 양키』를 생각해 보라. 캐릭터의 내면 통찰이나 짜릿하고 긴장감 넘치는 플롯보다는, 관습이나 가치관이 우리와는 다른 어떤 새로운 세상을 탐험하는 데에 역점이 있는 작품들이다.

순수한 배경 서사의 구조는 간단하다. 이야기 속의 세계에 캐릭터를 갖다 놓고, 캐릭터가 그 세계의 곳곳을 돌아다녀야 할 이유를 만든다. 그리고 캐릭터가 이동하는 동안 주변 배경의 흥미로운 물리적, 사회적 면면들을 독자에게 보여 주고, 필요한 것을 모두 보여 줬다면 캐릭터를 집으로 돌려보내면 된다.

순수한 배경 서사의 주인공은 대개 시대적, 공간적으로 작가 및 독자와 같은 출신을 공유하는 사람이다. 그래야 주인공이 독자들의 관점과 사고방식을 통해서 낯선 세계를 보여 줄 수 있기 때문이다.

순수한 배경 서사에서는 주인공 캐릭터를 덜 빡빡하게 짜는 편이 낫다. 광범위한 독자층 전체를 대표해야 하니까. 캐릭터를 너무 개성 있게 만들면 캐릭터에게 관심이 집중되어 버리는데, 당신이 보여 주고 싶은 초점은 인물이 아니라 배경에 있다. 그러므로 캐릭터는 주변의 모든 사건에 최대한 '정상적'으로 반응해야 한다(즉 저런 상황이라면 누구라도 그럴 만하겠다 싶은 방식으로 반응해야 한다.). 캐릭터가 냉소적인 유머 감각이나 약간 편향된 관점을 보일 수는 있겠지만, 캐릭터에게 이목이 끌리면 끌릴수록 이야기의 중점은 배경에서 멀어질 것이다.

그러나 '순수한' 배경 서사로만 된 이야기는 거의 없다. 그런 이야기는 여행기, 유토피아 소설, 풍자 문학, 자연 과학에서만 가능하다. 대부분의 소설은 배경을 강조하긴 하되 다른 요소들도 함께 끌어낸다. 배경에 주로 초점을 맞추더라도 이야기 구성 역시 탄탄하게 짜는 것이다. 그러면 독자는 배경을 간접적인 방식으로 흡수하게 된다. 이런 경우 주인공 캐릭터가 반드시 독자와 같은 시대관에 속하는 사람일 필요는 없다. 오히려 이야기의 중심 배경인 낯선 세계에 속하는 주민인 경우가 보통이다. 캐릭터의 사고방식과 가치관은 그곳의 문화적 분위기의 일부이고, 독자는 캐릭터의 낯설고 이상한 특성에서 그 세계의 일면을 엿보는 것이다.

이런 소설은 표면적으로 다른 종류의 서사 구조처럼 보이겠지만, 작가가 작중 환경에 세심한 주의를 기울임으로써 배경을 가장 중요한 주제로 부각할 것이다. 캐릭터는 고유의 흥미 요소만이 아니라 그 문화권의 특정 부류나 계급을 대표할 보편성을 갖추어야 한다. 독자가 캐릭터에게 매력을 느끼는 까닭은 그를 이해하거나 공감해서가 아니라 오히려 낯설게 여기기 때문이고, 캐릭터가 독자에게 알려 주는 이질적인 문화 때문이다.

이러한 배경 중심 서사는 가상의 세계가 주된 초점인 과학 소설과 판타지 장르에서 흔히 나타난다. 『듄』의 작가 프랭크 허버트나 『반지의 제왕』으로 잘 알려진 J. R. R. 톨킨의 작품들이 그렇다. 치밀한 플롯보다는 세심하고 애정 어린 손길로 그려 낸 세계로 이름 높고, 캐릭터 역시 개성을 갖춘 사람이라기보다는 어떤 대표성을 띠는 인물 유형에 가깝다. 작가는 주요 시나리오 전개에서 마음대로 벗어나서 특정 문화를 해설하거나 설명하거나 묘사하는 데에 상당한 지면을 할애하곤 한다. 그 세계에 관심이 없는 독자는 금방 지루해져서 책을 덮겠지만,

거기에 매료된 독자라면 낯선 세상의 노래, 시, 의례, 일상생활을 엿보는 재미에 푹 빠져서 책을 손에서 놓지 못할 것이다.

배경 중심 서사에서 캐릭터 구성은 얼마나 필요할까? 그다지 복잡하게 짤 필요는 없다. 대부분의 캐릭터는 해당 세계의 문화적 틀에 들어맞는 전형적인 인물로서 사회가 부여한 역할에 정확히 맞춰서 행동하기만 하면 된다. 이야기의 전개를 촉진할 만한 약간의 특이한 구석쯤은 넣을 수 있겠지만. 톨킨의『반지의 제왕』에 나오는 반지 원정대에 드워프와 엘프가 각각 한 명밖에 없는 것은 우연이 아니다. 똑같은 종족의 캐릭터가 여러 명 나오면 서로 구별하기가 거의 불가능하기 때문이다. 실제로 똑같은 호빗 종족 캐릭터인 메리와 피핀의 차이를 구분하는 독자는 많지 않을 것이다. 물론『반지의 제왕』은 순수한 배경 서사로만 된 소설이 아니기에, 단순히 전형적이지만은 않은 영웅적 주인공들도 등장하긴 한다. 섬세하고 입체적으로 구성된 캐릭터도 나온다. 다만 이런 소설의 주된 매력 포인트는 캐릭터 구성이 아니라는 것이다.

배경 서사는 과학 소설과 판타지 외에도 여러 다양한 장르에서 나타난다. 학문적 소설이나 순수 문학("이 작품은 현대 도시의 삶을 완벽하게 구현한다."), 역사 소설(요즘 역사 소설은 대부분 시대 고증보다 로맨스에 초점을 맞추는 경향이 있긴 하지만)에서 자주 볼 수 있다. 스릴러에서도 배경은 핵심적인 역할을 담당하고, 서부극은 그야말로 배경이 전부다.

배경 중심 소설을 쓰고 있는가? 애정을 담아 세세하게 그리는 대상의 대부분이 배경 세계에 해당하는가? 그렇다 해도 캐릭터를 무시해서는 안 된다. 그 세계로 흥미진진한 이야기를 쓰고 싶다면 더더욱. 하지만 입체적인 캐릭터가 많이 등장할 필요는 없으며, 그러면 오히려 방해가 될 수 있다는 점은 유의하도록 하자.

정보

정보 서사의 구조는 간단하다. 처음에 어떤 문제나 의문이 제기되고, 마지막에는 해답이 밝혀진다. 살인 사건을 다루는 추리 소설이 이 구조를 사용한다. 일단 누군가가 살해당한 다음, 범인이 누구이며 살해 방법과 동기는 무엇인지 파헤치는 과정이 전개된다. 범죄 소설도 동일한 구조를 따른다. 초반부에 범죄와 관련된 문제가 나오고(털어야 할 은행, 사기를 쳐서 돈을 뜯어낼 부유하고도 위험한 표적), 주인공 혹은 주요 캐릭터들이 작전을 짠 다음, 그 작전으로 해당 문제를 해결하는 이야기가 펼쳐진다. 그 과정에서 반드시 예기치 못한 사고가 일어나고 캐릭터들은 임기응변으로 대처하게 되지만, 마침내 문제가 해결됨으로써 이야기가 끝난다.

이런 경우 캐릭터 구성은 얼마나 필요할까? 단순한 퍼즐이나 밀실 추리에서는 사실상 캐릭터 구성이 아예 필요가 없다. 대부분의 작가들은 단지 '양념을 치는' 수준에서 캐릭터에게(특히 탐정 배역에게) 약간의 독특한 매력을 추가할 뿐이다.

애거서 크리스티의 작품과 같은 영국 고전 추리 소설을 보면 캐릭터들에게 필요 이상의 개성이 주어지는 경우가 거의 없다. 여러 용의자를 물망에 올려서 마땅히 혐의를 조사할 수 있도록, 꽤 낯은 캐릭터에게 범죄를 저지를 만한 동기를 부여한다는 필수 조건을 지키는 정도에 그친다.

미국 탐정 소설은 캐릭터 구성에 조금 더 신경을 쓰는 편이다. 이쪽 탐정들은 단순히 특이한 매력이 이것저것 첨가된 단선적인 캐릭터에서 더 나아가서 주변 사람들에게 반응을 한다. 그 사람들은 탐정이 사건을 해결하는 데에 쓰는 퍼즐 조각이 아니라, 서글프거나 위험하거나 선량하거나 처량한 인간 자체로 그려진다. 레이먼드 챈들러 로스 맥도널드와 같은 작가들의 소설이 이런 경우에 해당한다. 탐정은 다른 캐릭터들을 예리하게 지켜보는 관찰자가 되어야 하고, 그 캐릭터들의 본성이 드러나면서 반전이 일어나거나 전개가 뒤바뀌곤 한다. 하지만 캐릭터들이 '변화하는' 경우는 거의 없다. 탐정 캐릭터도 마찬가지다. 이미 정해져 있는 그들의 진면목이 '밝혀질' 뿐이다. 캐릭터들의 진짜 본성은 탐정이(더 나아가 독자가) 해결해야 하는 문제의 일부분이기 때문이다.

한편 범죄 소설 캐릭터는 대개 멋있거나 재미있는 정도면 충분하다. 어떤 사건을 계기로 캐릭터가 변화하는 경우도 별로 없다.

사실 추리 소설, 탐정 소설, 범죄 소설 작가들이 시리즈 전체에 걸쳐 똑같은 캐릭터를 거듭 내보내서 독자에게 기쁨을 줄 수 있는 까닭은 바로 캐릭터가 잘 변화하지 않는다는 특성 덕분이다. 이 원칙을 깨고 탐정 캐릭터에게 성장과 변화를 이끌어 내는 작가도 몇몇 있긴 하다. 하지만 이렇게 하면 앞으로 그 캐릭터를 활용할 여지가 상당히 제약되는 결과를 낳는다.

예컨대 그레고리 맥도널드의 플레치 시리즈의 경우, 주인공이 엄청난 부자가 되는 바람에 작가가 주인공을 미스터리가 벌어지는 상황에 집어넣기가 힘들어졌다. 그래서 『플레치가 이겼다(Fletch Won)』와 『플레치 역시(Fletch, Too)』라는 속편에서는 플레치가 부유해지기 이전의 과거를 배경으로 삼아서 문제를 해결했다.

로버트 파커의 주인공인 스펜서는 심지어 더욱 많이 나간다. 스펜서는 여러 사람을 만나고 인간관계를 형성해 나가며, 새로운 친구가 생기거나 어떤 변화가 일어나면 다음 권에서도 그대로 적용된다. 그 결과 후기작들은 가면 갈수록 플롯이 억지스럽거나 예전에 나왔던 이야기가 또 나오는 식으로 지지부진해지고 말았다. 이렇듯 정보 중심 소설에서 다채롭고 입체적인 캐릭터를 꾸려 나가기는 힘들다.

그러나 오해하지 말라. 정보 서사에서 캐릭터를 정교하게 구현하면 안 된다는 뜻은 결코 아니다. 플레치와 스펜서는 오히려 추리 소설 장르에서 내가 가장 좋아하는 캐릭터다. 보통의 탐정 캐릭터보다 더 입체적이며 변화의 여지가 많다는 바로 그 특징 때문이다. 당신이 유념해야 할 점은, 정보 서사의 캐릭터를 다채롭게 구성하고 변화를 불러일으키면 그에 상응하는 대가가 따른다는 사실이다.

정보 서사는 다른 장르에서도 물론 쓰인다. 상당수의 과학 소설이 이 서사 구조를 완벽하게 따른다. 캐릭터가 문제에 맞닥뜨리고(우주선이 고장 나는 상황이 흔히 애용된다.), 범죄 소설과 마찬가지로 그 문제를 해결할 계획을 짠 다음 실행에 옮기는 과정이 펼쳐지며, 뜻밖의 상황에서 임기응변도 쓴다. 캐릭터 구성은 재미를 위해 약간의 독특한 매력 요소만 추가하는 정도면 족하다.

알레고리는 정보가 전부인 형식이다. 작가는 어떤 설계에 의거해서 이야기를 구성하며, 독자가 할 일은 그 설계를 해독하는 것이다. 캐릭터들은 대개 특정 관념을 대변하는 상징물에 지나지 않는다. 오늘날 알레고리 문학은 잘 쓰이지 않지만, 학문적 소설이나 순수 문학에서 많이 사용하는 상징주의적 방식도 이 구조와 거의 일치한다. 캐릭터들은 주로 어떤 관념을 의미하는 장치로서 존재하며, 독자가 이야기를 수용하려면 상징적 구조를 해독해야만 한다.

그렇다면 정보 중심 소설에서는 캐릭터를 '허술하게' 짜야 한다는 뜻인가? 전혀 그렇지 않다. 다만 정보 서사에 적합한 캐릭터 구성은 다른 종류의 서사에 적합한 캐릭터 구성과 다르다는 뜻이다. 캐릭터는 어떤 정보나 관념을 나타내거나 혹은 그러한 정보 및 관념을 발견하는 역할을 맡아야 한다. 맡은 역할을 완벽하게 소화하는 캐릭터는 매우 전형적이거나 혹은 별난 구석 몇 가지만 있다뿐 단순한 인물이겠지만, 이런 유형의 소설에는 딱 들어맞을 것이다.

인물

인물 서사는 한 사람이 자기 삶의 역할을 바꾸려 하는 이야기다. 주인공이 현재 자신의 역할을 견딜 수가 없어서 바꾸려고 나서면서 이야기가 시작되고, 주인공이 마침내 새로운 역할을 찾아내거나, 스스로 예전의 역할로 돌아가거나, 체념하고 기존의 운명을 받아들이면서 이야기는 끝난다.

캐릭터의 '역할'이란 무엇일까? 그것은 캐릭터가 다른 사람들과, 더 나아가 사회 전체와 맺은 관계망을 뜻한다. 예컨대 나는 자식들에게 아버지이고(각각의 아이와 서로 다른 관계를 맺은), 아내에게는 남편이며, 본가에서는 아들이자 형제이다. 또한 작가로서 접하는 문학계 사람들 하나하나와 복잡한 인맥으로 엮여 있으며, 다양한 팬과 비평가 들과도 연결된다. 내가 소속된 종교의 공동체에서도 이 사람 저 사람을 상대로 끊임없이 역할이 변하고, 여기서도 작가로서 글을 쓰기도 한다. 모든 인간이 그렇듯 나 역시 현재 처지에서는 충족할 수 없는 나름대로의 열망이나 관심사가 있지만, 보통은 적절히 가까운 미래에 원하는 것을 이룰 방법을 찾아낼 수 있다. 이 모든 관계들을 합치면 바로 내 '삶의 역할'이 된다. 나처럼 인생에 그럭저럭 만족하는 사람을 가지고 인물 서사를 쓰기는 어려울 것이다. 행복한 사람에 대한 이야기는 지루하기 마련이니까.

캐릭터가 자기 삶의 역할에서 어떤 부분을 도저히 감당할 수 없게 되어야만 인물 서사가 나올 수 있다. 예컨대 악랄하고 변덕스러운 부모님이나 배우자에게 휘둘린다든지, 직장 동료들에 대한 불쾌감이 날로 심해져만 간다든지. 자식 키우는 데에 진저리를 내고 타인의 존중을 갈구하는 주부, 절박한 공포에 사로잡힌 범죄자, 바람피운 애인에 대한 배신감을 견딜 수 없는 사람 등등. 이야기는 이러한 문제 상황이 곪고 곪다 못해 터질 지경에 이르렀을 때에야 본격적으로 시작된다. 즉 캐릭터가 기존의 상태에 계속 머무르기에는 치러야 할 대가가 지나치게 커지는 순간에 소설은 시작된다.

어떤 인물 서사에서는 주인공이 기존의 역할에서 아주 쉽게 헤어나오는 대신 새로운 역할을 모색하는 과정이 관건이 된다. 반면 캐릭터가 추구하는 새로운 역할이 무엇인지는 쉽게 상상할 수 있지만 기존의 굴레에서 벗어나기가 매우 어려운 경우도 있다. '벗어나는' 것이 꼭 물리적으로 어딘가에서 떠난다는 의미만은 아니다. 가장 섬세하고 까다로운 인물 서사는 캐릭터가 특정한 타인을 떠나지 않으면서 그 사람과의 관계를 바꾸려 하는 이야기다.

두말할 나위도 없이, 인물 서사에서는 극도로 정교하고 입체적인 캐릭터 구성이 필요하다. 간편한 지름길 같은 건 없다. 곤경에 처한 캐릭터의 입장을 독자가 충분히 이해해야만 기존의 역할을 바꾸겠다는 캐릭터의 결정도 받아들일 수 있으며 (대개는) 동조할 수 있다. 또한 그러한 변화가 가능한지 의심스럽지 않도록 튼튼한 당위도 만들어 줘야만 한다. 가령 닳고 닳은 매춘부 캐릭터가 어느 날 갑자기 대학에 들어갔다고 쓸 수는 없다. 그 캐릭터가 항상 공부를 갈망했으며 그럴 만한 지적 능력도 있었다는 사실을 미리 보여 줘야만 한다.

그러나 인물 서사라고 해서 등장하는 모든 인물이 세세하게 구현될 필요는 없다는 점을 기억하라. 물론 주인공은 그 삶의 변화가 소설의 주제이므로 반드시 정교한 구성을 거쳐야 한다. 주인공이 변해야 하는 이유나 주인공이 추구할 새로운 역할을 제공하는 주요 캐릭터들도 마찬가지다. 하지만 그 외의 캐릭터들은 배경 서사, 정보 서사, 사건 서사에서와 마찬가지로 단순하게 짜야 한다. 섬세한 캐릭터 형상화는 많으면 많을수록 좋은 미덕이 아니라 그저 기술일 뿐이다. 작품에 도움이 될 때는 쓰고, 아닐 때는 안 쓰면 된다.

사건

어떤 이야기든 반드시 원인과 결과가 있는 사건들이 벌어지므로 모든 소설은 사건 서사라고 할 수 있다. 하지만 사건이 중심 제재가 되는 이야기에는 특정한 구조가 있다. 세상의 질서가 어떤 식으로든 깨진다는 것. 불균형, 불평등, 파탄, 악(惡), 부패, 질병, 장애 등 무엇으로 불러도 좋다. 그래서 예전의 질서를 되찾거나 새로운 질서를 세우려고 노력하는 것이 이 이야기의 기본 전개다.

사건 서사의 구조는 단순하다. 처음에는 세상의 장애를 고치는 활동에 주인공이 연루되고, 마지막에는 목적을 달성하든지 아니면 완전히 실패한다.

세상의 장애는 다양한 형태로 나타날 수 있다. 예컨대 어떤 범죄가 일어났는데 응분의 처벌이나 응징을 받지 않은 경우. 『몽테 크리스토 백작』이나 「오이디푸스 왕」이 적절한 예시라고 하겠다. 아니면 남의 자리를 찬탈한 「맥베스」의 맥베스처럼 무언가를 부당하게 빼앗은 사람이 있을 수 있다. 거꾸로 「왕자와 거지」의 에드워드 왕자처럼 자신의 진짜 사회적 입지를 잃어버린 사람도 해당한다. 세상의 장애란 무언가를 파괴하려 몰두하는 사악한 힘일 수도 있다. 『반지의 제왕』의 사우론, 『토머스 커브넌트 연대기: 불신자(The Chronicles of Thomas Covenant, The Unbeliever)』의 파울 경, 스릴러 소설에 종종 나오는 나치, 공산주의자, 테러리스트처럼. 이루어질 수 없지만 도저히 거부할 수 없는 금지된 사랑 역시 여기에 속한다. 『폭풍의 언덕』, 란슬롯과 기네비어 또는 트리스탄과 이졸데 같은 고전적인 이야기처럼. 중세 모험담 「데인족 해블럭(Havelok the Dane)」이나, 1970년대 초 미국 신문과 텔레비전 뉴스로 퍼진 워터게이트 스캔들에서는 배신이라는 테마로 세상의 장애를 보여 준다.

사건 서사는 2000년이 넘도록 이어져 온 낭만적 이야기 전통의 핵심이다. 나는 그것이 바로 '이야기' 자체가 존재하는 이유라고도 생각한다. 사건 서사는 우리를 둘러싼 세상을 이해하고자 하는 인간의 욕구에서 비롯되며, 세상에 어떤 질서가 있으리라는 가정을 전제하고 출발한다. 우리는 이야기 속에 질서가 있으리라고 믿고, 바로 이러한 믿음이 현실의 질서를 만드는 데에 기여하는 것이다.

사건 서사에서 캐릭터 구성은 얼마나 필요할까? 대개는 작가의 재량에 달렸다. 필수적인 행동과 동기밖에 짜지 않은 단순한 캐릭터들만 가지고도 강력한 사건 서사를 쓸 수 있다. 독자가 캐릭터의 다른 측면들에 대해서는 전혀 알지 못했다 하더라도, 수많은 경험을 함께 겪었기에 책을 덮을 때는 그 캐릭터를 잘 아는 듯한 기분이 들 것이다. (예를 들면 아서 왕 전설의 주역인 랜슬롯이 그렇다. 랜슬롯은 아서 및 기네비어와 각각 어떤 관계인지만 간단히 명시될 뿐, 복합적인 인간으로 묘사되는 일이 거의 없다.) 반면 몇몇 캐릭터들을 입체적으로 구성하더라도 이야기 전개에 전혀 지장을 주지 않을 수 있다. 이 경우 캐릭터 형상화 과정은 오히려 더 많은 이야기의 가능성을 열어 주기에, 사건과 캐릭터가 함께 성장할 수 있는 것이다.

독자와의 계약

소설을 쓰면 반드시 독자와 암묵적인 계약을 맺는다. 처음 몇 문단이나 몇 페이지 안에 당신은 독자에게 그 소설이 어떤 종류의 이야기인지 암시하게 된다. 그러면 독자는 그 서사 구조에 맞는 전개를 예상하고서 소설을 읽는 내내 그 맥락을 따라간다.

예컨대 살인 사건으로 소설을 시작하고, 누가, 어떻게, 왜 살인을 저질렀는지를 알아낼 이유가 있는 캐릭터에게 초점을 맞춘다고 하자. 그러면 독자는 그 의문들이 해결될 때까지 소설이 이어지리라고 예상할 것이다. 즉 정보 서사를 기대하는 것이다.

그런데 만약 당신이 살해당한 피해자의 아내에게 초점을 맞추고, 청천벽력으로 남편과 사별함으로써 그 여자의 삶이 산산이 부서져 버린 정황에 집중한다고 하자. 그러면 독자는 이 소설이 인물 서사 구조를 쓰리라고 예측하고, 과부가 된 여성이 새로운 역할을 찾아낼 때까지 지켜볼 것이다.

한 가지 서사 구조를 선택했다고 해서 다른 구조를 쓸 수 없는 것은 아니다. 예컨대 처음의 살인 사건 미스터리 쪽으로 돌아가 보자. 여기서도 당신은 피해자의 아내가 새로운 역할을 찾으려 하는 모습을 보여 줄 수 있다. 독자는 그 부분이 서브플롯이라고 생각하고 기꺼이 따라갈 테고, 미스터리와 함께 그 맥락도 함께 풀린다면 즐거워할 것이다. 그러나 당신이 소설을 미스터리로 시작해 놓고서 막상 끝에 가서는 미스터리고 뭐고 전혀 해결하지 않은 채 과부가 새로운 남자와 사랑에 빠져 재혼하는 이야기로 막을 내린다면 독자는 사기당한 기분이 들 것이다! 어떤 효과를 노리고 한 번쯤은 그런 수법을 써 볼 수도 있겠지만, 그럴 경우 독자로서는 당연히 속았다고 생각할 수밖에 없다.

거꾸로 초반에 과부가 새로운 삶을 찾아 나서는 이야기로 시작했더라도 미스터리를 서브플롯으로 엮어 넣을 수 있다. 그러면 독자는 미스터리가 해결되기를 기대하겠지만, 그 부분을 클라이맥스로 여기지는 않을 것이다. 미스터리만 풀고 과부는 여전히 혼란 상태에 남겨 둔 채 소설을 끝맺는다면 독자는 마땅히 격분할 것이다.

대략적인 법칙은 다음과 같다. 독자는 처음에 나온 주요 갈등 구조가 해결되었을 때 이야기가 끝나기를 기대한다. 소설이 정보 서사로 시작했다면, 독자는 그 정보가 밝혀지고 모든 전모가 드러남으로써 소설이 끝나기를 기대할 것이다. 소설이 배경 서사로 시작했다면, 독자는 어떤 종류의 서브플롯이 얼마나 많이 나오든 기꺼이 받아들이고, 그 문제들이 필요에 따라 여기저기서 해결되면서 해당 배경을 더 많이 보여 주는 과정을 계속 읽어 나갈 것이다. 견딜 수 없는 곤경에 처한 캐릭터를 보여 주면서 시작한 소설이라면, 그 캐릭터가 완전히 만족하거나 체념하기 전에는 끝났다는 느낌이 안 들 것이다. 균형이 망가진 세계를 보여 주면서 시작한 소설이라면, 그 세계가 균형과 정당성을 되찾고 질서가 잡히고 치유되든지 아니면 아예 복구될 가망이 없이 완전히 파괴되든지 둘 중 하나로 결말이 나야만 소설도 매듭이 지어질 것이다.

이야기를 시작하는 것은 마치 산꼭대기에서 바위 하나를 밀어뜨리는 일과 같다. 마지막에 어떤 일이 벌어지든 간에, 독자는 그 바위가 어딘가에 떨어져서 안착하기 전까지는 만족하지 못한다.

　이것이 바로 당신이 독자와 맺는 첫 계약이다. 시작한 것으로 끝을 내야 한다. 어느 정도까지는 본론에서 벗어나도 괜찮지만, 그런 탈선으로 원래의 계약 조건을 대체할 수 있는 경우는 거의 없다.

　그리고 이야기를 진행하는 내내 맺는 두 번째 계약이 있다. 지면을 많이 할애하는 요소는 반드시 무언가 중요한 영향을 끼친다는 것. 내가 어렸을 때 본 「리오로 가는 길」이라는 영화가 생각난다. 밥 호프와 빙 크로스비가 출연하는 이 로드무비에서 감독은 끊임없이 본 줄거리를 끊고 제리 콜로너라는 조역에게 카메라를 돌린다. 콧수염을 기른 이 우스꽝스러운 들러리는 주인공들을 구출하려고 기병대를 이끌고 출동하는 대장 역할이다. 그런데 영화는 콜로너의 기병대가 도착하지도 않은 채로 모든 문제가 해결되면서 끝나 버린다. 마지막으로 콜로너가 한 번 더 나와서 한다는 대사가, 달리던 말을 멈추고 카메라를 돌아보더니 "에이, 헛수고했네. 그래도 재밌었잖아, 안 그래?"라는 식이었다. 굉장히 우스운 장면이었다. 그러나 이 영화의 유머 포인트는 관객의 기대를 저버린 데에서 비롯된 것이다. 특정 캐릭터, 사건, 의문, 배경 등이 유난히 많이 나오면 관객은 그게 주요 시나리오 전개에 영향을 미치리라고 기대하게 마련이다.

　머릿속에 들어 있는 구상이든, 노트에 정리해 둔 개요든, 초고 상태의 글이든 간에, 당신이 쓰고 있는 이야기를 한번 점검해 보라. 어떤 부분이 가장 당신의 흥미를 끄는가? 가장 많은 시간과 수고를 기울이는 요소가 무엇인가? 배경에 대한 자료 조사나 구체적인 설정 짜기에 계속 몰두하게 되는가? 미스터리를 체계적으로 풀어내는 과정이 재미있는가? 한 캐릭터를 자꾸 탐구하고 분석하게 되는가? 아니면 일어나는 사건들 자체에 가장 신경이 쓰이는가? 당신이 제일 관심이 많은 요소에 속하는 서사 구조를 선택해야 소설이 잘 풀릴 것이다.

당신이 미스터리를 좋아한다면, 소설을 정보 서사로 구성해라. 의문을 던지면서 이야기를 시작한 다음 그 의문에 대답하는 데에 대부분의 지면을 써라. 만약 소설의 배경이 되는 세계가 당신에게 가장 중요하다면, 역시 그 사실을 초반부터 독자에게 알려 줘야 한다. 캐릭터가 새로운 세계에 당도하거나(앨리스가 토끼굴에 떨어지거나 거울 너머로 이상한 나라를 보기까지 얼마나 걸렸던가?) 장소 및 문화의 세부 사항을 집중적으로 보여 주면서 이야기를 시작한 다음, 그 세계의 경이롭고 신기한 면면을 펼쳐 보이는 데에 대부분의 지면을 써라. 만약 당신이 캐릭터에게 가장 열을 올린다면, 그 캐릭터가 처한 딜레마로 이야기를 시작하고 변화를 모색하는 과정에 대부분의 지면을 써라. 아니면 작중에서 벌어지는 사건이 무엇보다도 당신을 사로잡는가? 그렇다면 세상에 일어난 장애에 캐릭터가 엮이는 시점에서 이야기를 시작하고, 세상의 균형을 되찾으려고 노력하는 과정에 대부분의 지면을 써라.

다른 서사 종류에 속하는 기법 및 구조도 언제든지 사용할 수는 있다. 하지만 상대적으로 부차적인 수준에서, 서브플롯이나 주요 맥락을 심화하는 수단 정도로만 사용해야 한다.

『반지의 제왕』은 전체적으로 배경 서사 구조로 되어 있지만 그 안에 몇 가지 사건 서사가 들어 있다. 나라를 잃어버린 왕 아라고른이 정당한 왕위를 되찾는 이야기, 자기 능력 밖의 힘을 구하던 섭정 군주 데네소르가 나라의 안전과 아들의 목숨을 위기에 몰아넣고 간달프가 마침내 그를 저지하는 이야기, 프로도와 샘와이즈와 골룸이라는 세 호빗이 얽히고설키며 온갖 우여곡절 끝에 운명의 산 용암에 반지를 던져 넣어서 사우론의 사악한 힘을 막는 이야기.

그러나 이 모든 이야기가 해결된 뒤에 또 다른 이야기가 시작되어도 독자는 실망하지 않는다. 톨킨은 막바지에 '샤이어 전투'라는 장을 넣어서 완전히 새로운 서사를 집어넣는다. 다른 맥락들과 연관이 되기는 하지만, 호빗들이 고향에 돌아오기 전까지 별다른 암시나 복선도 없던 사건이 튀어나오는 것이다.

그러고 나서도 이야기는 끝나지 않는다. 톨킨은 프로도가 가운데땅에서 더는 예전처럼 번영을 누리며 살 수 없게 된 엘프들과 함께 서쪽으로 떠나는 장면을 보여 준다. 이것이 소설 초반에 제시된 의문에 대한 해답인가? 아니다. 캐릭터가 처했던 딜레마의 해결책인가? 역시 아니다. 프로도는 처음부터 자기 삶에 만족하는 인물이었다. 그리고 프로도와 엘프들이 가운데땅에 존립하고 말고 하는 문제는 이 소설이 시작되었을 때만 해도 해결되어야 할 장애나 불균형이 아니었다.

그런데도 왜 계속 읽게 될까? 바로 『반지의 제왕』이 배경 서사이기 때문이다. 작가는 가운데땅이라는 가상의 세계를 보여 주는 데에 상당한 지면을 할애하리라는 사실을 처음부터 분명히 한다. 생일 파티, 마을의 생활, 이런저런 관습과 풍습이 세세하게 그려진다. 톰 봄바딜이라는 캐릭터는 이야기 전개와 아무 상관도 없다시피 하지만 가운데땅의 근원 신화를 한 몸에 담고 있는 존재이기에 등장한다. 일행이 모리아 광산을 건너갈 때는 엔트라는 종족과 함께한다. 로한의 기병들과도 만나고, 전설 속에 나오는 죽은 자들과 동료가 되기도 한다. 톨킨이 이 모든 인물과 장소를 엮어 만드는 이야기는 대체로 재미있고, 독자의 마음을 사로잡는 캐릭터들도 등장하기는 하지만, 독자가 이 소설을 읽는 이유는 어떤 단일한 줄거리나 캐릭터 때문이 아니다. 톨킨이 가장 애정을 쏟는 부분은 배경 세계 자체이고, 독자 역시 가운데땅이라는 세계를 사랑하기에 읽는 것이다. 그러므로 이야기는 가운데땅이 아예 없어져야만 끝날 수 있다. 그때 비로소 우리가 탐험하던 세계는 끝나고 새로운 시대가 시작되기 때문이다.

『반지의 제왕』에는 소설의 4대 요소가 전부 들어 있지만, 무엇보다도 우세하는 요소는 배경이다. 만약 『반지의 제왕』에 단일하고 통일적인 플롯이 없다고 비판한다면 터무니없는 비난이 될 것이다. 애초에 사건 서사가 아니지 않은가. 마찬가지로 이 작품은 인물 서사가 아니기에, 각 종족을 대표하는 전형적인 인물만 나온다거나 행동과 동기밖에 그려지지 않는 캐릭터가 너무 많다는 이유로 비판할 수는 없는 노릇이다. 오히려 톨킨이 그렇게 낯선 가상의 공간을 가지고서 훌륭한 시나리오와 몇몇 개성 있는 캐릭터들을 만들어 냈다는 데에 찬사를 보내야 마땅하다.

　내가 서사 구조의 문제를 깊이 파고드는 까닭은 다름이 아니라, 이 작법서가 캐릭터 구성을 다루는 책이기 때문이다. 캐릭터를 '잘' 만들려면, '적절하게' 만들어야 하니까.

　인물 서사는 사실 20세기 초부터야 진가를 발휘하기 시작했다. 이 서사 구조를 쓴 일부 작가들이 일구어 낸 성과가 무척 참신하고도 비범했기에, 많은 평론가와 교사 들은 인물 서사만이 '훌륭한' 이야기라고 믿게 되었다. 실제로 상당수의 독자들 역시 그렇게 생각할지도 모른다. 그 독자들이 재미있게 읽을 수 있는 이야기란 오로지 인물 서사밖에 없는 것이다. 하지만 원칙적으로 말하자면 그건 사실이 아니다. 다른 종류의 서사들도 오랜 역사와 전통을 가지고 있으며, 수많은 훌륭한 작품들을 낳은 바 있다.

　그런데 오늘날에는 인물 서사가 너무나 강세인 나머지, 다른 종류의 서사 전통에 속하는 작가들마저도 캐릭터 구성에 더 주의를 기울이게 된 경향이 있다. 독자들은 정보나 배경이나 사건을 중심으로 하는 소설을 읽으면서도 더욱 깊이 있는 캐릭터 형상화를 기대한다. 캐릭터의 변화를 다루는 소설이 결코 아닌데도 독자들은 캐릭터를 구체적으로 알고 싶어 한다. 설령 그런 기대를 하지는 않는다 하더라도, 작가가 캐릭터를 섬세하게 구현하는 데에 주의를 기울이면 기꺼이 용납하며, 그게 본론에서 일탈하는 처사라고는 생각하지 않는다. 이것이 우리 시대의 풍조이니만큼 무시할 수만은 없는 일이다.

하지만 깊이 있고 입체적인 캐릭터 구성이 절대적으로 옳다고 생각하면 오해다. 당신이 소설을 쓰는 자신만의 이유가 무엇인지를 따져보아야 한다. 퍼즐이나 미스터리와 같은 정보 측면에 매력을 느낀다면, 당신이 소설에서 가장 능숙하게 다룰 수 있는 요소 역시 정보일 것이다. 당신이 목표로 삼는 독자층 역시 무엇보다도 정보에 관심이 있는 독자들일 것이다. 물론 캐릭터 구성에 좀 더 신경을 쓰면 독자층을 넓히고 재미를 북돋울 수도 있으리라. 그러나 정교한 캐릭터 구성이 고달프고 귀찮게 느껴지는데도 '훌륭한 작가'가 되기 위해서 억지로 한다면, 그건 기계적이고 아무 효과도 없는 구성이 되기 십상이고, 독자층을 넓히기는커녕 이야기에 방해만 될 가능성이 높다. 당신 스스로가 캐릭터의 깊숙한 내면의 욕망이나 과거의 고통에 관심도 없고 믿음이 영 안 간다면, 독자도 마찬가지일 것이다.

그러므로 당신이 어떤 작품을 쓰면서 캐릭터 구성에 큰 공을 들이지 않기로 했다고 해서 반드시 '실패작'이라거나 '못 썼다'는 뜻이 되는 것은 아니다. 오히려 자신이 어떤 작가인지, 자신의 작품이 어떤 이야기인지를 분명히 이해했다는 뜻일 수도 있다.

그리고 캐릭터 구성이 큰 역할을 하지 않는 소설을 쓴다고 해서 캐릭터 구성을 섬세하게 하면 '안 된다'는 것도 아니다. 좋은 캐릭터 구성의 요건 하나는 캐릭터에 집중할 때와 집중하지 말아야 할 때를 구분하는 것이다.

| 6장 |
캐릭터의 계급

모든 캐릭터가 평등하게 창조되는 것은 아니다.

앞서서 우리는 주역 캐릭터와 조역 캐릭터에 대해 논했지만 정작 그게 무엇인지는 정의하지 않고 넘어갔다. 당신은 어떤 캐릭터가 가장 중요한지 알아야 하고, 독자에게도 알려 줘야 한다. 그래야만 독자도 어느 캐릭터를 주의 깊게 따라가야 하고 어느 캐릭터가 금방 사라질 인물인지 파악할 수 있다.

캐릭터의 중요성을 정확하게 가늠하기는 어렵다. 리터나 센티미터 같은 단위로 계산할 수 있는 대상이 아니니까. 하지만 중요성의 정도를 다음과 같이 크게 세 단계로 나눠 보면 도움이 될 것이다.

1. **단역**: 이 캐릭터는 전혀 성장하지 않는다. 그저 현실감을 조성하거나 간단한 기능을 수행하려고 배경에 서 있다가, 사라지고 잊히는

사람이다.

2. **조역**: 이 캐릭터는 플롯에 변화를 주겠지만, 독자는 그에게 긍정적으로든 부정적으로든 딱히 감정이입을 하지 않는다. 계속 등장하기를 기대하지도 않는다. 조역 캐릭터들의 욕망과 행동은 이야기에 전환을 불러올 수 있겠지만, 전개되는 이야기의 흐름 자체를 담당하지는 않는다. 대강 정리하자면 조역 캐릭터는 한두 가지의 역할을 한 뒤 사라진다고 보면 된다.

3. **주역**: 이 캐릭터는 우리가 마음을 쏟는 사람이다. 사랑하거나 미워하고, 성공하기를 바라거나 혹은 성공할까 봐 두려워한다. 주역 캐릭터들은 소설이 이어지는 내내 계속 등장한다. 소설 자체가 이 인물들에 관한 이야기이다. 우리는 끝에 가서 이들이 어떻게 될지 알고 싶어 한다. 주역 캐릭터의 욕망과 행동은 이야기를 앞으로 끌고 나가며 모든 전환과 반전을 헤치고 나아간다.

그러나 기억해야 할 점이 있다. 위의 세 단계를 가르는 명확한 경계는 존재하지 않는다는 사실. 예컨대 당신의 소설에서 피트와 노라란 인물이 주역 캐릭터라고 치자. 그들의 친구인 모리와 덜로리스, 피트의 상사인 에드거, 노라의 오빠인 숀 역시 상당히 중요한 역할이고, 따라서 독자는 그들에 대해서도 더 알고 싶어 한다. 그리고 피트의 비서와 경비원이 있는데, 둘 다 꽤 중요한 일을 하지만 그들이 개인적으로 겪는 깊은 삶의 고충이 무엇인지는 알 수 없다. 그리고 그 괴상한 택시 기사와 인도인 경찰도 분명히 기억에 남을 테고, 또…….

자, 여기서 주역과 조역 사이를 가르는 경계선이 있는가? 없다. 하지만 피트와 노라가 가장 중요하다는 건 알 수 있다. 모리, 델로리스, 에드거, 숀도 어느 정도 중요하다. 피트의 비서와 경비원도 중요하긴 한데 그래도 약간 덜 한 것 같다. 그리고 괴상한 택시 기사와 인도인 경찰은 별로 중요하지 않긴 하지만 단순한 단역이 아닌 건 분명하다. 이렇게 각 단계가 서로 섞이는 부분이 있다. 당신이 각각의 단계에 적합한 테크닉을 통달한다면, 이야기에 필요한 중요성의 정도에 정확히 알맞는 캐릭터를 만들 수 있을 것이다.

단역

무인도에 떨어진 사람이나 은둔자에 대한 이야기가 아닌 한, 당신의 주역 캐릭터들은 전혀 중요하지 않은 수많은 사람들에게 둘러싸여 있을 것이다. 이들은 배경이다. 캐릭터 주변의 세상에 속하는 일부분이라는 뜻이다. 몇 가지 예시를 들어 보겠다.

요금은 5달러 나왔을 뿐인데, 노라는 택시 기사에게 무심코 20달러 지폐를 건네 버렸다. 민망해서 차마 거스름돈을 달라고 하지 못했다. 잠시 뒤 나머지 돈도 수화물 운반인에게 줘 버렸다.

피트는 프런트에서 자신에게 온 메시지가 있는지 확인했다. 프런트 직원이 그런 건 없었다고 했지만, 벨보이가 웬 소포 꾸러미를 건네주었다.

여기저기서 사람들이 경적을 빵빵대는 소리를 듣고서야 노라는 차가 막히고 있다는 걸 깨달았다.

어떤 이웃이 수상쩍게 여기고 경찰을 부른 모양이었다. 피트를 체포한 경찰은 그의 해명에 아무런 관심이 없었고, 피트는 금방 관할 경찰서로 끌려가게 되었다.

이 몇 문장에서 얼마나 많은 사람을 '만났'는지 보라. 택시 기사, 수화물 운반인, 호텔 프런트 직원, 벨보이, 도로에서 자동차 경적을 울리는 사람들, 경찰에 신고한 이웃, 경찰관까지. 이 모든 사람이 이야기에서 짤막한 역할만 하고 시야에서 완전히 사라지는 것이다.

풍경의 일부

어떻게 사람을 사라지게 할 수 있을까? 무대 감독은 누구나 그 방법을 알고 있다. 무대에 올라온 여러 배우 중 대부분은 단역이다. 그들은 단지 무대 배경을 더 리얼하게 보이려고 나왔을 뿐, 관객의 주의를 끌어서는 안 된다. 사실상 당신은 그들이 풍경의 일부처럼 보이기를 원하는 것이다. 그들은 캐릭터라고 할 수도 없다. 이리저리 움직일 수 있는 배경 소품에 불과하다.

그래서 단역들에게는 칙칙한 색 옷이나 서로 비슷비슷한 의상을 입히고, 주역들은 그사이에서 확 눈에 띄는 의상을 입게 한다. 단역들은 가급적이면 가만히 있거나 최대한 슬며시 부드럽게 움직이도록 지시한다. 군중이 웅성거리는 소리가 필요한 게 아니라면 아무 소리도 내지 않도록 한다. 각자가 조용히 하는 일이나 해당 장면에 일어나는 주요 사건에만 집중하게 한다. 시선이나 자세도 대체로 무대 뒤쪽을 향하도록 돌려놓는다. 그리고 한 단역이 무대에 너무 오래 머무르지 않도록 한다. 그러면 관객은 그 사람이 무언가를 할 거라고 기대할 테니까.

연극에서 단역 배우가 해고당하는 가장 확실한 방법은 '독창적'으로 연기하는 것이다. 자꾸 꼼지락거린다든지 뭔가 기발한 행동을 해서 관객의 주의를 주요 사건에서 돌려 버리는 경우. 물론 단역 배우의 돌발 행동이 무지하게 웃겨서 그대로 살려야 좋은 경우도 드물게나마 벌어진다. 그렇다면 감독은 그 배우에게 오히려 출연료를 더 얹어 주고 비중도 늘릴 것이다.

소설에서도 같은 상황이 벌어질 수 있다. 원래 사소한 역할만 맡길 예정이었던 캐릭터가 통제에서 벗어나 이야기의 주요 맥락을 흐트러뜨린다면, 당신은 두 가지 중 하나를 선택해야 한다. 그 캐릭터를 완전히 잘라 내든지, 아니면 어째서 그 캐릭터에게 계획보다 많은 비중을 할애할 만큼 흥미가 끌리는지 생각해 보고 더 중요한 역할을 맡을 수 있게끔 플롯을 수정하든지.

그러나 대개는 단역이 그저 사라지기를 원할 것이다. 희미해져서 풍경의 일부로 녹아들기를 바랄 것이다. 소설에서는 어떻게 그렇게 할 수 있을까?

고정관념

1장에서 고정관념에 대해 이야기하면서, 어쩔 때는 고정관념이야말로 당신에게 꼭 필요한 캐릭터 구성 도구가 될 수 있다고 말한 바 있다.

그때가 바로 지금이다.

고정관념에 들어맞는 캐릭터란 특정 부류에 속하는 전형적인 인물을 뜻한다. 이런 캐릭터는 독자가 예상한 그대로 행동한다. 그러므로 독자의 주목도 받지 않고 퇴장할 수 있다.

현실에서 우리가 부당한 대우를 받는 부류에 속한다면, 이 부류에 대한 사회의 고정관념이 분명 마뜩잖을 것이다. 하지만 작가는 스스로가 속한 사회에 통하는 글을 쓰니만큼, 단역 캐릭터가 정확히 독자의 예상대로만 행동하게 하려면 사회의 고정관념을 인지하지 않을 수 없다.

어떤 부류에 대한 고정관념이 부당하다고 여긴다면, 마음껏 깨뜨려도 괜찮다. 하지만 그렇게 하는 순간 그 캐릭터는 낯설어 보일 테고,

독자의 주의를 끌 것이다. 그러면 간단히 퇴장하지 못하게 된다. 단역으로만 남을 수 없는 것이다. 그때 캐릭터는 배경에서 앞으로 튀어나와 이야기에 합류할 것이다.

조역

배경에만 속하던 캐릭터가 고정관념을 위반하고 주의를 끌어도 문제될 건 전혀 없다. 그 캐릭터가 더 이상은 배경의 일부가 아니게 된다는 사실만 인지한다면 말이다. 독자는 캐릭터를 눈여겨볼 테고, 그 낯선 특성이 무언가 영향을 미치기를 기대할 것이다.

하지만 그렇다고 해서 독자의 관심을 너무 많이 가져가도 곤란한 배역이 있다. 이야기에서 지속적인 역할을 담당할 인물로는 보이지 않는 캐릭터. 잠시 특정 사건에 연관되긴 하지만 그런 다음에는 퇴장할 캐릭터. 그래도 그의 개성을 통해 분위기를 조성하고, 유머를 불러일으키고, 배경이 더욱 흥미롭거나 완전하게 보이는 데에 기여하는 캐릭터. 이렇게 일시적으로 기억할 만하지만 그 이상의 기대를 불러오지는 않는 캐릭터를 만드는 방법은 따로 있다. 굉장히 별나거나, 과장스럽거나, 강박적인 캐릭터로 구성하는 것이다.

괴짜

「비버리 힐스 캅」이라는 영화를 기억하는가? 그 영화에는 수백 명의 단역이 등장한다. 경찰에게 총을 쏘는 폭력배들, 총을 맞는 경찰들, 호텔 로비에서 서성거리는 사람들, 프런트를 보는 사람들. 그들은 하나같이 우리가 예상한 대로만 행동하고, 그런 다음에는 사라진다. 개인적으로 아는 배우라도 나오지 않는 한 당신은 그중 누구도 기억하지 못할 것이다.

하지만 영화가 끝나고 극장을 나올 때 브론슨 핀쇼라는 배우만은 생각나지 않던가? 물론 배우 이름까지는 몰랐겠지만, 이상한 외국어 억양을 쓰고 태도가 유난히 여성스럽던 미술관 안내원 남자는 분명 기억에 남았을 것이다. 그 안내원은 시나리오에 아무런 역할도 하지 않았다. 있는지 없는지도 모르고 지나갈 만한 사소한 배역이었다. 그런데도 왜 기억에 남을까?

외국어 억양 때문은 아니다. 캘리포니아 남부에서는 스페인어 억양을 쓰는 사람이 흔하다. 그것뿐이었다면 캐릭터는 오히려 더 전형적인 인물이 되어서 쉽게 잊혔을 것이다.

여성스러움 때문도 아니다. 그뿐이었더라면 관객은 전형적인 동성애자 이미지에 들어맞는 인물로만 여기고 금방 잊어버렸을 것이다.

그런데 여성스러움과 외국 억양이 한데 겹쳤다. 서로 잘 섞이지 않는 '외국인' 고정관념과 '여자 같은 동성애자 남자' 고정관념이 합쳐지니 관객은 놀랄 수밖에 없다. 하지만 더욱 중요한 이유는 그의 억양이 매우 독특하고 예상 밖이었다는 점이다. 브론슨 핀쇼는 그가 배운 적이 있는 이스라엘어 말투를 썼다. 너무나 희귀한 어투라 관객은 그게 어느 지역 말씨인지 아무도 몰랐을 것이다. 어감이 굉장히 신기하다고만 생각했을 뿐. 이제 그는 단순한 외국인 남자가 아니라, 기이하고 여성스러운 외국인 남자가 된 것이다. 더 나아가 에디 머피에게 살짝 짜증스럽고 거만하고 우월감이 배어나는 투로 반응하니 더더욱 별나 보인다. 이로써 브론슨 핀쇼의 캐릭터는 관객의 기억에 확실히 남을 만한 괴짜가 되었다.

얼마나 강렬한 인상을 남겼던지, 브론슨 핀쇼는 이후 시트콤 「퍼펙트 스트레인저스」에서 주역으로 발탁되어 또다시 낯선 외국인을 연기하기까지 했다. 엑스트라 역할도 배우의 경력에 결정적으로 기여할 수 있음을 보여 주는 사례라 하겠다.

그러나 「비버리 힐스 캅」을 보면서 우리는 브론슨 핀쇼를 눈여겨보기는 해도 중요한 역할을 할 거라고는 전혀 생각지 않는다. 그는 단지 약간의 웃음거리를 선사하고, 에디 머피가 맡은 디트로이트 출신 경찰 캐릭터가 LA라는 도시를 더욱 생경하게 느끼도록 자극하는 기능을 할 뿐이었다. 핀쇼는 단순한 단역을 벗어나 관객의 시선을 사로잡았고, 그러면서도 시나리오의 흐름을 해치지 않았다. 우스꽝스럽기는 했지만 이야기의 전개에 별 영향을 미치지는 않았다. 그저 관객을 잠시 즐겁게 해 주었을 뿐이다.

그의 캐릭터가 조역이었기에 딱 그 정도의 비중이 필요했다. 소설에서도 마찬가지다. 조역 캐릭터는 너무 깊고 세심하게 구현하면 안 된다. 플래시처럼 잠깐 반짝 빛났다가 사라져야 한다.

과장

조역 캐릭터를 반짝 빛나게 하는 또 다른 방법이 있다. 인간의 일반적인 속성 하나를 약간만 (어쩔 때는 많이) 극단적으로 부풀리는 것이다. 「내일을 향해 쏴라」에 나오는 스위트페이스가 딱 그런 경우다. 주인공 부치와 선댄스 키드가 사창가에 갔을 때, 건너편 길가에 그들을 추적하는 탐정들이 탄 차가 나타난다. 이때 그야말로 선량과 정직의 화신처럼 생긴 통통한 얼굴의 캐릭터 스위트페이스가 등장한다. 부치는 선댄스 키드에게 그에 대해 간략하게 알려 준다. 스위트페이스가 둘러대 줄 테니 안심하라고, 저 사람이 하는 말은 모두가 믿어 준다고. 스위트페이스의 선량한 얼굴은 지나치게 과장스럽지만, "그 사람들은 저쪽으로 갔는데요."라는 식으로 마을 저편을 가리키자 과연 탐정들은 곧이곧대로 믿고 그 방향으로 가 버린다.

그런데 잠시 뒤 탐정들이 돌아와서 스위트페이스에게 따진다. 겁에 질린 스위트페이스는 부치와 선댄스 키드가 숨어서 지켜보고 있는 방을 가리켜서 알려 줘 버린다. 공포에 젖은 그의 표정, 배신할 때 돌변하는 그의 태도 역시 먼젓번의 선량한 얼굴만큼이나 과장스럽게 표현된다. 스위트페이스는 관객의 기억에 남지만, 이후 다시 중요한 역할을 할 캐릭터로 보이지는 않는다.

강박

아까 노라가 택시 요금을 너무 많이 지불했던 예시문으로 돌아가 보자. 5달러 요금이 나왔는데 손님이 20달러 지폐를 준다면, 전형적인 택시 기사의 반응은 "아이쿠, 손님, 감사합니다."일 것이다. 너무나도 평범한 반응이라서 아예 삭제해도 무방할 정도다. 그런데 이 택시 기사가 굉장히 예민한 사람이라면 어떨까?

"이게 뭡니까? 감동이라도 받으라고요? 대박을 건졌다고 생각하라 이겁니까? 이봐요, 사람 무시하지 마시죠! 나는 딱 번 만큼만 받는 사람입니다!"

노라는 이런 실랑이를 벌일 시간이 없었다. 노라는 허둥지둥 택시에서 내렸다. 그러자 기사도 밖으로 뛰어내리더니 마치 노라가 요금을 안 내고 도망치기라도 했다는 양 노발대발 고함을 치면서 따라오는 것이었다.

"미국에서 나한테 이럴 순 없어! 나는 개신교도라고! 개신교도가 양심껏 일한다는 얘기 못 들어 봤어?"

결국 노라가 발을 멈추자 기사는 그녀를 끝내 따라잡고는 딱딱거렸다.

"나한테 돈 많은 귀부인 행세 하면서 으스대지 마쇼. 알아들었어?"

"닥치고 20달러 내놔요."

노라는 기사에게서 지폐를 건네받고 5달러로 바꿔 줬다.

"이제 됐죠?"

기사가 입을 쩍 벌리더니 어처구니가 없다는 표정으로 지폐를 내려다보았다.

"뭐야, 이게! 팁도 안 줘?"

자, 이쯤 되면 도저히 그냥 지나칠 수 없는 캐릭터다. 만약 당신이 저 장면을 영화나 소설에서 봤다면 택시 기사 캐릭터는 분명 기억에 남을 것이다. 하지만 플롯에 딱히 중요한 역할을 할 인물로 보이지는 않는다. 또 등장한다면 무슨 중요한 목적이 있어서가 아니라 그냥 코믹한 효과를 주는 요소에 지나지 않을 것이다. 예컨대 이야기 막바지에서 노라와 피트가 고생 끝에 휴식을 취하려고 집으로 돌아가려는데, 택시를 탔더니 기사가 하필 또 이 사람이었다고 하면 어떨까. 독자의 기억에 남아 있는 캐릭터이니만큼 충분히 효과가 있을 것이다. 하지만 택시 기사가 알고 보니 암살자였다거나 오래전에 연락이 끊긴 사촌이었다고 처리한다면 독자는 화를 낼 것이다.

그런데 저 장면이 이야기 맨 처음에 나오면 의미가 전혀 달라진다. 시작 단계에서는 모든 캐릭터가 대등하다. 하나같이 독자가 처음 만나는 캐릭터니까. 만약 노라가 강박증이 있는 택시 기사와 얽히는 이야기라든지 택시 기사가 노라의 관심을 끌어서 사귀려 하는 이야기라면, 이 장면은 썩 괜찮은 도입부가 될 것이다.

하지만 택시 기사를 조역으로만 쓰고 싶다면 절대로 이 장면을 도입부에 넣어서는 안 된다. 소설 첫 페이지가 딱 저렇게 시작하면 독자는 자연히 노라와 택시 기사에 대한 이야기가 이어지기를 기대할 것이다. 그런데 노라가 택시 기사를 다시 만나지도 않고 심지어 한 번 떠올리지도 않은 채로 이야기가 진행된다면, 독자들은 읽다 말고 "이럴 거면 택시 기사는 대체 왜 나온 거야?"라고 물을 수밖에 없다.

똑같은 장면이라도 캐릭터의 중요성이 달라지는 까닭은, 주역과 조역의 차이란 기본적으로 등장하는 분량에 달려 있기 때문이다. 절대적인 기준치가 있다는 건 아니다. 소설 전체 분량에서 차지하는 비율을 고려하라는 뜻이다. 예컨대 원고지 25매짜리의 단편 소설이라면, 위의 2.5매짜리 장면은 총 원고의 10퍼센트를 차지하니 꽤 많은 셈이다. 반면 1300매짜리 장편 소설이라면 스쳐 지나가다시피 짧은 장면에 불과하다. 그러므로 위의 택시 기사는 장편보다 단편에서 더 중요하게 부각될 것이다.

그러나 이 장면이 소설 '맨 처음'에, 즉 독자가 그 소설이 무슨 이야기인지 감을 잡기도 전에 나온다면, 택시 기사는 소설의 2.5매짜리 도입부 전체에 걸쳐 등장한다는 뜻이다. 그러면 택시 기사는 거의 노라만큼이나 중요한 존재로 보인다. 단지 캐릭터 이름이 아직 안 나왔고, 이야기가 노라의 시점으로 서술된다는 이유 때문에 중요성이 약간 덜

해 보일 뿐이다. 독자로서는 기사가 뭔가 중요한 역할을 하리라고 기대할 수밖에 없다.

따라서 주역 캐릭터들 중 몇 명이라도 서두에 등장시키는 편이 좋다. 그래야만 독자가 처음 만나는 인물들(도입부 전체를 차지하는 캐릭터들)이 이야기에 중요한 영향을 미치게 할 수 있다.

주역

이쯤이면 주역 캐릭터가 무엇인지는 명백하다. 주역은 작품에서 정말로 중요한 인물을 뜻한다. 소설 자체가 바로 이 캐릭터들에 대한 이야기이다. 주역의 결정이 이야기의 전개를 바꾸며, 주역의 욕망이 이야기를 밀고 나간다.

또한 가장 정교한 구성이 필요한 캐릭터이기도 하다. 이들이야말로 누구보다도 핵심적인 인물이므로, 필요한 만큼 효과적으로 만들기 위해 최대한 공을 들여도 좋다. 지금부터 이 작법서에서 다룰 내용 전부가 심층적인 캐릭터 구성법에 대한 이야기다.

단순히 캐릭터가 등장하는 분량 말고도, 누가 주역 캐릭터인지 독자에게 알려 줄 수 있는 신호가 몇 가지 있다.

결정

한 캐릭터가 내리는 결정이 다른 캐릭터들의 삶을 바꿀 만큼 강력하다면, 독자는 그 캐릭터가 이야기에서 무언가 중요한 역할을 할 거라 기대하고 기억해 둘 것이다. 그리고 다른 캐릭터들이 모두 한 캐릭터를 위험하다거나 강력하다고 여긴다면, 독자들도 마찬가지일 것이다.

초점

연극에서 관객이 한 캐릭터에게 주목하도록 유도하는 가장 효과적인 기법이 있다. 무대 위의 배우들이 전부 그 캐릭터를 '보거나', 그의 말을 '듣거나', 뒤에서 그에 대한 '이야기를 하는' 것이다. 이 방법을 끝까지 밀어붙이면 그 캐릭터가 아예 무대에 나올 필요조차 없게 된다. 예컨대 연극 「고도를 기다리며」에서 고도는 나오지도 않는데도 틀림없이 가장 중요한 캐릭터이고, 그가 오지 않는다는 것이 가장 중요한 '사건'에 해당한다.

소설에서도 같은 기술을 쓸 수 있다. 캐릭터가 등장하건 안 하건 상관없이 독자의 주의를 그쪽으로 집중할 수 있다. 『반지의 제왕』에서 사우론이 직접 나오는 장면은 딱 한 번뿐이고, 이야기에 개입하는 일도 몇 번밖에 없다. 그런데도 사우론은 거의 모든 플롯을 추동하는 엔진과 같은 존재이며 그 누구보다도 자주 관심을 모으는 캐릭터다. 그 결과 사우론은 거의 나오지도 않으면서 『반지의 제왕』에서 가장 중요한 캐릭터들 중 한 명으로 독자의 '기억' 속에 자리매김하게 되었다.

등장 빈도

흥미진진하거나 강력하지 않은 캐릭터라 해도, 이야기에 등장한다면 독자는 당연히 그가 뭔가 중요한 역할을 하리라고 기대할 것이다. 그렇지 않다면 작가가 뭐 하러 그 캐릭터를 계속 내보내겠는가? 영화배우들이 대본을 검토할 때 자기 배역이 얼마나 많이 등장하는지 확인하는 이유도 그 때문이다. 출연 장면이 너무 적으면 관객의 마음을 사로잡을 여지도 줄어드니, 스타로서의 역량을 돋보이게 해 줄 만한 작품이 못 되는 것이다.

어쩔 땐 조역이어야 할 캐릭터가 단지 맡은 일 때문에 자꾸만 등장하게 되는 경우가 있다. 예컨대 주역 캐릭터 두 명이 자주 만나는 술집의 바텐더라든가. 그러면 당신은 어떻게든 그 캐릭터의 중요성을 줄여야 한다. 나오더라도 말을 거의 안 하게 처리하든지, 아니면 그 바텐더가 쉬는 날에 일하는 다른 바텐더를 등장시키든지. 그래야 그 바텐더가 있든 없든 별로 중요하지 않다는 것을 독자에게 알려 줄 수 있다.

행동

캐릭터가 나와서 하는 말과 행동마다 플롯에 중요한 영향을 끼친다면 굳이 자주 등장하지 않아도 주역으로 보인다. 반대로 자주 나오기만 할 뿐 아무것도 안 하는 캐릭터는 독자의 기억에서 금세 흐려질 것이다. 「로미오와 줄리엣」에서 로미오는 벤볼리오와 머큐시오라는 두 친구를 곧잘 대동한다. 나는 벤볼리오가 머큐시오보다 더 많이 등장하는 데다가 심지어 첫 장면에서도 로미오와 함께 나왔다는 사실을 익히 아는데도, 벤볼리오는 잘 생각도 안 나고 오히려 머큐시오 쪽이 강렬하게 기억에 남았다. 왜일까? 벤볼리오는 사람들의 말을 듣거나 단조로운 대사 몇 마디 꺼내는 것 말고는 아무 일도 안 하는 반면, 머큐시오는 대담하고 도발적이고 우스꽝스럽고 별나기 때문이다. 그리고 머큐시오는 무대에 나올 때마다 사건을 촉발하거나 사건에 깊이 연관된다.

대략의 원칙: 수동적인 캐릭터는 능동적인 캐릭터에 비해 덜 중요해 보인다.

공감

독자는 애정이나 매력을 느끼는 캐릭터일수록 더 중요하게 생각한다. 독자는 그 캐릭터를 살아 있는 인간처럼 각별히 아끼고, 앞으로 어떻게 될지 궁금해하며 지켜볼 것이다. 어떻게 해야 독자의 호감이나 공감을 받는 캐릭터를 만들 수 있는지는 나중에 설명하도록 하겠다.

시점

캐릭터의 중요성을 높이는 가장 강력한 방법은 바로 그 캐릭터의 시점을 활용하는 것이다. 시점에 대해서는 이후 3부에서 본격적으로 논할 예정이니, 여기서는 짧게만 언급하고 넘어가도록 하자.

대강의 원칙: 화자나 시점인물을 맡는 캐릭터는 매우 중요하다.

당신이 통제할 수 없는 변수들도 있다. 예컨대 어떤 독자는 자신과 닮은 캐릭터를 중요하게 생각할 것이다. 어떤 독자는 현실에서 사랑하거나 미워하는 사람과 닮은 캐릭터를 주목할 것이다. 그리고 설령 당신이 중요하게 여기는 캐릭터라도, 비슷한 캐릭터를 너무 많이 봐서 진부하다고 여기는 독자들에게는 중요치 않게 보일 수 있다. 충분히 가능한 일이다. 만약 당신의 소설이 매우 유명해진다면, 다른 작가들도 영향을 받아서 모방할 것이다. 그러면 당신이 가장 공들여 만든 멋진 캐릭터를 흉내 낸 모조품들이 넘쳐날 테고, 독자들은 당신의 캐릭터가 원본인데도 불구하고 흔하디 흔한 클리셰의 하나로 여길 것이다!

하지만 작가의 통제력 밖에 있는 이런 변수들을 일일이 고려하면서 캐릭터를 구성할 수는 없는 노릇이다. 당신이 통제할 수 '있는' 테크닉은 다음과 같다.

평범하게 만들기, 낯설게 만들기
캐릭터가 등장하는 분량

캐릭터가 중대한 결정을 내릴 수 있는 잠재력
다른 캐릭터들의 초점을 한 캐릭터에게 집중하기
캐릭터가 등장하는 빈도
캐릭터가 사건에 연관되는 정도
캐릭터에 대한 독자의 공감 유도
캐릭터의 시점으로 서술하기

위의 기법들을 통해 캐릭터들을 차별화하면 독자는 읽는 과정에서 무의식중에 캐릭터들의 계급을 나눌 것이다. 배경에 속하는 사소한 캐릭터들부터 시작해서, 위로 올라가면 조역 캐릭터들이 있고, 그보다 더 위에는 주역 캐릭터들이 있는 계급. 그중에서도 맨 꼭대기에는 작중에서 가장 중요한 의미를 차지하는 두세 명 또는 한 명의 주인공이 있을 것이다.

그러나 작가가 자기 캐릭터들의 계급을 완전히 인지하기는 어렵다. 이 기법들을 모두 의식적으로 제어하기란 불가능에 가깝기 때문이다. 하지만 당신이 중요하다고 생각한 캐릭터가 독자의 주목을 못 받고 있거나, 원치 않는 캐릭터가 이야기의 중심을 가로채고 있을 경우, 위의 기법들을 사용해서 해당 캐릭터의 중요성을 조절할 수 있다. 이 기법들을 의식적으로 제어할 때면 당신은 마치 하프 연주자가 정확한 화음과 균형을 맞추며 한 번에 몇 개의 현을 연주하듯이 캐릭터들을 능수능란하게 다룰 수 있을 것이다.

| 7장 |
감정이입을 불러오는 법

 소설을 읽는다는 것은 결코 주어진 글을 수동적으로 받아들이는 행위가 아니다. 겉보기에는 독자가 가만히 앉아서 책장만 천천히 넘기고 있는 것 같아도, 마음속에서는 온갖 감정의 소용돌이를 헤쳐 나가고 있는 것이다. 그 모든 감정 밑에는 팽팽한 긴장감이 깔려 있다. 긴장이 강하면 강할수록 독자는 이야기가 어떻게 흘러갈지 더욱 알고 싶어 하고, 더욱 주의 깊게 집중하며, 더욱 강렬한 감정에 사로잡힌다.
 독자의 감정 상태, 상상력, 독서 능력에 따라 느끼는 긴장의 정도도 달라진다. 하지만 독자를 끌어들이는 강력한 긴장감은 한편으로 작가가 조성하는 것이기도 하다. 5장에서 논한 바 있는 서사 구조 결정이 여기에 영향을 미치며, 그 외에도 이 작법서의 범위에 속하지 않는 다른 방법들이 있을 것이다. 이 장에서는 캐릭터를 활용해 독자의 감정이입을 불러일으키는 몇 가지 방법을 소개하도록 하겠다. 독자가 소설 속의 사건에 감정적으로 더욱 깊게 몰입하고, 관심을 쏟게끔 유도하는 캐릭터 구성 기법들은 다음과 같다.

고난

고통은 양날의 검이다. 고통을 겪는 캐릭터와 고통을 주는 캐릭터, 둘 다 중요하고 기억에 강하게 남는다.

육체적인 고통도, 정신적인 고통도 가능하다. 막대한 괴로움과 아픔을 잘 그려 내면 독자의 감정이입을 크게 끌어올릴 수 있다. 하지만 기억하라. 캐릭터가 다쳤다고 해서 독자가 피를 흘리지는 않듯이, 당신이 캐릭터의 정신적 고뇌를 보여 준다고 해서 독자가 같은 고뇌에 휩싸이는 것은 아니다. 독자가 반드시 캐릭터와 똑같은 감정을 느낀다는 법은 없다. 가령 악당이 패배하고 비통함에 울부짖는다면 독자는 아마 속으로 쾌재를 부를 것이다. 또한 캐릭터의 격렬한 아픔을 그럴듯하게, 그리고 견딜 만한 수준에서 그려 낸다면, 독자가 그 캐릭터를 보며 느끼는 감정도(그게 무엇이든 간에) 극대화될 것이다.

물론 고통에도 종류가 있다. 손가락이 칼에 베인 정도로는 캐릭터의 고통을 부각할 수 없다. 반면 차마 상상할 수 없을 만큼 끔찍한 고문 장면이 나온다면 독자가 그 이야기와 교감하기를 거부하고 아예 손에서 놔 버릴 위험이 있다. 정신적 고통이든 육체적 고통이든, 사소한 정도와 견딜 수 없는 정도 사이의 고통이어야 효과가 있는 것이다.

스티븐 킹의 『죽음의 지대(The Dead Zone)』에서 주인공은 지독한 고통에 시달린다. 교통사고로 오랫동안 혼수상태에 빠지는 바람에 직장도 사랑하는 여자도 잃고, 수년의 삶을 통째로 잃어버린다. 더군다나 마침내 회복되고 나서도 심적으로나 육체적으로나 고통받는다. 괴로움과 아픔이 나올 때마다 독자의 감정이입도 더욱 깊어져 간다.

그의 고통이 정신과 육체 모두에 걸쳐 있다는 점을 주목하라. 사랑하는 사람을 잃는 슬픔은 독자에게 다리 한쪽을 잃는 것만큼이나 아프게 다가올 수 있다. 그런데 작가 입장에서 다루기 쉬운 쪽은 육체적인 고통이다. 별다른 사전 준비가 필요 없기 때문이다. 예컨대 스티븐 킹의 『미저리』에서처럼 캐릭터가 고문을 받는 장면이 나오면 독자는 설령 그 캐릭터를 잘 모르더라도 안타까워서 움찔할 것이다. 반면 정신적인 상실감은 그렇게 쉽게 끌어낼 수 없다. 『죽음의 지대』에서 스티븐 킹은 주인공과 연인 사이가 얼마나 다정하고 소중했는지 몇 페이지에 걸쳐 세심하게 그려 낸다. 그리고 두 사람의 관계에서 하필 결정적인 순간에 주인공이 교통사고를 당했으며, 의식을 되찾았을 때 애인은 이미 다른 남자와 결혼한 뒤였다고 처리한다. 주인공이 얼마나 연인을 사랑했는지 알고 있는 독자들은 그녀를 잃은 아픔을 육체적인 고통보다도 더욱 절실하게 느끼게 된다.

고통이 여러 번 반복되면 효과가 줄어든다. 캐릭터가 처음 머리에 부상을 당했을 때는 그 고통 때문에 캐릭터의 중요성이 부각되지만,

서너 번씩이나 다치면 캐릭터는 오히려 우스꽝스러워지고 고통은 익살로 바뀐다. 마찬가지로 캐릭터의 슬픔을 처음 언급했을 때는 그의 존재감을 높이고 독자의 감정이입을 끌어낼 수 있지만, 그의 괴로움을 자꾸만 되씹으면 독자는 캐릭터가 너무 칭얼거린다는 생각에 거리감을 느낄 것이다.

이 법칙은 슬래셔 영화에 대한 관객의 반응을 보면 실감할 수 있다. 온갖 특수 효과를 동원해서 새롭고도 잔인한 방법으로 캐릭터들의 사지를 절단하는 이런 영화는, 원래 살인 장면이 나올 때마다 관객의 공포를 점점 더 고양시키는 것이 목적이었다. 그런데 관객은 어느 순간부터 공포에 질리기는커녕 오히려 웃음을 터뜨리기 시작했다. 이건 관객의 도덕관념이 무너졌다거나 타인의 아픔에 공감할 능력을 잃어버렸기 때문이 아니라, 작품 속에 나오는 고통이 너무 심해서 견딜 수 있는 수준을 넘어섰기 때문이다. 현실에서 견딜 수 없을 만큼 심한 고통을 겪는 인간은 거기에 대처하려고 허구의 세계를 상상해 내곤 하며, 우리는 그걸 광기라고 부른다. 그러나 소설에서 견딜 수 없을 만큼 심한 고통이 나오면, 독자는 단순히 읽기를 그만두거나 아니면 비웃어 버림으로써 감정이입을 중단하는 것이다.

그렇다면 고통이라는 도구는 극히 제한적으로만 사용해야 한다는 뜻일까? 아니다. 그 잠재력은 거의 무한에 가깝다. 하지만 고통을 최대한 효과적으로 활용하려면, 캐릭터의 특정한 육체적 부상이나 정신적 상실 자체를 세세히 파고들 게 아니라, 고통이 초래된 원인이 무엇이며 그 결과가 무엇인지에 초점을 맞춰야 한다. 살육과 폭력을 계속 보여줘 봤자 독자는 구역질만 할 것이다. 캐릭터가 연신 눈물을 흘리고 통곡을 해 봤자 도리어 독자의 폭소나 경멸만 살 것이다. 그러나 캐릭터가 잃어버린 그 사람을 얼마나 사랑했는지를, 또는 캐릭터를 배신한 그 사람을 얼마나 신뢰했는지를 독자에게 잘 전달한다면, 정작 고통을 느끼는 대목 자체는 간략하게 묘사해도 훨씬 막강한 힘을 발휘할 수 있다. 더구나 이런 상황에서도 캐릭터가 고통에 굴하지 않고 의연하게 대처한다면, 독자는 마음이 짠해서 움찔하거나 눈물을 흘릴 것이다.

대략적인 법칙은 이렇다. 캐릭터가 운다고 해서 독자가 같이 울어 준다는 보장은 없다. 반면 캐릭터가 울 만한 이유가 충분히 있는데도 울지 않는다면, 독자는 울 것이다.

희생

캐릭터가 고통을 겪는 이유가 자신의 선택 때문이라면 독자의 감정이입은 한층 깊어진다. 가령 피트가 하이킹 중에 다리가 부러져서 노라가 뼈를 맞춰 주는 장면을 상상해 보자. 두 캐릭터 모두가 고통을 일으키고 고통에 시달리는 셈이니 둘 다 부각시킬 수 있는 효과적인 장면이 될 것이다. 하지만 피트가 혼자여서 부러진 다리를 직접 맞춰야 하는 상황이라면 고통은 훨씬 강렬해진다. 상상해 보라. 피트가 자기 발목에 밧줄을 묶고 나무 기둥에 감아 돌린 다음, 멀쩡한 쪽 다리로 몸을 단단히 지탱하고서 밧줄을 힘껏 잡아당기는 모습을. 캐릭터가 자기 자신에게 고통을 가하는 그 장면은 독자에게 결코 잊혀지지 않을 것이다. 심지어 당신이 피트의 표정을 묘사하지 않아도, 얼마나 아픈지 전혀 언급하지 않아도 말이다. 감정적인 괴로움도 마찬가지다. 예컨대 영화 「브로드캐스트 뉴스」의 클라이맥스에서 홀리 헌터가 분한 캐릭터는 결정적인 선택의 기로에 선다. 그녀가 열렬히 사랑하는 매력적이되 얄팍한 한 남자와, 평생에 걸쳐 삶의 근간으로 지켜 왔던 기자로서의 신념 사이에서 결정을 내려야 하는 것이다. 결국 신념을 지키기 위해 연인을 포기하는 그녀의 고통은, 불가항력적인 상황 때문에 연인을 잃는 아픔보다 훨씬 더 절절하게 와 닿는다. 대의를 위해 스스로 고통을 감수하는 일, 즉 희생은 단순한 고통 자체보다 더 강력하다.

다른 캐릭터에게 고의로 고통을 가하는 가해자 캐릭터는 독자들에게 피해자만큼이나 중요하게 부각된다. 피해자는 연민의 대상인 반면, 가해자는 공포와 혐오의 대상이다. 이것은 희생이라는 동전의 양면이다. 한 캐릭터가 차를 몰다가 우연히 아이를 치어서 아이가 다쳤다고 해도 물론 강력한 효과가 발생한다. 하지만 캐릭터가 의도적으로 다른 사람을 해치기로 선택한다면 더더욱 강력한 효과가 발생한다. 그러면 독자는 그 캐릭터를 '싫어하게' 되겠지만, 본의 아니게 남에게 고통을 가한 캐릭터를 볼 때보다 훨씬 강렬한 감정을 느끼게 마련이다. 소설에서 가학적인 악당 캐릭터가 가장 기억에 남고 주인공 캐릭터는 상대적으로 밋밋하고 흐릿한 인상으로 느껴지는 경우가 많은 것은 우연이 아니다.

위험

위험은 고통이나 상실이 예상되는 상황을 뜻한다. 치과 치료를 받아보면 누구나 알 수 있듯이, 실제 고통보다도 고통이 닥칠 거라는 생각이 더욱 끔찍할 때가 있다. 마찬가지로 캐릭터가 무언가 나쁜 일이 일어난다는 위협에 시달리면 독자는 자연히 그 캐릭터에게 주목하게 된다. 그 위험이 심각할수록, 그리고 캐릭터가 그 앞에서 무력할수록 독자는 그 캐릭터를 중요하게 여길 것이다.

위험에 빠진 어린아이가 강력한 캐릭터인 까닭도 그 때문이다. 이런 상황을 다룬 영화는 차마 지켜볼 수 없을 만큼 괴로운 경우도 있다. 영화 「폴터가이스트」가 바로 그런 작품이다. 어떤 공포 영화 팬들은 그 영화에서 '실제로는 아무 일도 안 일어난다'며, 결국 잔인하게 살해되는 캐릭터는 아무도 없다는 이유로 비웃기도 한다. 하지만 그런 사람들은 중요한 지점을 놓치는 것이다. 10대 아이들이 기발한 방법으로 난도질당하는 장면이 십수 번 나와 봤자, 아이들이 끔찍한 죽음의 위협으로 끌려가고 엄마가 아이들을 구하러 헛되이 발버둥치는 단 하나의 장면이 자아내는 효과에는 비할 수 없다.

「에일리언」과 「에일리언2」는 내가 감당할 수 있는 선을 넘어 버린 경우였다. 나는 팽팽한 위기감을 도저히 견딜 수 없어서 급기야 도중에 영화관을 나와 버렸다. 이후에 케이블 방송으로 다시 보기는 했지만 끊지 않고 한 번에 볼 수는 없었다. 계속되는 위험이 자아내는 긴장에서 벗어나기 위해 이따금씩 채널을 돌려야만 했던 것이다.

위험이 크면 클수록, 캐릭터가 실제로 겪는 고통 역시 더욱 격렬해진다. TV 미니시리즈 「돌메이커」를 보면서 나는 파국이 닥쳤을 때에야 그 이전에 깔려 있던 위험이 얼마나 강력한 영향을 미쳤는지 실감했다. 열차에 깔리기 일보 직전인 어린 딸을 구하려고 어머니가 비명을 지르며 뛰어가는 장면을 보면서, 나는 그 어떤 소설을 읽을 때보다도 심한 긴장감에 사로잡혀야 했다. 내게 자녀가 없었다면 참을 수 있었을지 모르지만, 자식이 있는 나로서는 결국 열차 바퀴가 딸의 몸을 부서뜨렸을 때 감정적으로 무너질 수밖에 없었다. 그 순간 이전에 정교하게 고조되었던 서스펜스가 해소됨과 동시에 고통이 폭발했다. 나는 텔레비전을 끄고 15분 동안이나 걷잡을 수 없이 울고 말았다.

「돌메이커」의 작가는 극중에 전개되는 위험을 최대한으로 끌어올렸다. 어머니와 어린 딸이 겪는 고난에 깊은 공감을 불러왔고, 딸이 홀로 위험에 처한 원인은 그 자체로 쓰라린 정신적 고통이었다. 따라서 관객은 이미 캐릭터들에게 강하게 감정이입을 하고 있었다.

위험이 닥쳐올 때 딸은 완전히 무력한 처지이다. 열차가 움직인다는 것을 전혀 모르고 있었기 때문이다. 어머니 역시 무력하기는 마찬가지다. 열차를 멈출 도리도 없고, 엔진의 굉음보다 크게 고함을 질러서 딸에게 경고할 수도 없는 노릇이니까. 여기서 열차는 저항할 수도 타협할 수도 없는 절대적인 신의 재앙과도 같다.

그 결과 어머니가 선로로 뛰어들어서 딸을 구하려 하는 그 몇 초의 장면은 한 시간처럼 길게 느껴졌고, 그때만큼은 내가 소설이나 영화에서 본 어떤 인물들보다 저 두 모녀가 중요하게 느껴졌다. 나는 그 장면을 차마 다시 볼 수가 없었다. 그럴 필요도 없었다. 기억 속에 선명히 남아 언제든 반추할 수 있었으니까.

보통은 이렇게까지 극단적인 위기 상황을 쓸 필요가 없겠지만, 위의 사례는 '위험'이라는 장치가 어떻게 작동하는지 보여 주는 훌륭한 본보기다. 위험은 사냥꾼도 먹잇감도 구원자도 부각시켜 준다. 고통이나 희생이 가해자와 피해자를 둘 다 돋보이게 해 주듯이.

고통과 위험은 서로 맞물려 작동한다. 스티븐 킹의 『미저리』에서 자동차 사고로 이미 극심한 고통을 겪은 주인공은 더욱 큰 고통을 당할 위험에 처한다. 광기에 사로잡힌 여자가 그를 외딴 산장에 감금하고 약을 잔뜩 먹인 것이다. 여자가 그에게 약을 더 내주지 않고 쥐락펴락함으로써 위험은 끊이지 않고 계속되고, 급기야는 여자의 손에 신체 일부를 절단당하는 끔찍한 고통이 닥친다. 그런 다음에는 또 다른 위험이 이어진다. 여자가 위협을 정말로 실행에 옮길 작정이라는 것이 명백하기에 위험은 가면 갈수록 소름끼치게 고조된다.

기억해야 할 점은, 위험이라는 장치가 제대로 작동하려면 문제의 그 나쁜 일이 정말로 일어날 거라고 믿어져야 한다는 것이다. 옛날 통속극에서는 위험이 터무니없이 과장될 때가 많았다. 남자 주인공이 제재소로 운반되는 통나무에 묶여 있다든가, 여자 주인공이 열차가 다가오는 선로에 묶여 있다든가, 기타 등등. 하지만 관객들은 주인공이 정말로 톱에 썰리거나 열차에 받혀 죽을 리가 없다는 사실을 잘 알고 있었다. 그런 잔혹한 장면은 그 시대의 도덕관에 맞지 않기 때문이다.

통속극 작가들은 관객이 그런 터무니없는 위기 상황을 믿지 않고 도리어 웃어 버린다는 문제점을 깨닫고서 전략을 바꾸었다. 위험을 더욱 공포스럽게 과장할 방법을 찾기보다는, 간단한 위협을 사용하되 그것이 정말로 실현되도록 처리한 것이다. 악당이 여주인공의 손을 담뱃불로 지지는 장면이 처음 나온 순간, 관객들은 숨을 헉 들이켜고 영화에 완전히 빨려 들어간다. 저 악당은 남을 해칠 가능성이 있는 사람일 뿐만 아니라 정말로 해칠 수 있는 사람이라고 믿게 되는 것이다. 그러면 악당 캐릭터가 또 위협을 가할 때 신뢰를 얻을 수 있고, 비로소 위험은 관객에게 긴장감을 심어 주는 강력한 장치가 된다.

성적 긴장

성적 긴장감은 위험과 관련이 있다. 아예 '섹스를 하게 될 위험'이라고 부를 수도 있겠다. 캐릭터가 고통을 겪기는 원치 않아도 섹스는 하고 싶어 할 가능성이 높다는 차이가 있지만. 성적 긴장은 많은 소설에서 필수적인 요소이기에, 성적 긴장을 중점적으로 다루는 장르를 따로 '로맨스'라고 분류하기까지 한다. 로맨스는 모든 문화적 경계를 초월한다. 한 남자와 한 여자가 만나면 우리는 어느 정도의 성적 가능성을 가정하며, 두 남녀가 만나자 마자 서로를 중요하게 여긴다면 성적 긴장은 더욱 고조된다. 특히 서로의 관계가 라이벌, 경멸, 분노 등과 같은 부정적인 방식으로 부각되면 독자는 둘이 정말로 성적으로 엮일 가능성이 높다고 판단한다. 이러한 부정적인 감정이 강할수록 성적 긴장도 강해진다.

그러나 두 캐릭터가 성적 긴장을 통해 중요하게 부각되려면 일반적으로 사회에 통용되는 성적인 매력을 갖추고 있어야 한다. 예컨대 「어느 날 밤에 생긴 일」에서 클라크 게이블과 클로데트 콜베르가 만나는 장면을 보면 관객은 곧바로 그 둘을 적절한 성적 대상으로 인식한다.

하지만 그렇다고 해서 성적 긴장에 얽힌 캐릭터들의 외모가 꼭 아름다워야 한다는 뜻은 아니다. 물론 손쉬운 방법이긴 하지만. 아름답지 못한 캐릭터라도 다른 중요성을 심어 준다면, 독자는 외모가 모자란데도 불구하고 성적으로 매력적인 캐릭터라고 생각할 것이다. 예컨대 「엘리펀트 맨」에 나오는 캐릭터 존 메릭은 흉측한 외모이지만, 한 여배우에게 전념하는 그의 모습은 성적인 에너지로 가득 차 있다.

덜 극단적인 경우로는 텔레비전 드라마 「LA 로」에 나오는 두 주인공의 관계를 들 수 있다. 머리가 벗어져 가는 땅딸막한 체격의 온화한 세무사 스튜어트 마코위츠, 활동적이고 카리스마 넘치는 법정 변호사 앤 켈시. 두 캐릭터 사이에 성적인 가능성이 있다고는 전혀 보이지 않기에, 앤 켈시가 파티에서 술에 취해 마코위츠에게 같이 자자고 말하는 장면은 너무나도 뜻밖이라서 우스꽝스럽고 이상하게 보인다. 그러나 성적 긴장이 점차 진행되면서 관객은 마코위츠에게 공감하게 된다. 관객은 마코위츠가 좋은 사람임을 깨닫고, 켈시에게 끌리는 그의 마음에 동일시하며, 마침내 두 사람이 꼭 이어지기를 바라게 된다.

성적 긴장에 엮인 모든 캐릭터가 독자의 깊은 감정이입을 얻는다. 하지만 몇몇 TV 드라마를 보면 알 수 있듯, 캐릭터들의 사랑이 완전히 이루어지면 아쉽게도 긴장이 소멸된다. 악당이 폭력을 행사하면 그 악당에 대한 독자의 신뢰가 높아지고 이후에 다시 시작되는 위험이 더욱 긴박해지지만, 성적 가능성이 실현되면 위험에 처했던 피해자가 결국 죽어 버리는 것과 마찬가지의 효과가 나타난다. 그 캐릭터의 긴장은 아예 끝나는 것이다. 시트콤 「치어스」에서는 샘과 다이앤이 결합하여 행복해지지만, 그러면 이야기가 진행이 안 된다는 걸 깨달은 작가들이 도로 헤어지게 만든다. 드라마 「문라이팅」에서 내내 이어지지 못하던 데이비드와 매디는 우스꽝스럽고도 가망 없는 갈등 국면에 이르러서야 성적으로 결합한다. 이 갈등 상황 덕분에 적어도 당분간은 성적 긴장이 강하게 유지될 수 있었다.

징후와 전조

독자의 감정이입을 불러일으키는 또 하나의 방법은, 캐릭터를 주변의 세계와 연결 지어서 그 캐릭터의 운명을 개인적인 이해득실 이상의 차원으로 확대하는 것이다. 「리어 왕」의 클라이맥스는 폭풍과 함께 찾아온다. 리어 왕이 "바람아, 불어라! 뺨이 찢어지도록!"이라며 폭풍에게 명령을 내리는 것을 우리는 광기의 신호로 이해하지만, 정말로 바람이 불고 폭풍이 몰아치자 리어 왕에게 일어난 사건에 우주적인 암시가 담기게 된다. 그의 딸들이 맹세를 저버리고 주도면밀하게 아버지를 살해하는 행위는 개인적인 비극을 넘어선다. 이것은 우주가 평화로워지려면 반드시 해결되어야 하는 세계의 혼란과 다름없다.

비극과 중세 로망*에서 캐릭터와 주변 세계가 연결되는 맥락은 꽤 노골적이다. 영화 「레이더스」에 나오는 '언약의 궤'는 비밀의 무기 그 이상이다. 그 궤짝을 여는 것은 신의 힘을 세상에 풀어 놓는다는 뜻이다. 악당이 궤짝을 개봉했다가 죽는 것은 단순히 함정에 걸렸기 때

---

* 중세 유럽에서 발생한 통속 소설로, 기사도와 사랑과 모험을 그리는 영웅담이 많다. 현대 소설의 기원이 된다.

문이 아니다. 궤짝은 특별한 성소에 가져다 놓지 않으면 열리지 않으며, 마침내 열리는 순간 우리는 혼령들이 빙빙 날아다니고 무시무시한 바람과 불꽃이 일더니 하늘까지 치솟는 회오리바람으로 번지는 광경을 본다. 「오이디푸스 왕」에서도 마찬가지다. 오이디푸스의 죄는 대대적인 기근을 가져오며, 오이디푸스가 대가를 치러야만 재앙도 끝난다. 『폭풍의 언덕』에서는 캐릭터들의 갈등이 가장 격렬하게 치닫는 순간 황야에 폭풍이 휘몰아친다.

당신이 위의 예시들처럼 노골적인 방식을 쓰고 싶지 않다 해도, 징후와 전조는 독자를 이야기에 끌어들이는 필수적인 도구이다. 우주적인 연관성을 좀 더 눈에 안 띄게 숨기기만 하면 된다. 어마어마한 폭풍이 아니라 조용한 가랑비가 내린다든지, 하늘이 화염으로 불타는 대신 푹푹 찌는 무더운 날씨 정도로 처리한다든지, 귀청을 찢는 천둥 대신 도시 어딘가에서 아득히 사이렌 소리가 들려온다든지, 대기근까진 아니더라도 창가에 놓아둔 꽃 한 송이가 시든다든지. 그렇게만 해도 캐릭터와 우주 사이에 연관성이 생기며, 독자는 그러한 징조를 의식적으로 알아차리지 못하면서도 캐릭터의 행동에 더욱 깊이 몰입할 것이다.

독자의 감정을 전부 조종할 수는 없으며, 독자들이 당신의 이야기에 몰입하는 정도는 저마다 다를 수밖에 없다. 그래도 당신이 '조종할 수 있는' 요소들은 분명히 있다. 당신이 그 요소들을 놓치지 않고 교묘히 활용하면 대부분의 독자들이 캐릭터에게 공감하게끔 유도할 수 있다. 그렇게 한다고 해서 독자가 반드시 그 캐릭터를 '좋아'하리라는 보장은 없지만, 적어도 무관심하게 외면하지는 못할 것이다.

| 8장 |
사랑받는 캐릭터와 미움받는 캐릭터

　당신이 캐릭터 사이의 갈등을 보여 줄 때는 독자가 그 귀결에 관심을 갖기를 바랄 것이다. 독자는 갈등이 끝났을 때 드러날 주제나 사상에 대해 지적인 관심을 가질 수도 있다. 하지만 독자가 갈등에 엮인 캐릭터들에게 감정적으로 크게 동조한다면 더욱 깊은 감동을 받을 것이다.
　당신은 독자가 특정 캐릭터를 지지하기를 바랄 수도 있다. 독자가 한 캐릭터를 응원하고 또 다른 캐릭터는 실패하길 원하도록, 당신이 선(善)의 대표자라 여기고 신뢰하는 캐릭터가 독자의 공감을 받도록 유도하고 싶을 것이다.
　사실 당신이 일부러 계획하지 않아도 독자는 자연히 그렇게 반응한다. 당신이 쓰는 이야기의 주인공이 하워드 이스트먼이라는 공직자라고 가정해 보자. 그는 베트남전에서 많은 훈장을 받은 전직 군인이며,

현재는 한 중앙아메리카 국가의 독립 운동 단체를 전폭적으로 지지하고 있다. 의회에서 그 단체에 대한 지원금을 삭감하는 법안을 가결하자, 이스트먼은 그 단체가 계속 투쟁할 수 있도록 지원하기로 결심한다. 그래서 자기 자신과 미 행정부의 위험을 무릅쓰고 그는 의회 밖에서 미국의 재정과 무기를 중앙아메리카의 용감한 동료들에게 빼돌려 줄 비합법적인 방법을 모색한다.

당신이 이스트먼을 독자의 공감을 사도록 만든다면, 더욱이 그의 적들을 호감이 안 가는 인물로 만든다면, 독자는 당신이 이스트먼에게 동조한다고 추정할 것이다. 당신이 이스트먼이라는 캐릭터를 설득력 있게 구성하고 이야기가 전개되는 내내 호의적인 관점으로 서술한다면, 대부분의 독자들은 당신의 뜻에 따라 이스트먼을 좋아하고 그가 성공하기를 바랄 것이다. 하지만 만약 당신이 자신의 대의를 위해 부정행위를 저지르는 이스트먼을 반대한다면 어쩌나? 독자에게 결국 이스트먼이 틀렸다는 판단을 심어 주려면 어떻게 해야 할까?

가장 쉬운 방법은 이스트먼을 처음부터 독자가 도저히 좋아할 수 없는 악당으로 만드는 것이다. 그리고 이스트먼의 정체를 폭로하고 무찌르는 미 정부의 또 다른 공직자나, 현장에서 이스트먼을 반대하는 중앙아메리카의 사령관을 영웅으로 배치하면 된다.

훨씬 까다로운 방법도 있다. 이스트먼을 누구나 좋아하고 동조할 만한 사람으로 그려 내면서 시작하되, 이야기가 전개되는 과정에서 점차 교묘한 방식으로 독자의 공감을 잃도록 유도하는 것이다. 그래도 영웅 역할을 할 인물을 따로 만든다면 꽤나 수월하게 진행할 수 있다. 처음에는 '나쁜 놈'으로 보이던 캐릭터가 나중에는 이스트먼 대신 독자의 공감을 얻도록 구성하면 된다.

가장 까다롭지만 독자에게 가장 큰 영향을 줄 수 있는 방법은 다음과 같다. 이스트먼을 내내 동조적인 시각으로 그려 내되, 그와 맞서는 '적 캐릭터 역시 동조적으로' 보여 주는 것이다. 독자는 '둘 다' 좋아할 것이다. 그것도 많이. 그리고 이스트먼과 그의 적이 치명적으로 충돌하는 순간, 독자는 가슴이 미어지도록 아플 것이다.

이런 감정을 '번민'이라고 한다. 아마 당신이 독자에게 직접적으로 불어넣을 수 있는 가장 강력한 감정일 것이다. 단순히 캐릭터의 감정을 독자가 똑같이 공감하게 하는 방법과는 다르다. 두 캐릭터 모두 자신이 원하는 바를 명확히 알고 있고, 독자도 마찬가지로 잘 알고 있다. 독자는 둘 모두에게 감정이입을 하고 있기에 둘 중 하나가 패배하는 것을 견딜 수 없다. 이렇게 하면 독자의 감정을 극도로 끌어올릴 수 있을 뿐 아니라, 윤리적 쟁점 역시 단순한 공감의 문제를 넘어서는 차원으로 심화할 수 있다. 독자는 사랑하는 두 캐릭터 사이에서 한 명만을 선택해야 하고, 따라서 두 캐릭터가 맞서는 윤리적 쟁점을 기반으로 결정을 내려야 한다. '결국은 누가 승리하는 게 옳은가?'

물론 이 전략은 다른 방법에 비해 훨씬 더 위험하며, 메시지도 훨씬 덜 뚜렷하다. 당신은 재판정에 선 판사나 배심원처럼 감정적인 호오의 문제와 윤리적인 판단을 분리하는 것이다. 그러면 당신은 독자가 '올바른' 판단을 내릴지, 당신의 입장에 동의할지 안 할지 알 수 없게 된다. 하지만 독자가 같은 사안을 다룬 신문 사설이나 평론을 읽을 때보다 그 쟁점에 훨씬 더 많은 관심을 쏟으리라는 것만은 분명하다.

어쨌든 이 전략들 중 하나를 택하려면, 우선은 독자에게 캐릭터에 대한 공감이나 반감을 불러일으키는 방법을 알아야 한다.

당신이 독자의 호감이나 반감을 얻는 캐릭터를 만드는 법을 알아야 하는 또 다른 현실적인 이유가 있다. 대부분의 소설 독자들은 자신이 좋아하는 캐릭터에 대한 이야기를 읽고 싶어 하기 때문이다. 왜 아니겠는가? 만약 당신이 버스를 타고 사흘 동안 장거리 여행을 한다면, 당연히 옆자리 승객이 마음에 드는 사람이기를 바라지 않겠는가? 독자들은 당신의 소설을 읽느라 상당한 시간을 투자하고 있다. 그런데 당신이 독자가 싫어하는 캐릭터를 주인공으로 내보낸다면, 독자가 끝까지 그 캐릭터와 함께 여행하도록 설득하기가 대단히 어려워진다.

물론 일반적인 원칙을 어기고 일부러 혐오스러운 주인공에 대한 이야기를 쓰고 싶을 수도 있을 것이다. 하지만 그런 소설을 성공적으로 쓰는 작가들은 결코 주인공을 철저히 혐오스럽기만 한 인물로 만들지 않는다. 여기에는 예외가 없다고 봐도 무방하다. 작가는 소설 초반부터 주인공의 주요한 단점 몇 가지를 보여 주고 이야기 내내 그 단점들을 강조하겠지만, 은연중에는 독자가 '마땅히 싫어할 만한' 캐릭터에게 '동조하게끔' 유도하는 다른 기법들을 수십 가지 동원하는 것이다. 전통적인 영웅과는 달리 영웅다운 자질이 없는 주인공을 '반영웅

(antihero)'이라고 하는데, 사실 완전한 반영웅이란 매우 드물다. 겉보기에 반영웅으로 보이는 주인공들은, 비유적으로 말하자면, 그저 목욕 좀 하고 피로를 풀어야 할 필요가 있는 영웅일 뿐이다.

이러나저러나 당신은 캐릭터에 대해 독자의 공감이나 반감을 자아내는 법을 알아야 한다. 나는 창작 수업을 지도하다가 학생들이 종종 주인공을 불쾌한 캐릭터로 만드는 경우를 보곤 했다. 그건 그들이 반영웅을 만들려고 의도해서가 아니라, 자기 주인공이 불쾌한 캐릭터가 되어 가고 있다는 것을 자각하지 못했기 때문이었다. 단지 인물을 제대로 통제하지 못했던 것이다.

첫인상

캐릭터도 현실의 사람처럼 첫인상을 남긴다. 독자는 캐릭터가 등장하자마자 첫인상을 보고 좋아할지 싫어할지를 재깍 판단하게 된다.

사람은 자신과 비슷한 사람을 좋아한다

모르는 사람을 처음 만났을 때, 우리는 상대방이 우리와 비슷할수록 호감을 갖게 마련이다. 간과할 수 없는 예외들이 있기는 하다. 하지만 대체로 사람은 자신이 중요하게 여기는 공동체에 속한 사람, 자신이 지닌 장점을 닮은 사람에게 이끌리며 편안함을 느낀다. 예컨대 (다른 모든 조건이 동등하다면) 나이가 더 많거나 적은 사람보다는 연배가 비슷한 사람이 편하지 않던가. 그 외에도 경제적인 여건이 비슷하거나, 옷 입는 스타일이 비슷하거나, 같은 교회에 다닌다든가, 같은 후보에 투표할 생각이라거나, 대통령에 대한 견해가 같다거나, 같은 군부대에서 복무했다든가, 같은 책이나 영화를 좋아하는 사람을 대할 때면 우리는 어느 정도 긴장을 풀고 친밀감을 느끼게 된다. 처음 만난 사람인데도 이미 아는 사이인 듯이 죽이 잘 맞는 것이다.

반대로 우리와 사뭇 다른 사람을 대할 때는 어쩐지 긴장하게 된다. 외국어로 말하는 사람, 이상한 옷을 입은 사람, 우리가 속하지 않는 어떤 폐쇄적인 집단의 일원인 사람 등등. 우리는 그 사람과 속하는 사회가 서로 다르다는 것을 알 수 있다. 그리고 스스로 '정상'이라고 생각하는 기준에 어긋나게 행동하는 사람을 보면 확실히 '나쁜' 인상을 받게 된다. 경우에 맞지 않는 옷을 입었거나, 너무 시끄럽게 말하거나, 부적절한 말투(지나치게 고상하든 지나치게 저속하든)를 쓰거나, 위생 상태가 나쁘거나, 길거리에서 낯선 사람들에게 말을 건다거나…… 다시 말해, '나라면 절대로 안 할 법한 행동을 하는' 사람을 보면 우리는 눈을 돌리거나, 발길을 돌리거나, 피하거나, 노골적으로 꺼린다. 우리와 닮지 않은 사람이기에 불신하거나 싫어하는 것이다.

현실에서 우리가 사람을 좋아하거나 싫어하게 되는 요인은 소설에서도 거의 동일하게 작용한다. 캐릭터가 우리 자신과 닮은 구석이 있으면 즉시 편안함을 느끼며, 마치 아는 사이인 것 같은 친밀감이 든다. 반면 처음 등장한 캐릭터가 물리적으로 역겹거나 사회적으로 부적절한 행동을 한다면, 혹은 외국인이거나 이방인이거나 기인이라면, 우리는 그에게 마음이 끌리지 않거니와 심하면 혐오감도 느낀다.

하지만 '정반대의 사람끼리 끌린다'는 격언에도 일리가 있다. 단순한 동질감보다 훨씬 더 강하게 사람을 끌어당기는 요인들이 있으니까. 처음에는 괜찮다고 생각했던 사람에게 나중에 가서 학을 뗀 경험이 누구나 있을 것이다. 마찬가지로, 낯선 첫인상 때문에 거리감이나 의혹을 느꼈던 사람도 일단 친해지고 나니 좋아지기도 한다.

작가에게는 다행스러운 일이다. 독자들이 캐릭터에게 느끼는 동질감을 일일이 조종하기는 불가능하기 때문이다. 만약 독자들이 자신과 닮은 캐릭터에게만 공감한다면 끔찍하지 않겠는가? 그랬다면 「아마데우스」를 재미있게 보는 관객이 과연 얼마나 있었겠는가? 남을 조롱하는 오만하고 기분 나쁜 음악적 천재와 자신이 닮았다고 생각하는 사람은 별로 없을 것이다. 「뻐꾸기 둥지 위로 날아간 새」는 어떤가? 나는 감옥에 가거나 정신병원에 가야 하는 선택지에 처해 본 적이 한 번도 없다. 당신도 아마 그럴 것이다. 저 두 작품은 관객이 주인공에게 느끼는 크나큰 연민, 더 나아가 '사랑'의 감정에 절대적으로 의존하고 있다. 그러나 두 작품의 작가들은 관객이 자기 캐릭터를 첫인상 때문에 좋아하리라고는 털끝만큼도 기대하지 않을 것이다.

좋은 첫인상에서 나오는 호감은 즉각적이지만 그만큼 얄팍하다. 다만 나쁜 첫인상에서 나오는 반감은 더 깊을 수 있다. 광적인 편견이 사람에게 무척 강력한 영향을 미치는 이유도 그 때문이다. 하지만 어느 쪽이든, 작가가 첫인상보다 더 강력한 도구를 사용한다면 얼마든지 극복할 수 있다.

출판사의 반대

아아, 슬프게도 당신이 만날 편집자나 영화 제작자는 작가가 독자에게 공감을 일으키는 다른 방법들이 있다는 것을 모를 확률이 다분하다. 얼마나 많은 작가들이 "소설 독자는 여성이 많으니 당신 작품에도 매력적인 여성 캐릭터가 등장해야 합니다."라는 말을 들었을까? 너무나도 많은 편집자들이 그런 말을 하지만, 그건 결코 사실이 아니다. 다만 여성이 주로 읽을 소설의 주인공을 남자로 설정하면 즉각적인 동질감을 불러오지 못한다는 건 맞다. 이런 경우 독자의 공감을 얻는 주인공을 만들려면 몇 배는 더 노력해야 한다. 보다 유능한 작가가 되어야 하는 것이다.

또한 당신은 소설이 무엇인지를 진실로 이해하는 편집자를 만나야 한다. 그런 편집자는 상대적으로 드물다. 대부분은 '여자들은 이런 얘기 안 좋아한다'는 이유로 당신의 소설을 거절할 것이다. 매번 그런 식이라면 여성 독자 시장(로맨스 장르나 여성 잡지 독자층)에서 남자가 주인공인 소설은 출판되지 않을 테고, 편집자들은 그 사실이 증거라도 되는 양 "이것 봐요. 주인공이 여자인 이야기만 팔리잖아요."라고 말할 것이다.

비단 여성 독자 시장에서만 벌어지는 일이 아니다. 1986년에 내 소설 『엔더의 게임』의 영화화 판권이 계약되었을 때, 제작자 측이 가장 먼저 결정한 것은 "당연히 엔더는 열여섯 살이어야죠."였다. 그러나 이 소설은 엔더가 세상을 믿는 순진무구한 어린아이가 아니면 아무런 의미가 없기에, 나는 절대 안 된다고 실랑이를 벌였다. 그러자 제작자는 이렇게 말했다.

"저기요, SF 영화가 흥행하려면 10대 관객을 잡는 수밖에 없어요. 10대 관객을 끌려면 당연히 주인공도 10대여야죠."

그래서 나는 따졌다.

"「E. T.」는요? 「폴터가이스트」는? 「에일리언」은? 또……."

"그런 건 예외고요." 제작자가 대꾸했다.

'하이 호'. 커트 보네거트라면 이렇게 답했으리라.*

영화 「뻐꾸기 둥지 위로 날아간 새」가 제작되기까지는 오랜 세월이 걸렸다. 제작자인 마이클 더글러스는 주인공이 '호감이 안 가는' 캐릭터라는 이유로 주위의 엄청난 반대에 부딪혀야 했다. 지금 우리는 그 영화가 아카데미 상을 휩쓴 명작이라는 사실을 알고 있으니, 당시에 그런 이야기가 실패할 거라고 장담했던 사람들이 틀렸다고 쉽게 비판

---

* 커트 보네거트의 소설 『슬랩스틱』에서 각각의 에피소드 끝에 주인공이 후렴구처럼 덧붙이는 감탄사. 작중에서 일종의 '딸국질'이라고 표현된다.

할 수 있다.

하지만 그런 일반론이 생긴 데에는 나름의 이유가 있다. 기괴하거나 불쾌한 캐릭터로 독자의 공감을 불러내기는 '매우 어렵다'. 그러니 우리를 말리는 편집자나 제작자를 너무 탓하지는 말자. 그들은 그런 소설이나 각본이 처참하게 실패한 사례를 너무나도 많이 보았던 것이다.

그러니 당신이 여성이나 청소년이나 육체노동자나 대학생을 주요 독자층으로 하는 소설을 쓰고자 한다면, 독자의 호감을 받아야 할 주인공도 여성이나 청소년이나 육체노동자나 대학생으로 설정하는 편이 훨씬 쉽다. 그러지 않아야 할 중요한 이유가 있는 게 아니라면, 뭐 하러 굳이 어려운 길을 택하겠는가?

공감 대 호기심

우리는 우리와 닮은 캐릭터에게 대체로 호감을 느끼지만, 약간의 지루함도 느낀다. 우리의 호기심을 자극하는 것은 친숙함이 아니라 낯섦이다. 특정 부류에 딱 들어맞는 전형적인 캐릭터만큼 시시한 인물도 없을 것이다. 그러므로 당신이 평이한 이야기를 쓰려고 주인공 노라를 그 소설의 예상 독자들과 같은 사회의 구성원으로 설정했다 해도, 노라를 색다르고 흥미롭게 보이게 할 방법을 따로 강구해야 한다. 주인공에게 독자와의 공통점을 몇 가지 부여하면 공감으로 통하는 여정에 오를 수는 있지만, 그것만으로는 그 여정이 오래 이어지지 못한다.

여성이라고 해서 모두가 똑같지는 않다. 청소년도, 육체노동자도, 대학생도 정확히 똑같은 사람은 아무도 없다. 어차피 노라를 해당 독자층 모두와 닮게 만들 수는 없는 것이다. 노라가 주는 첫인상은 기껏해야 독자의 주의를 끄는 기능을 할 뿐이다. 좋은 첫인상이든 나쁜 첫인상이든, 독자의 공감이나 반감을 지속되게 하려면 당신은 다른 도구에 의지해야 한다.

사랑받는 캐릭터

독자가 캐릭터에게 계속 공감하도록 할 수 있는 도구들은 다음과 같다.

육체적인 매력

배우를 단숨에 스타로 만들어 주고 영화에 일약 흥행을 가져다주는 이 도구는, 영상이 아닌 활자를 다루는 우리 같은 사람들에게는 소용이 없다. 적어도 영화와 같은 큰 효용을 기대할 수는 없다. 영화에서는 그저 매력적인 배우를 카메라 앞에 데려다 놓기만 하면(물론 좋은 메이크업, 조명, 촬영 기법 등도 동원해야 하지만) 관객의 절반은 극 중의 캐릭터들에게 크게 몰입할 것이다.

소설에서는 그런 방법을 쓸 수 없다. 아, 물론 캐릭터의 빼어난 외모를 묘사하고 다른 캐릭터들이 그에게 이끌리는 모습을 보여 줄 수는 있지만, 화면이나 무대 위에서 매혹적인 얼굴이나 육감적인 몸매를 실제로 보여 주는 것만큼 즉각적인 효과를 자아내기는 불가능하다. 관객의 마음을 사로잡는 목소리, 유머나 소심함이나 용기를 암시하는 엷은 미소나 놀란 표정 등을 우리는 결코 만들어 낼 수가 없는 것이다.

어쨌든 캐릭터의 외양을 묘사하기는 해야 하지 않냐고? 아니, 꼭 그럴 필요는 없다. 일전에 내가 『성자들』이라는 소설의 원고를 출판사에 넘겼을 때, 여자 주인공인 다이너 커크햄의 외모를 전혀 묘사하지 않았다는 이유로 중개인과 편집자의 불평을 들었다. "머리카락 색도 안 나오잖아요. 눈 색깔도, 심지어 키가 얼마나 큰지도 안 적혀 있어요!"라고.

나는 이렇게 말했다. "네, 그렇죠. 하지만 어쨌든 그 캐릭터가 어떻게 생겼을지 나름대로 상상한 이미지가 있지 않나요?" 그러자 두 사람 모두 그렇다고 대답했다. 그래서 다이너의 외모가 어떨 것 같냐고 물어보니, 당연하게도 둘 다 자기 자신과 닮은 이미지를 묘사하더라. 그들은 다이너와 같은 여성이었기 때문이다.

그 작품에서 나는 공감을 자아내는 다른 도구들을 써야 했다. 그리고 외모 묘사를 하지 않았기 때문에 오히려 여성 독자들이 다이너의 이야기에 자기 자신을 깊게 이입할 수 있었다. 만약 내가 다이너를 특정한 외모로 보도록 강요했다면, 독자들은 결코 그만큼 감정이입을 할 수 없었을 것이다. (출판사에서 그 책의 표지에 다이너의 초상화를 넣지만 않았더라면 그 기법은 훨씬 잘 먹혔을 텐데 말이다.)

보통은 주인공의 외모를 '하나도' 묘사하지 않고 넘어갈 수는 없다. 내 말은 캐릭터의 외모 묘사를 하면 안 된다는 뜻이 아니다. 적어도 글자로만 이루어진 소설에서는, 독자의 공감을 얻는 다른 기법들에 비해 이 방법이 결코 효과적이지 않다는 뜻이다. 필요하다면 얼마든지 묘사를 해도 괜찮다. 하지만 주인공이 '단호한 턱선, 곧고 세련된 콧날, 이마 위에 흩어진 담갈색 머리카락'을 가졌다고 쓴다고 해서 독자들의 마음을 완전히 사로잡을 수 있으리라고 생각하면 안 된다.

심지어 어떤 독자들은 짜증을 낼 수도 있다. 그들은 당신의 주인공을 보고 "또 무진장 예쁜 여자야?"라고 비꼬고 한숨을 폭 쉬면서, 그 캐릭터가 치즈케이크 다섯 판을 먹어치우고 엉덩이 살이 15센티미터쯤 붙기를 바랄 것이다. 또는 "130킬로그램짜리 바벨을 들어 올릴 수 있지만 정장을 입어도 멋있는 남자라 이거지?"라고 중얼거리면서 그 캐릭터 얼굴에 여드름이나 났으면 좋겠다고 생각할 것이다. 캐릭터의 근사한 이목구비를 조목조목 나열한 글을 읽는 것은, 화면이나 현실에서 근사하게 생긴 사람을 보는 것과 다르다. 아름다운 사람을 실제로 보면 그 미모에 압도당할 수 있다. 하지만 아름다운 외모에 대한 묘사만을 읽으면, 독자는 부인할 수 없는 아름다움을 상상하기보다는 그저 고등학교 때 자신보다 이성에게 인기가 많았던 동창들을 떠올릴 가능성이 높다. 오히려 공감에서 한참 멀어지는 것이다.

이타주의: 피해자, 구원자, 희생

고통, 희생, 위험과 같이 독자의 감정을 고양시키는 장치들은 캐릭터에 대한 공감을 불러오는 기능도 한다.

피해자

노라가 고통이나 위험을 당하는 피해자라면, 독자는 노라를 측은히 여기고 구제되기를 바랄 것이다. 하지만 여기에는 대가가 따른다. 노라가 연약해 보인다는 것, 따라서 독자의 동정과 더불어 일말의 경멸도 받는다는 것. (페미니스트들이 소설에서 여성이 항상 남성에게 구출되는 전개에 반대하는 이유도 그 때문이다. 독자는 피해자 여성을 연민하지만 한편으로는 멸시하게 된다.) 피해자 캐릭터가 이렇게 약해지는 결점을 보완하려면, 노라가 가해자의 손아귀에 들어갈 수밖에 없었던 사정을 많은 지면을 할애해서 상세하게 보여 주면 된다. 아니면 노라가 절망하지 않고 용감하게 시련에 맞서는 모습을 보여 주는 방법도 있다. 노라가 겪는 고통이 육체적인 측면이라면 한결 수월하게 풀어낼 수 있겠지만, 감정적이거나 정신적인 측면이라면 노라가 그 상황에서 벗어날 수 없었던 이유를 독자에게 납득시키기가 훨씬 까다로울 것이다.

구원자

피트가 고통이나 위험에 빠진 노라를 구하려 뛰어든다면 독자는 피트를 좋아할 것이다. 피트의 용기도 존경스럽지만, 타인에 대한 그의 책임감이 더더욱 독자의 존경을 산다. 심지어 피트가 노라를 구하는 데에 실패한다 할지라도 독자는 그를 존경할 것이다.

그러나 구원자 캐릭터는 깊이 생각하지도 않고 남의 일에 덜컥 뛰어드는 바보처럼 보일 위험이 있다. 만약 노라가 자기 문제를 알아서 잘 처리하고 있었는데 피트가 괜히 구해 주겠다고 나서는 바람에 모든 걸 망쳐 버린다면 어쩌나? 그래도 피트의 용기와 책임감은 인정받겠지만, 약간 미련하다는 평가도 따라붙을 것이다.

특히나 피해자의 고통이 감정적이거나 정신적인 것이라면, 구원자는 훼방꾼처럼 보일 위험이 매우 크다. 만약 노라가 잔인한 부모의 지배에 휘둘리며 외로움에 시달리고 있는데, 피트가 노라를 보자마자 재까닥 구하겠다고 달려든다면 독자는 수긍하지 못할 것이다. 피트가 노라를 정말로 구하려는 건지 아니면 부모 대신 노라를 지배하려는 건지 의심스러울 수밖에 없다. 피트의 행동에 설득력을 부여하려면, 당신은 피트가 노라에게 개입하기 전에 망설이는 모습과 동시에 노라의 상황이 절박하다는 점을 보여 줘야 한다. 노라가 구출받기를 원한다는 신호를 주는 것도 도움이 된다.

희생

노라가 자기 자신을 희생한다면 독자는 그 결단을 중요하게 여길 것이다. 그러나 반드시 노라의 입장에 공감한다는 보장은 없다. 괴로워하는 노라가 가엾긴 하겠지만, 독자가 그 희생을 존경하려면 노라가 고통이나 죽음까지 감수하고 이루려 하는 목적이 실로 중대하며 올바르다는 확신이 들어야 한다. 또한 노라가 달리 무난한 방법을 선택할 여지가 없었거나, 노라의 희생이 타인에게 정말로 도움이 된다는 사실을 독자가 알 수 있어야 한다.

노라가 그저 고결하고 명예로운 죽음을 맞고 싶다든지 남들이 자신을 더 좋아하기를 바라는 마음 때문에 순교한다면 독자는 결코 공감하지 않을 것이다. 그리고 그런 극단적인 방법 말고도 다른 대안이 있었다면, 독자는 노라가 그 대안을 선택해야 한다고 주장할 테고, 노라의 희생은 고귀한 행동이 아니라 어리석은 짓으로 보일 것이다.

계획과 목적, 갈망과 꿈

초심자 작가들의 작품에서 곧잘 눈에 띄는 실수는, 주인공이 늘 사건에 '반응'만 한다는 것이다. 주인공이 취하는 모든 반응이 지극히 타당하다고 해도, 그 캐릭터는 결국 아무런 주도권 없이 이리저리 끌려다니는 꼭두각시 인형처럼 보인다. 내가 말하는 게 뭔지 당신도 잘 알 것이다.

노라는 그날 아침 딱히 아무것도 하고 있지 않았다. 그저 집 밖에 나와서 햇살을 즐기고 있었다. 그런데 모퉁이 너머에서 차 한 대가 다가와 끼익 소리를 내며 노라의 앞에 멈춰 서더니…….

그래, 이런 거 말이다. 당신이 '딱히 아무것도 하지 않고' 밖에 나와 있는 경우가 대체 얼마나 있겠는가? 노라가 무언가를 하려고 밖에 나와 있던 중이라면 훨씬 흥미로워질 것이다. 그러면 이후에 이어질 사건들이 노라의 인생을 바꾸었을 때, 독자는 노라가 스스로 자신의 인생을 바꿨다는 느낌이 들 것이다! 노라가 딸의 담임 선생님과 면담을 하러 부랴부랴 나가는 중이었다든지, 고객이 의뢰한 일에 대해 조사하러 도서관에 가려던 참이었다든지, 막 병원에서 받은 검사 결과를 걱정하던 중이었다면, 노라는 사건에 연루되는 과정에도 계속해서 아이의 학교 문제나 업무 마감이나 병원 검사 결과를 처리하려 할 것이다.

그러면 캐릭터에게 압박감이 생긴다. 즉 독자의 공감도 높아지는 것이다.

그런 단기적인 계획이 아니더라도, 캐릭터는 자신만의 욕구나 갈망이나 희망이나 꿈이 있을 것이다. 캐릭터와 같은 욕구를 가진 독자라면 거기에 공감할 테고 그 욕구가 충족되기를 바랄 것이다. 예컨대 돈에 대한 욕구는 누구라도 공감할 수 있다. 하지만 노라가 무엇 때문에 돈이 필요한지, 얼마나 오랫동안 얼마나 힘들게 그걸 얻으려 애써 왔는지 보여 준다면 독자는 더더욱 공감할 것이다.

대략적인 원칙을 이렇게 정리할 수 있겠다. 캐릭터가 가진 꿈이 중요하면 할수록, 그리고 그 꿈을 이루려고 그때까지 들여 온 노력이 크면 클수록, 독자의 공감도 더 커진다.

단 클리셰와 과도한 감상주의는 경계해야 한다. 예컨대 어린아이가 강아지를 키우고 싶어 하는 건 너무나도 당연하고, 어지간히 순진한 독자가 아니고서는 그런 이야기에 별로 안타까워하지 않을 것이다. 하지만 그 아이가 강아지를 꼭 필요로 하는 구체적인 이유를 보여 준다면 다르다. 캐릭터의 욕구가 무엇이든 간에 독자의 공감을 불러올 방법은 있게 마련이다. 심지어 괴상해 보이는 욕구라도 말이다. 가령 피트가 비싼 차를 최대한 많이 사들이고 싶어 하는 강박관념이 있다면 처음에는 이상하고 탐욕스러워 보일 것이다. 하지만 피트가 아직 독립하지 못한 청년이고, 그의 아버지가 낡아빠진 옛 차를 계속 쓰려고 고집한다고 하면 꽤 납득이 간다. 피트의 아버지는 예전에 딱 한 번 새 차를 산 적이 있는데, 일하던 공장에서 해고된 직후 굴욕적인 상황에 몰려 압류당하고 말았다. 그러면 피트가 새 차를 사고 싶어 하는 강박관념은 아버지의 고통에 대한 반작용이 된다. 피트는 독자의 반감을 일으키는 이상한 인물이 되기는커녕 오히려 타당하고도 공감이 가는 인물이 되는 것이다.

당신이 쓰는 소설이 캐릭터의 계획에 대한 이야기라거나(탐험 소설이나 범죄 소설처럼) 캐릭터의 욕망을 주로 다루는 이야기라면(모든 인물 서사가 여기에 해당한다.), 이 도구는 독자가 거의 저항할 수 없을 만큼 강력한 공감을 불러오는 수단이 된다. 절도, 암살, 남의 가정을 파괴하는 불륜 등등 몹시 끔찍한 행동을 하는 주인공마저 독자가 응원하게 되는 까닭도 바로 이 도구 덕분이다. 독자가 캐릭터의 계획이나 꿈에 이입하기 시작하면 거의 무한정으로 그 캐릭터를 지지할 것이다.

용기와 정정당당함

노라가 스스로 옳다거나 필요하다고 믿는 것을 위해 육체적, 사회적, 금전적 위험을 짊어진다면 독자는 노라를 좋아할 것이다. 노라가 상사의 뇌물 수수에 대해 입을 다무느니 차라리 해고당하는 손해를 감수할 만큼 용감하다면, 독자는 노라를 존경하고 또한 염려할 것이다.

그러나 용기도 정정당당하게 발휘해야 한다. 노라가 마침내 승리해서 상사가 피해를 보상하고 봉급을 돌려줄 때, 노라가 쌤통이라는 식으로 고소해해서는 안 된다. 또한 노라가 승리하기 위해 부정하거나 교활한 방법을 써서도 안 된다. 그러면 독자의 공감을 잃게 되니까. 서부극에서 주인공이 늘 악당이 먼저 습격할 때까지 기다리는 것도, 활극에서 늘 악당이 영웅의 검을 떨어뜨리고 빼앗아 가는 것도, 로맨스에서 착한 여자가 남자를 얻기 위해 천박한 성적 수단을 쓰지 않는 것도 바로 이런 이유 때문이다.

물론 시대가 변했으므로 오늘날의 소설 주인공들은 반드시 이 기준을 지키지는 않는다. 하지만 지금까지도 변하지 않은 사실은, 독자가 용감하고 정정당당한 캐릭터에게 성원을 보내며 비열하거나 야비한 캐릭터에게는 공감을 잃는다는 것이다. 주인공이 꼭 용감무쌍해야 한다는 법은 없다. 당신이 그리 떳떳하지만은 못한 사람에 대한 이야기를 쓰고 싶다면, 얼마든지 그렇게 해도 된다. 다만 그러면 독자의 공감을 어느 정도 잃어버리는 대가를 치러야 한다.

태도

주변 사람들, 자기 자신, 이야기 속의 사건들에 대한 캐릭터의 태도로 독자의 많은 공감을 끌어낼 수 있다. 예컨대 피트는 나쁜 일이 닥쳐도 칭얼거리거나 불평하지 않고 자기 자신 외에 누구도 탓하지 않는다. 자신이 저지른 실수에 책임을 지고, 자기가 처한 곤경을 위트 있게 웃어넘기며 어떻게든 극복하려 노력한다. 노라는 자신의 선행에 대해 남에게 자랑하지 않으며, 누군가가 자신을 칭찬하면 쑥스러워한다. 자신이 비판을 받으면 변명하지 않지만, 타인이 부당한 비난을 받으면 나서서 변호해 준다.

피트는 늘 고통받는 사람들을 연민하며, 언제나 그들의 입장에서 사태를 보려고 노력한다. 노라는 화가 날 때도 다른 사람의 설명을 귀 기울여 들으며, 설령 믿음직하지 못하다는 게 밝혀진 사람이라 할지라도 기꺼이 신뢰하려 한다.

다른 캐릭터들은 피트와 노라가 얼마나 좋은 사람인지 모를 수도 있다. 그들이 겸손하게 처신하고, 자신을 낮추는 유머 감각을 발휘하며, 변명하지 않기 때문이다. 하지만 독자들은 그렇기 때문에 더더욱 피트와 노라를 사랑할 것이다.

자의인가 타의인가

노라가 엄청난 용기가 필요한 임무에 직면했으며, 더군다나 그걸 해

봤자 아무도 몰라주고 별다른 명예도 얻지 못한다고 하자. 그러면 노라가 그런 임무를 자진해서 맡았다고 해야 독자가 가장 크게 공감할 것이다. 노라가 타의에 의해 그 일을 억지로 떠맡으면 독자의 공감은 약해진다. 반면 그 임무가 노라에게 명성과 부를 가져다주는 일이라면, 노라가 선뜻 나서지 않고 자신이 선택되기를 겸손하게 기다려야만 독자가 더 공감할 것이다.

간단한 문제다. 캐릭터가 "굉장히 힘들고 고생스러운 일거리가 있는데 누군가가 꼭 해 줘야 해."라는 말을 듣는다면 자청해서 그 일을 맡아야 한다. 만약 "네가 이 일에 성공한다면 네 이름은 만 년 동안 역사에 길이 남을 거야."라는 말을 듣는다면, 캐릭터는 자신이 선택되기를 겸허히 기다려야 한다.

『반지의 제왕』에서 프로도가 반지를 가져가는 일에 절대로 자원하지 않는 까닭도 그 때문이다. 프로도는 누군가 다른 사람에게 반지를 맡기려 하다가, 자신 외에는 아무도 그 일을 해낼 수 없다는 사실이 분명해졌을 때에야 임무를 떠안는다. 만약 프로도가 처음부터 반지를 맡겠다고 나섰다면 독자들은 결코 그에게 깊이 공감하지 못했을 것이다. 그때부터 프로도가 겪은 모든 시련은 그런 어마어마한 일을 해낼 수 있다고 과신했던 자만심의 대가가 되었을 테니까.

정치인들이 선뜻 출마하지 않고 주저하는 듯이 보이려 하는 것도 그래서다. 정치 세계를 지켜보는 관객은 위대한 역할을 불가피하게 떠맡은 정치인을 더 존경하기 때문이다.

신뢰성

영웅은 무언가를 하겠다고 약속하면 어떤 일이 있어도 그 약속을 지킨다. 약속을 저버리려거든 그럴 만한 합당한 이유가 있어야 하고, 나중에라도 만회하기 위해 노력한다.

캐릭터가 거짓말을 하지 않아야만 독자의 공감을 살 수 있다는 뜻은 아니다. 거짓말은 '과거'를 꾸며 낸 것이다. 그러나 신뢰성은 약속의 문제다. 즉 캐릭터가 '미래'에 대해 한 말이 중요하다.

왜일까? 예를 들어 보자. 피트는 가족 대대로 경영해 온 농장이 적자만 나는데도 계속 운영하겠다고 한사코 고집을 부린다. 피트가 실패하리라는 것은 분명하다. 게다가 그 농장을 팔면 동생의 대학 등록금을 낼 수 있는데, 피트의 고집 때문에 동생은 대학에 못 가고 고향에 박혀 있어야 한다. 동생은 농장도 형도 싫어한다. 자연히 독자는 완고하고 고집불통인 피트에게 공감하기 힘들 것이다.

하지만 만약 피트의 아버지가 죽기 직전에 아들에게 농장을 꼭 지켜 달라고 부탁했고, 피트가 그러겠다고 약속했다면 어떨까? 그러면 독자는 피트를 믿음직한 사람으로 여기고 좋아할 것이다. 사실 이런 경우에는 피트가 그만큼 고집스럽지 않다면 오히려 독자의 공감을 잃는다. 독자는 뭔가 다른 길이 생겨서 동생이 요행히 대학에 갈 수 있기를 바랄 것이다. 심지어는 피트가 최선을 다했는데도 불구하고 불가피하게 농장을 잃기를 바랄 수도 있다. 그 농장만 없으면 모두의 삶이 나아진다는 사실을 독자도 알고 있으니까. 하지만 그렇다고 해서 피트가 약속을 깨기를 바라는 것은 아니다. 설령 피트가 주변의 압박에 마침내 굴복해서 농장을 팔기로 결정한다고 해도, 독자는 그가 최소한 깊은 죄책감과 후회에 빠지기를 바랄 것이다.

소설에서 약속의 중요성을 무시하면 안 된다. 맹세를 지키거나 어기는 것은 세계 모든 종류의 이야기에 들어 있는 가장 강력한 동기이다. 악역 캐릭터가 저지를 수 있는 치명적인 죄악 한 가지는 바로 약속을 깨는 것이다. 만약 주인공이 아무렇지도 않게 약속을 저버린다면, 독자는 영 불쾌해질 테고 당신이 아무리 노력해도 독자의 공감을 완전히 돌려놓을 수 없을 것이다.

영리함

내가 '지성'이라는 표현을 쓰지 않았다는 점을 주목하라. 우리 사회는 평등주의를 이상으로 삼기에, 지성이나 유식함을 노골적으로 드러내는 사람은 거만하고 엘리트 의식에 물든 속물로 보이는 경향이 있다.

그러나 복잡하게 얽히고설킨 문제에 해결책을 떠올릴 수 있는 영리한 캐릭터는 독자의 사랑을 받는다. 모순으로 보이는가? 사실이다. 당신은 매우 아슬아슬한 줄타기를 해야 한다. 노라는 자신이 영리하다는 사실을 자각하지 못하면서도 매우 영리해야 한다. 자신감이 넘칠 수는 있지만, 자신이 남보다 똑똑하고 남들은 멍청하다는 식으로 우월감에 젖으면 안 된다. 노라가 훌륭한 계획을 떠올리고 그 계획이 성공하면, 누구보다도 노라 자신이 놀라야 한다.

「레이더스」와 「인디아나 존스」에 등장하는 해리슨 포드의 캐릭터가 딱 좋은 본보기다. 인디아나 존스는 고고학 교수이지만, 결코 지적으로 예리한 모습을 보여 주지 않는다. 강의를 할 때는 갈팡질팡 말을 더듬으며, 눈꺼풀에 '사랑해요'라는 문구를 적어 놓은 여학생 때문에 집중이 흩어지기도 한다.

하지만 인디아나 존스는 무슨 문제가 생겼다 하면 멋진 해결책을 생각해 낸다. 허둥거리다가도 소 뒷걸음질 치다 쥐 잡은 격으로 사태를 해결하기도 한다. 영리하지만 지적이지는 않은 캐릭터. 독자는 문제를 해결할 줄 알고 필요할 때 진실을 정확히 꿰뚫어 볼 수 있는 캐릭터를 사랑하지만, 우월한 지식을 과시하거나 자기가 똑똑한 줄 아는 듯이 행동하는 캐릭터는 좋아하지 않는다.

사랑스러운 결함: 매력적인 악당

이제 우리는 캐릭터가 독자의 사랑을 받을 만한 자질, 태도, 행동 방식이 무엇인지 알았다. 그런데 또 곤란한 점이 있다. 캐릭터가 지나치게 완벽하면 독자들이 믿어 주지 않는다는 것이다. 우리는 애정과 신뢰 사이에서 균형을 잡아야 한다.

그러려면 캐릭터에게 사랑스러운 결함이 있어야 한다. 당신은 캐릭터가 독자의 호감을 받게끔 온갖 공감의 도구들을 활용하면서도, 한편으로는 약간의 기벽이나 약점을 의도적으로 덧붙여서 독자에게 신뢰감을 줘야 한다.

여기서도 해리슨 포드는 완벽한 모범을 보여 준다. 「스타 워즈」에서 그가 맡은 캐릭터 한 솔로는 약속을 지키고, 타인을 구하러 달려오고, 외모도 매력적이며, 용감하고, 영리하고, 유머 감각까지 발군이다. 그러나 좀 거들먹거린다는 단점도 있다. (한 솔로: "당신은 나처럼 근사한 남자를 못 보는 걸 참을 수 없을 겁니다." 레아 공주: "어쩌다가 그런 과대망상에 빠졌나 모르겠네요." (나중에) 레아 공주: "사랑해요!" 한 솔로: "알고 있어요.") 또한 한 솔로의 모든 계획은 그저 자신의 탐욕과 이득을 채우기 위한 '것처럼 보이며', 내야 할 돈을 안 내고 내빼기도 한다.

그 결과, 한 솔로는 전세계의 사랑을 받는 영화에서 가장 사랑받는 캐릭터가 되었다.

에르퀼 푸아로의 약간의 허영심, 네로 울프의 강박적인 행동과 140킬로그램에 육박하는 체중, 셜록 홈즈의 무례함과 코카인 중독, 스칼렛 오하라의 낭만적인 공상과 지독할 만큼 실리적인 행동, 레트 버틀러의 수상한 과거와 상대방을 조롱하는 태도 등등. 보통 우리는 이러한 특성을 가진 사람들을 좋아하지 않겠지만, 독자의 공감을 자아내는 다른 특성들과 결합하면 이런 결점들은 오히려 캐릭터를 더욱 사랑스럽게 만든다.

미움받는 캐릭터

독자에게 캐릭터에 대한 반감을 불러오는 것은 공감을 끌어내는 것보다 훨씬 쉽다. 캐릭터가 아무리 훌륭한 일을 해도 기대에 부합하지 못하면 기억에서 잊히게 마련이지만, 혐오스러운 행동을 한 캐릭터는 절대로 잊히지 않기 때문이다.

학대

캐릭터가 독자의 반감을 사는 간단한 방법은 타인의 몸이나 마음을 고의로 해치는 것이다. 그 캐릭터가 상대방을 학대하면서 즐거워한다면 독자는 더더욱 싫어할 것이다. 윌리엄 골드먼이 각본을 쓴 영화 「마라톤 맨」에 등장하는 악당은 주인공이 알지도 못하는 정보를 캐내려고 마취도 없이 치과용 드릴로 그를 고문한다. 영화 「배릿 오브 윔폴 스트리트」에서 엘리자베스 배릿의 아버지는 제멋대로에 변덕스러운 성격으로 끊임없이 명령을 내리면서도 결코 만족하지 못하며, 그 주위의 사람들은 모두 죄책감이나 두려움에 시달린다. 「에일리언2」의 여왕 에일리언은 새끼들이 부화하면 먹잇감으로 줄 요량으로 인간들을 산 채로 고치에 싸서 끔찍한 고통을 겪도록 내버려 둔다. 「뻐꾸기 둥지 위로 날아간 새」의 래치드 간호사는 활기차고 명랑하게 행동하면서 한편으로는 환자들을 억압하고 학대함으로써 그들이 점차 인간성을 잃어 가게 만든다. 이 캐릭터들은 남을 괴롭히는 데에 혈안이 되어 있다는 점 외에 다른 면모가 거의 나오지 않는데도 관객의 기억에 가장 강렬한 인상을 남긴다. 순수한 악의 화신이나 마찬가지이기 때문이다.

주지하다시피 이 도구는 강력한 만큼 남용되기도 쉽다. 예컨대 우리는 이런 장면을 얼마나 많이 보았던가? 사악한 노라가 선량한 피트를 손아귀에 넣는다. 노라는 357 매그넘 권총으로 피트를 한 방에 쏘아 죽이지 않고, 그의 몸에 인화성 물질을 바르고 휘발유를 끼얹은 뒤 몸 여기저기에 가스라이터를 묶으면서 자기는 피트가 폭죽처럼 활활 타오르는 광경을 즐겁게 지켜볼 거라는 둥 줄곧 떠들어 대느라 한참 뜸을 들인다. 그렇게 10분쯤 흘러서 관객들이 안달복달하다 못해 "얼른 불이나 붙여!"라고 말할 때쯤, 경찰이 위기일발의 순간에 짠 하고 나타나서 피트를 구해 준다. 노라가 그렇게 심한 사디스트만 아니었더라면 피트는 진작 통구이가 되고도 남았을 것이다.

제임스 본드 영화 시리즈는 이 클리셰를 예술적으로 바꿔 놓는다. 본드는 항상 적에게 사로잡히고, 악당들은 항상 본드를 곧바로 죽이지 않고 죽음이 예정된 상황에 남겨 두기만 한 뒤 가 버린다. 그러면 본드는 어떻게든 영리하게 탈출에 성공하고 살아남아 후일의 싸움을 기약한다. 사디스트 악당이 여러 작품에서 숱하게 남용되었건 말건 신경 쓰지 마라. 당신이 주의해야 할 것은 악당의 가학적인 행위에 설득력을 부여하는 것이다.

가학적인 욕망의 근원은 고통에 대한 사랑이 아니라 권력에 대한 사랑이라는 점을 기억하라. 사디스트들은 타인의 몸이나 인생을 지배하고 휘두르는 감각을 즐기는 것이다. 그러니 꼭 육체적인 고문이어야 할 필요는 없다. 가해자가 어떤 식으로든 피해자를 몰아붙여서 삶의 주도권을 박탈하면 된다. 「뻐꾸기 둥지 위로 날아간 새」의 래치드 간호사와 「배럿 오브 윔폴 스트리트」의 엘리자베스 배럿의 아버지는 결코 육체적인 폭력을 휘두르지 않지만, 그들이 저지르는 학대는 오히려 더욱 끔찍하고 사실적으로 느껴진다. 그들이 자신의 권력으로 약자를 괴롭히기 때문이다. 이는 소설 속의 캐릭터가 저지를 수 있는 가장 나쁜 행위로, 용서받을 수 없는 죄악이다.

암살인가, 복수인가?

단순한 살인은 결코 학대만큼 강한 반감을 불러오지 못한다. 학대는 아무리 정당화해도 공감을 받을 수 없는 반면, 살인이나 여타 범죄는 독자의 공감을 살 수 있기 때문이다. 예컨대 캐릭터가 히틀러나 스탈린이나 이디 아민을 암살하려 한다면 처음부터 독자의 공감을 얻을 가능성이 높다. 캐릭터가 살해하려는 표적이 충분히 악하게 묘사된다면, 살인자 캐릭터는 오히려 영웅이 될 것이다. 독자는 냉혹하고 계획적인 살인 행각을 결코 편안하게 받아들이지는 못하겠지만 그래도 암살자를 영웅으로 인정할 수는 있다.

「대부」가 미국에서 처음 상영되었을 때 결말부의 살인 장면에서 관객들은 박수갈채와 환호성을 보냈다. 왜일까? 마이클 콜레오네가 암살자들을 보내서 죽이는 캐릭터들은 전부 관객이 좋아하는 캐릭터를 야비하게 공격했거나 신뢰를 배반함으로써 관객의 미움을 샀기 때문이다. 하지만 「대부2」에서는 주의 깊게 정반대의 방식을 사용한다. 여기서는 마이클 콜레오네가 정의를 위해서가 아니라 자기 권력을 위해 살인을 이용한다. 그리고 나약하고 처량한 인물인 자기 친형을 죽이라고 명령하는데, 납득할 만한 이유가 있긴 하지만 그래도 흉악한 행동임은 분명하다.

대략적인 원칙은 다음과 같다. 살인 및 여타 범죄는 캐릭터가 이기적인 동기로 범행을 저질렀거나 무고한 사람들에게까지 피해를 줬을 때에만 독자의 혐오를 살 수 있다. 캐릭터가 다른 사람들을 고통에서 구해 주려고 그랬다거나, 피해자가 고통 받거나 죽어도 마땅한 사람이라면, 범죄자 캐릭터는 오히려 독자의 공감을 살 것이다. 고전 범죄 영화인 「스팅」에서 후커와 콘도르프는 악당인 로네건에게서 거액의 돈을 뜯어 낼 심산으로 정교한 사기극을 계획한다. 그러나 두 사람은 돈 때문이 아니라, 자기들의 동료를 아무렇지도 않게 죽였던 악당에게 복수하기 위해 그런 음모를 꾸민 것이다. 로네건은 남들을 지배하려는 욕심과 돈에 대한 탐욕 때문에 스스로 계략에 걸려드는 셈이다.

악당이 범죄를 저지르면 독자의 혐오를 산다. 영웅이 범죄를 저지르면 도리어 독자의 사랑을 받는다. 후커와 콘도르프는 사기꾼이지만 그 동기는 이기적이지 않으며, 진짜 악당인 로네건에 비하면 두 사람은 성자나 다름없다. 이렇듯 작품의 윤리적 스펙트럼 내에 속한 캐릭터의 상대적 위치는 그의 동기에 따라 완전히 달라진다. 냉혈한 살인자에 비하면 사기꾼도 정직한 사람이 될 수 있는 것이다.

자기 주제를 모르는 사람

'제 분수도 모른고 나댄다'는 말처럼 고약한 악담도 없을 것이다. 피트가 노라에 대해 이렇게 험담한다고 해 보자. "노라 걔 자기가 무슨 전문가인 줄 알더라. 주제도 모르고. 걔가 하는 말에 신경 쓸 것 없어." 노라가 실제로 전문가라는 사실을 보여 주지 못하는 한, 노라는 신뢰를 많이 잃을 수밖에 없다.

참 희한하지만, 사람의 본성이란 게 원래 그렇다. 우리는 무기력하고 야심 없는 사람을 경멸하면서도, 한편으로는 더 높은 수준으로 올라가려고 억지로 애를 쓰는 사람도 싫어한다. 생각해 보라. 형이 친구들이랑 놀러 나가려는데 따라가겠다고 우기는 동생, 직위도 경력도 더 낮으면서 당신에게 일을 가르치려 드는 동료 사원, 남의 부부 생활에 이래라저래라 충고하는 오지랖 넓은 이웃집 사람 등등. '눈치도 없이 왜 저러나? 상대방이 싫어하는 거 뻔히 안 보이나?'라는 생각이 들 것이다.

초대받지 않은 자리에 끼어들려 하는 사람에 대한 우리의 반감은 매우 강하기에, 설령 상당한 공감을 얻은 캐릭터라 해도 그런 물색없는 행동은 용납하기가 힘들다. 소설 『고딕 소녀(The Member of the Wedding)』에서 카슨 매컬러스는 자신이 속할 곳을 모르는 소녀 프랭키의 소외감을 많은 지면에 걸쳐 세심히 묘사해서 독자의 공감을 끌어올린다. 그러나 프랭키는 오빠의 결혼식에서 자기가 신랑 신부 사이에 끼어도 될 거라고 착각한다. 오빠와 올케 언니가 자신을 한 식구로 받아 주리라고 오해하고, "오빠 부부야말로 내가 속할 '우리'야."라고 말한다. 독자는 프랭키에게 깊은 애정을 품는데도 불구하고, 프랭키가 오빠의 허니문카 뒷좌석에 타는 장면에 이르러서는 오빠 부부가 프랭키를 데려가 주기를 기대하지도, 바라지도 않는다. 프랭키의 좌절과 실망을 지켜보는 우리의 마음은 저미도록 아프지만, 그렇다고 해서 프랭키가 초대받지 못한 자리에 끼려고 하는 행동에 동조할 수는 없는 것이다.

캐릭터가 끼어들려 하는 자리가 높은 지위라면 더더욱 그렇다. 찬탈자 캐릭터는 공감을 얻지 못한다. 셰익스피어는 이 사실을 잘 알고 있었다. 만약 맥베스가 순전한 야망 때문에 스스로 왕이 되겠다고 나서서 덩컨 왕을 죽였더라면 독자는 결코 공감할 수 없었을 것이다. 그래서 셰익스피어는 맥베스가 '자의로' 왕위에 오르려 하지 않았다는 점을 세심하게 보여 준다. 처음에 그가 왕이 된다고 예언한 사람은 세 마녀였으며, 맥베스 본인은 그 말을 별로 진지하게 고려하지도 않았다. 나중에 마녀들의 예언 중 일부가 실현되었을 때에야 반역을 염두에 두게 되지만, 그의 아내가 부추기지 않았다면 맥베스는 결코 왕을 시해하지 않았을 것이다. 맥베스는 물론 찬탈자다. 하지만 왕위를 '자처'하지는 않았다. 맥베스를 왕위에 올린 사람들(마녀들, 결국은 광기에 사로잡히는 맥베스 부인 등)이 악한 세력이기에 관객은 맥베스가 폐위되어야 마땅하다고 생각하지만, 맥베스가 스스로 나선 것이 아니라 다른 사람들에게 지목받고 강요당했기 때문에 공감할 여지가 생기는 것이다.

그러나 외부에서 지목받지도 않았는데 어떤 위치를 혼자 꿰어 차려고 하는 사람은 독자의 공감을 완전히 잃는다. 레이건 대통령이 암살미수 사건을 당해서 총탄을 제거하는 수술을 받았을 때, 당시 국무장관이었던 알렉산더 헤이그는 "내가 백악관을 장악하고 있다."라는 발언을 해서 큰 논란을 빚었다. 헤이그는 국민을 안심시키기 위해 행정부가 혼란에 빠지지 않았다는 의미로 한 말이라고 천 번도 넘게 해명했지만, 월권을 행사하려 했다는 대중의 인식에서 영영 벗어나지 못했다.

문학에서 같은 사례를 꼽자면 제롬 로렌스와 로버트 E. 리의 희곡 「바람을 물려받다(Inherit the Wind)」의 결말 부분을 들 수 있다. 이 법정 드라마에서 기소 측 검사인 해리슨 브레이디는 성서의 전문가를 자처하기 때문에 신뢰를 잃는다. 막판에는 브레이디가 자만심을 노골적으로 드러냄으로써 결정적인 타격을 입는다. "하나님께서 저 인간의 사악한 가르침에 반대하라고 말씀하십니다."라며 자신의 말이 곧 신의 계시라는 식으로 말해 버린 것이다. 그러자 브레이디에게 맞서는 변호사 헨리 드러먼드는 무자비하게 조롱을 던진다. "이상, 브레이디 검사께서 전해 주신 하나님의 말씀이었습니다!"라고 소리치며, 모욕감으로 울먹거리는 브레이디에게 "오오, 전능하신 브레이디 검사님!"이라며 절까지 한다. 보통 이렇게까지 상대방을 가혹하게 괴롭히는 행동은 관객의 공감을 잃게 마련이지만, 브레이디가 워낙 파렴치하게 신의 권위를 자임했기에 드러먼드의 조롱은 나쁜 짓으로 보이지도 않는다. 여기서 드러먼드의 행동은 극중 세계의 올바른 질서를 되찾는 일에 해당한다. 브레이디가 분수에 넘치는 높은 자리를 차지했음을 폭로하고, 그를 원래의 위치로 끌어내리는 것이다.

그렇다면 찬탈자 캐릭터에 대한 독자의 분노나 성가심을 누그러뜨릴 방법은 없을까? 물론 있다. 캐릭터에게 그 자리를 차지할 권한을 주면 된다. 만약 피트라는 캐릭터가 초대받지 않은 자리에 침입해서 독자의 반감을 샀다 해도, 그 반감은 영원한 감정이 아니다. 피트가 결국 초대를 받아서 사람들의 존중과 인정을 받는다면 그는 더 이상 침입자가 아니게 되기 때문이다. 피트에게 마땅한 자격이 생기는 것이다. 사실 이런 이야기는 수많은 소설과 희곡에서 다뤄진 바 있다. 아마도 우리 모두가 살면서 한 번쯤은 어울리지 않는 자리에 주제넘게 나선 경험이 있고, 새로운 환경에 받아들여지기를 갈망해 본 적이 있기 때문일 것이다. 침입자나 찬탈자를 구할 수 있는 유일한 길은 정당성 확보다. 하지만 그렇게 되면 침입자나 찬탈자라는 애초의 속성은 캐릭터에게서 완전히 사라지게 된다.

맹세를 저버리는 사람

노라는 피트가 내건 가혹한 조건을 결연하게 받아들이며 다음과 같이 말한다.

"알았어요. 당신이 저와 하이럼 도크스의 관계를 아무에게도 말 안 하겠다고 약속한다면, 그의 돈이 어디서 나오는지 말해 줄게요. 하지만 제 이름을 절대로 발설하면 안 돼요. 그러면 아버지의 사업도 제 결혼도 모두 망가지고 말 거예요."

피트는 단호히 대답한다.

"약속하죠. 당신에게는 절대로 해가 안 가도록 하겠습니다."

그래서 노라는 비밀을 알려 주고 떠난다. 피트는 즉시 전화를 집어 들고 비서에게 지시해서 《트리뷴》 편집자와 전화 연결을 한다.

"하이럼 도크스의 비리를 알고 있소. 그쪽이 관심 있다면 기사화해도 좋소. 정보 출처가 어디냐고? 하이럼 도크스가 지난 3년간 연애하던 여자요. 노라 심스. 철자는 N, O, R, A, S, I, M, M, S. 심스 건설 회장 딸이오. 이름을 밝혀도 되냐고? 당연하죠. 이 정보를 알려 준 사람이 나라는 것만 아무에게도 말하지 않으면 되오."

그 순간부터 독자는 피트가 야비한 인간이라는 것을 알 수 있다. 캐릭터가 약속을 깨거나 배신을 저지르면 독자는 스스로 배반당한 듯한 느낌을 받는다. 피트는 확실히 악당이 될 테고, 독자들은 그가 몰락하기를 바랄 것이다.

인텔리

악당 캐릭터가 매우 정중하고 격식 있는 어투를 구사하는 경우가 많은 것은 우연이 아니다. 예컨대 우리는 이런 상황을 자주 접할 수 있다.

영웅: "이런 짓을 하고도 무사할 수 있을 것 같아?"

악당: (눈썹을 치켜세우며) "물론이지요. 설마 그런 허무맹랑한 협박으로 제가 겁먹으리라고 생각하는 겁니까?"

영웅: "이미 수많은 사람들이 댁을 쫓고 있어."

악당: "경찰을 뜻하는 겁니까? 하, 그 측은한 얼뜨기들 말인가요?"

독자가 이 악당을 싫어하는 이유는 그가 내보이는 자만심 때문만이 아니다. 그가 거창한 어휘를 써 가며 교양 있는 태도로 말하기 때문이다. 무슨 국영방송 앵커처럼 또박또박 말하는 어조가 귀에 들리는 것만 같다. 분명 하버드 아니면 옥스퍼드 대학 출신일 것 같다.

모든 문화권에 적용되는 것은 아니지만, 미국 독자들은 확실히 남들보다 똑똑하고 교양 있는 캐릭터를 못마땅하게 여긴다. 로버트 파커가 쓴 탐정 캐릭터 스펜서는 툭하면 시를 인용하는 문학 애호가이긴 하지만, 동시에 터프한 싸움꾼이라는 점도 충분히 부각되기 때문에 독자의 호감을 살 수 있었다. 스펜서가 시 한 구절을 인용할 때마다 잃어버린 독자의 호감을 되돌리기 위해 체육관에 나가서 30분은 운동을 해야 했던 셈이다. 사람들은 자신보다 아는 게 많은 사람을 보면 발끈하고 두려움을 느낀다. 게다가 그 사람이 남보다 더 우월하다는 듯이 군다면, 우리는 그를 싫어하게 마련이다.

광기

우리는 같은 현실을 공유하지 않거나 비이성적인 행동을 하는 사람을 두려워한다. 공통되는 기반이 없으니 대화를 할 수도, 설득할 수도 없기 때문일 것이다. 비록 수많은 정신 건강 전문가들이 개탄하는 일이지만, 위험할 만큼 정신이 이상한 사람을 보면 대부분이 '저 미치광이를 막아야 한다'라고만 생각하는 게 현실이다. 미치광이가 자유롭게 돌아다니면 세상이 안전하지 않다는 느낌이 드는 것이다. 그러므로 소설에 정신이상자 캐릭터가 나오면, 작가가 공감을 얻어 내려고 극도로 공을 들이지 않는 한 독자들은 그 캐릭터가 가혹하게 제압당하거나 심지어 살해되더라도 별로 꺼림칙해하지 않는다. 그리고 부하들을 거느렸던 연쇄살인마 찰스 맨슨이나 나치당을 만들었던 아돌프 히틀러가 그랬듯이, 미친 사람이 자신의 사고방식을 남들에게 납득시킨다면 독자의 공포와 혐오는 더욱 커진다.

영화나 연극에서 광기는 표현하기 쉽다. 배우가 눈을 커다랗게 치뜬다든지, 여기저기 두리번거린다든지, 자꾸만 움찔거린다든지 하면 된다. 하지만 진정 탁월한 배우들은 그렇게 간편한 방식에 의존하지 않는다. 탁월한 작가들도 마찬가지다. 캐릭터의 광기를 효과적으로 전달하려면 그 캐릭터의 이상한 현실 인식이나 망상의 내용을 보여 주는 편이 훨씬 낫다.

"내가 모를 거라고 생각해? 네가 왜 나를 여기로 데려왔는지 나는 잘 알아."

노라가 부드럽게 말했다. 피트는 약간 어리둥절해서 대답했다.

"어, 그래. 저녁 식사 대접하려고 데려왔지."

"아니. 친구들한테 자랑하고 싶은 거겠지. 나랑 같이 있는 모습을 보여 주고 싶어서. 하지만 소용없는 짓이야. 나는 변장을 했으니까. 이 빨간 스카프로 말야. 내가 이 스카프를 매면 아무도 날 못 알아보거든."

노라가 몸을 앞으로 숙이더니 은밀히 목소리를 낮추고 말을 이었다.

"이거, 엄마가 묻히기 전에 관에서 빼낸 거야."

피트는 기가 막혀서 말이 안 나왔다. 지금껏 해 본 미팅 중에서 이렇게 돈이 많이 드는 자리도 처음이고, 스티브와 그레이시가 막판에 빠지는 바람에 안 그래도 짜증나던 참이었다. 그런데 노라라는 이 여자는 또 사이코였던 것이다. 적어도 침대에서는 괜찮은 상대이길 바랄 따름이었다. 안 그러면 스티브 그 자식을 반쯤 죽여 놓아도 시원찮았다.

노라가 덧붙였다.

"새우 소스 먹지 마. 독이 들었어."

피트와 노라가 깊은 관계가 되기를 바랄 독자는 거의 없을 것이다. 노라에게 공감하지 못하기 때문이다. 정 공감을 얻어 내려거든, 작가는 방대한 분량에 걸쳐서 노라가 광기에 사로잡힌 원인을 보여 주거나 아니면 사실은 노라가 전혀 미치지 않았다는 것을 보여 줘야 한다.

명작 영화 「영향 아래 있는 여자」가 바로 그런 경우다. 주인공 메이블은 정신병원에서 막 퇴원했고, 식구들은 그녀를 매우 조심스럽게 대한다. 메이블 자신도 주위의 가족도 그녀가 완전히 치료되지 않았다고 생각한다. 그러나 이야기가 전개되면서 관객은 메이블이 자살 시도를 했을 뿐이지 미치지는 않았으며, 진실로 악랄하고 제정신이 아닌 쪽은 그녀의 남편임을 깨닫게 된다. 남들은 아무도 모르지만 사실 남편은 메이블을 줄곧 괴롭혀 왔으며, 메이블은 삶을 너무나도 견딜 수 없었던 나머지 자살만을 유일한 탈출구로 생각했던 것이다. 어린 자식들이 용감하게 나선 덕분에 메이블은 비로소 남편의 병적인 분노에서 벗어날 수 있었다. 영화의 끝에 이르면 관객은 메이블에게 완전히 공감하게 된다. 하지만 더 이상 그 캐릭터를 미친 사람으로 생각하지는 않는다. 이제 미치광이 역은 남편이 맡게 되고, 관객은 자연히 그에게 혐오와 두려움만을 느낀다.

캐릭터의 광기가 독자의 공감을 얻어 내려면 안전한 경계선 밖을 벗어나지 않아야 한다. 약간의 기벽 정도는 오히려 매력 요소가 될 수 있다. 하지만 그렇다 해도 정신이상자 캐릭터를 '주인공'으로 쓰는 것은 거의 불가능하다. 그런 캐릭터와 너무 오랫동안 함께하면 독자들은 대부분 거북해하기 때문이다.

태도

'나쁜 놈'이 자기 자신과 주변에 대해 취하는 태도는 앞서서 소개했던 '착한 놈'의 태도와 정반대다. 독자가 피트를 싫어하게 하려면, 피트를 유머 감각이라곤 없고 자신의 처지를 절대로 웃어넘기지 못하는 인물로 만들어라. 피트는 나쁜 일이 생기면 징징거리고 불평하고 남 탓만 한다. 일이 잘 되면 전부 자기 공으로 생각하고, 자신의 성취를 남들에게 뻐긴다. 다른 사람의 감정을 배려하지 않고, 상대방의 입장을 잘 듣지도 않고서 멋대로 판단하며, 아무도 신뢰하지 않는다. 피트는 가난하고 약한 사람보다 부유하고 권력 있는 사람에게 잘해 주며, 지독하게 위선적인 행동을 거리낌 없이 일삼는다. 요약하자면 피트는 남들을 자기 목적을 이룰 수단으로만 생각한다. 독자는 당연히 그를 싫어할 것이다.

악덕을 보완하는 미덕: 이해할 만한 악당

독자들은 철저히 선하기만 한 영웅에게 넌더리를 내는 반면, 철저한 악당 캐릭터는 대부분 기꺼이 받아들인다. 당신이 의도적으로 악당을 코믹하게 만들지 않는 한, 악당에 대한 독자의 혐오와 두려움은 거의 무제한으로 끌어낼 수 있다. 속편이 끊임없이 나오고 있는 「13일의 금요일」영화 시리즈만 봐도 명백한 사실이다.

그러나 그렇다고 해서 당신이 순전한 악당만 만들어야 한다는 뜻은 아니다. 대다수의 작품들이 선한 인물과 악한 인물을 뚜렷하게 구분 짓기는 하지만, 그러지 않는 작품도 꽤 많다.

이 챕터 처음에 나는 '모든' 캐릭터가 공감을 얻음으로써 사랑할 인물과 미워할 인물이 명확하게 구분되지 않는 이야기를 특히 좋아한다고 밝힌 바 있다. 설령 당신이 그렇게까지 깊이 들어가지는 않는다 해도, 악역 캐릭터를 선한 주인공만큼 진솔하게 그려 내면 더 좋은 소설을 쓸 수 있음은 분명하다.

당신이 기억해야 할 것은, 어떤 캐릭터든 자기 삶 속에서는 주인공 이라는 사실이다. 순전히 악하기만 한 캐릭터라도 나름대로는 스스로를 훌륭한 사람으로 여길 테고 자신만의 인생 이야기를 갖고 있을 것이다. 어쩌면 자신이 자선가나 이타주의자라고 생각할지도 모른다. 인간이 다른 동물들을 착취하듯이, 우월한 자신이 남들을 착취하는 것이 당연하다고 믿을 수도 있다. 과거에 학대당한 경험이 있기에 타인에게 해를 끼칠 권리가 있다거나, 남들도 다 자기처럼 살면서 겉으로만 착한 척할 뿐이라고 생각할 수도 있다. 그 캐릭터는 자기만의 관점에 입각해서 소설상의 사건들을 인지하고 해석하는 것이다. 캐릭터 스스로도 자신의 해석을 한결같이 믿지는 않을 수도 있다. 하지만 어떤 식으로든 자신의 행동을 합리화하는 방식이 있는 것이니, 당신이 캐릭터를 진술하게 그리려면 독자에게 그의 해석을 보여줘야 한다.

'나쁜 놈'을 더욱 유연하게 다듬으려면 그의 행동을 부분적으로 정당화해 주면 된다. 영웅을 사실적으로 그리기 위해 사랑스러운 결점을 집어넣듯이, 악당을 사실적으로 그리기 위해 그의 악행을 보완하는 미덕을 집어넣을 수 있다. 예컨대 악당 캐릭터가 사랑하거나 존경하는 사람을 등장시킨다든지, 특정인에게만은 약속을 지키는 모습을 보여준다든지, 언젠가 심하게 부당한 일을 겪은 적이 있어서 마음속에 미움과 분노를 키우게 되었다고 처리한다든지. 그런 방법을 쓰면 독자가 캐릭터를 결코 좋아할 수는 없더라도 존중할 수는 있게 된다. 더군다나 악역 캐릭터의 품위를 높여 줌으로써 주인공 캐릭터가 훨씬 가치 있는 적을 상대하게 되는 셈이다.

그러나 사디스트나 미치광이나 찬탈자가 독자의 완전한 공감을 얻기란 불가능하다. 순전한 악역이 나중 가서 독자의 전폭적인 지지를 받는 것처럼 보이는 이야기들이 종종 있지만, 사실 그런 이야기는 어느 시점부터 그 캐릭터가 사디스트나 미치광이나 찬탈자라는 위치를 완전히 벗어나기 때문에 가능한 것이다. 알고 보니 모두 환상이나 오해였을 뿐이라든지, 어떤 고귀한 목적을 이루기 위해 사디스트인 척 가장했다든지, 약을 먹었거나 최면을 당해서 자신도 모르는 사이에 저지른 짓이었다든지, 자식들이 인질로 잡혀 있었던 데다가 폭탄 테러로 살해한 그 사람은 어차피 죽어도 마땅한 악한이었다든지, 사람들이 실상을 알기만 한다면 그의 행동은 충분히 정당화될 수 있는 일이었다든지, 실은 찬탈자가 아니라 왕위의 정당한 계승자였다든지, 기타 등등.

작가가 독자의 반감을 자극하는 가장 강력한 장치들을 이미 사용했다면, 그 뒤에 공감을 일으키는 장치를 아무리 사용해도 반감을 제거할 수 없다. 반감을 일으킨 요소가 그대로 남아 있다면, 즉 노라가 저지른 끔찍한 짓이 여전히 사실이고 노라가 그런 나쁜 짓을 저지른 장본인이 여전히 맞다면, 독자는 결코 노라를 지지하지 않을 것이다. 당신은 기껏해야 노라에 대한 독자의 혐오를 누그러뜨릴 수 있을 뿐이다. 혐오나 공포가 아니라 동정을 받게 유도할 수도 있다. 하지만 독자가 설령 노라를 마음 깊이 동정할지라도 결코 노라가 승리하기를 원하지는 않을 것이다.

아무도 오이디푸스가 어머니와 결혼하기를 바라지 않으며, 아무도 맥베스가 이기기를 바라지 않는다.

| 9장 |
영웅과 일반인

　고대 그리스인이나 로마인 들이 쓴 심각한 이야기에 등장하는 캐릭터들은 늘 왕, 왕비, 훌륭한 전사, 영웅, 아니면 신의 천벌을 받을 종류의 사람들이다. (맙소사, 캐릭터의 이모뻘이나 사촌뻘 되는 신들이 그런 천벌을 내리기도 한다.) 반면 그리스인이나 로마인 들이 평범하고 일상적인 사람들에 대한 이야기를 쓰면, 그 결과는 항상 희극이 된다. 음탕하거나 미련하거나 부도덕한 캐릭터들이 나오는 코미디 말이다.
　모름지기 위대한 시는 결코 비천한 인물들을 다루지 않는다는 것이 오랜 정설이었다. 훌륭한 예술은 훌륭한 소재를 써야 한다는 것이다. 하지만 시대가 변했다. 이른바 '소설'이라는 형식이 처음 나타나면서부터(영어권에서는 『파멜라』, 『톰 존스』, 『로빈슨 크루소』, 『트리스트럼 샌디』와 같은 기념비적인 작품들이 그 예다.), 평범한 사람들을 심각하게 그려도 훌륭한 이야기가 될 수 있다는 사실이 증명되었다.

그런데 묘하게도 작가들은 또 다시 비범한 영웅들에 대한 이야기를 쓰곤 했다. 그 과정에서 평범한 사람들에 대한 이야기는 몇 십 년에 한 번 꼴로 다시 출현하여 재조명받았다. 저명한 평론가 노스롭 프라이는 이러한 역사적 현상에 주목하고, 영웅 캐릭터에 대한 우리의 호감은 시계추처럼 주기적으로 강해졌다가 약해지기를 반복한다는 견해를 내놓았다. 프라이는 사실주의와 낭만주의라는 용어를 독특하게 사용하여, 두 가지 개념을 문학적인 스펙트럼의 양극단으로 규정짓는다. 프라이에 따르면, 처음에는 비범하고 위대하고 이례적이고 이상적인 낭만적 영웅 캐릭터가 계속 출현한다고 한다. 그러다가 낭만적 영웅상이 지나치게 부풀려져서 진부해지기에 이르면 우리는 더 이상 영웅을 믿지도 않고 좋아하지도 않게 되고, 그 반작용으로 시계추가 정반대의 방향으로 돌아와서 캐릭터들이 사실적으로 변한다. 즉 독자들이 일상에서 직접 경험하는 평범하고 소박한 사람들이 등장하는 것이다. 그러나 이런 사실적 캐릭터들의 이야기는 우리의 삶과 똑같으니 구태여 읽고 싶거나 쓰고 싶을 만큼 매력적이지 않고, 따라서 금방 지겨워지게 마련이다. 그러면 작가들은 독자들의 마음을 다시 사로잡기 위해 평범함에서 살짝 벗어난 캐릭터들을 내놓고, 그러다 보면 또 낭만적 영웅이 권좌를 차지하게 된다.

작가인 우리가 이런 시계추 현상을 신경 쓸 필요는 없다. 우리에게 중요한 문제는 캐릭터가 생생하고도 흥미로워야 한다는 것, 즉 사실적이면서 동시에 낭만적이어야 한다는 것이다. 하지만 둘 사이의 비중은 작가마다 다를 수밖에 없다. 얼마나 비범하고 이례적이고 고상한 인물에 대한 이야기여야 당신이 읽고 쓰고 싶을 만큼 흥미가 들겠는가? 한편으로는 캐릭터가 얼마나 친숙하고 평범하고 세세하게 그려져야 당신이 믿을 수 있겠는가? 이 질문에 대한 대답은 작가마다 제각각 다를 것이다. 그리고 당신의 대답에 동의하는 독자들이 곧 당신 소설의 독자가 된다.

오늘날의 소설 장르들을 살펴보면 내 말이 무슨 뜻인지 이해할 수 있을 것이다. 낭만적인 캐릭터를 원하는가? 스릴러 소설만 봐도 그런 캐릭터가 수두룩 나온다. 스파이, 외교관, 국가 원수 등등 권력의 극단에 선 인물들이 나오고, 이들은 장을 보러 갈 때조차도 적을 경계해야 하는 파란만장한 삶을 살아간다. 한편 역사 로맨스는 우리와 다른 시간과 공간에서 살아가는 사람들을 보여 주며, 계급 차이가 중요한 영향을 미쳤던 시대를 배경으로 지체가 높은 사람들이 주로 등장한다. 부유층의 세계를 그리는 화려한 로맨스에서는 리오, 파리, 싱가포르를 종횡무진 넘나들며 갑부 캐릭터의 밀회를 보여 준다. 추리 소설의 탐정은 징벌을 피하려 안간힘을 쓰는 죄인들을 끝까지 찾아내는 복수의 천사와도 같다. 위대한 로망 문학 전통의 진정한 후계자나 다름없는 판타지 장르에서는 여전히 왕과 여왕이 등장해 마법의 힘을 휘두른다. 과학 소설은 아무도 가 본 적 없는 세상으로 독자를 초대해서 새로운 종류의 마법, 귀족, 인간성을 보여 준다.

그러나 이 장르들에는 낭만주의 특유의 과도함에 대항하고 사실주의를 고집하는 작품들도 공존한다. 예컨대 존 르 카레의 첩보 스릴러 소설들이 유명한 까닭은, 제임스 본드 같은 낭만적 영웅 캐릭터가 아니라 병들고 지치고 늙고 혼란스러워하고 실수를 하고 그 대가를 치르는 평범한 사람들이 첩보를 하기 때문이다. 하지만 『팅커 테일러 솔저 스파이』의 조지 스마일리가 '정말로' 평범한가? 당연히 아니다. 조지 스마일리는 기존의 여타 첩보물에 등장하던 화려한 인물들에 비해 어디까지나 상대적으로 평범한 축에 속할 뿐, 독자의 감탄과 경외감을 얻는 것은 마찬가지이다. 그는 여전히 훌륭한 일을 해내리라는 기대를 한 몸에 받으며, 여전히 이색적인 세상을 가로지르고, 단지 갑옷의 광택이 바랬을 뿐 중세의 기사와 다름없는 영웅이다.

추리 소설에서도 같은 패턴을 찾을 수 있다. 존 모티머가 쓴 인기 텔레비전 드라마와 소설 시리즈에 등장하는 근사한 영웅 럼폴은 세간의 큰 인정을 받지 못하는 영국의 법정 변호사다. 재판에서 화려한 압승을 거두거나 참혹한 완패를 당하지도 않고, 전혀 부유하지도 않다. 집에서는 그가 '복종해야 하는 여자'라고 부르는 성질 나쁜 아내와의 관계에서 늘 짜증에 시달려야 하는 신세다. 럼폴의 바로 이러한 평범함 때문에 우리는 동질감과 애정을 느끼게 된다. 하지만 럼폴은 사실 그리 평범하지만은 않다. 만약 그랬다면 우리는 계속 읽고 싶지도 않을 것이다. 사실주의적인 접근으로 독자의 신뢰를 얻기는 하지만, 럼폴은 여전히 뛰어난 인내력과 통찰력을 발휘해서 사건을 해결해 나간다. 따라서 우리는 그가 큰 인정을 받을 만하며 재판관이 될 자격이 있다고 믿게 된다. 다른 캐릭터들은 럼폴이 평범하다고 생각하겠지만, 독자인 우리는 그가 진실로 탁월하며 존경스러운 사람임을 알고 있다. 추리 소설 장르에서 '평범한' 영웅 캐릭터는 다들 그런 식이다. 루스 렌들의 웩스퍼드 경감, 로버트 파커의 스펜서, 미국 하드보일드 추리 소설에 나오는 모든 탐정들에 이르기까지.

판타지 장르만은 현실과 완전히 동떨어질 것 같지만, 스티븐 R. 도널드슨의 토머스 커버넌트 연대기 시리즈에서는 불행에 빠진 현실적인 나환자 캐릭터가 마지못해 영웅을 맡기도 한다. 메건 린드홈의 소설 『비둘기들의 마법사』에서는 베트남전 참전 용사였다가 이제는 시애틀의 노숙인들과 함께 살고 있는 캐릭터가 마법의 힘을 발견한다. 스티븐 킹이 호러, 판타지, 과학 소설 전 장르에 걸쳐 호소력을 발휘하는 가장 큰 이유는 패스트푸드, 쇼핑몰, 텔레비전과 함께 살아가는 친숙한 미국 중산층의 세계를 보여 주기 때문이다. 그러나 이런 작품들에 우리 주변의 사람들이나 현실 세계의 단면이 보이기는 해도, 주인공이 어떤 식으로든 비범하지 않았다면 전혀 의미 없는 이야기가 되었을 것이다. 물론 그들의 비범함은 자기 자신조차 모를 만큼 숨겨져 있지만.

8장에서 언급했듯이, 독자들은 표면적으로라도 자신과 닮은 데가 있는 캐릭터를 좋아하는 편이다. 하지만 그 캐릭터가 조금이라도 특별하지 않으면 독자들은 금세 흥미를 잃어버린다. 주인공은 보통 사람의 가면을 쓰고 있을 뿐 진짜 얼굴은 반드시 영웅이어야 하는 것이다.

왜냐고? 우리는 현실을 모방한 이야기에 관심이 없기 때문이다. 하다못해 일기를 쓸 때도 단조로운 일상은 빼 버리고 그나마 특별했던 일에 대해서만 적지 않던가. 하물며 가상의 캐릭터가 단조로운 일상을 사는 이야기를 뭐 하러 읽는단 말인가?

우리가 소설을 읽는 궁극적인 이유는, 겪어 본 적 없는 일을 체험하거나 이미 겪어 본 일을 더 명확하게 이해하기 위해서다. 우리는 마치 꿈속의 자신에게 감정이입을 하듯이 소설 속의 캐릭터에게 감정이입을 하며, 소설 속의 사건을 직접 경험하는 것처럼 받아들인다. 캐릭터와 자신을 동일시하는 것이다. 캐릭터가 이야기 속에서 겪는 일들은 곧 우리가 겪는 일이다.

희극에서 주인공은 우리가 현실에서 두려워하거나 맞닥뜨리는 온갖 끔찍한 일들을 겪기 일쑤이지만, 충분한 거리를 두고 불행을 바라보는 법을 알려 줌으로써 도리어 웃을 수 있게 해 준다. 진지한 이야기의 주인공은 사소하고 무의미한 일상 속에서 정말로 중요하고 가치 있고 의미 있는 것이 무엇인지 보여 준다. 요컨대 희극이든 비극이든 그 외에 어떤 종류의 이야기이든, 주인공 캐릭터들은 본보기를 보임으로써 우리를 가르치는 교사와도 같다. 그러므로 우리가 그들의 제자가 되어서 이야기를 따라가려면 일단은 존경심이 들어야 한다. 캐릭터가 우리는 모르는 지식이나 통찰력을 갖추었거나, 우리에게는 없는 가치나 힘을 가진 사람이라는 생각이 들어야 한다.

이 원칙은 심지어 극사실주의 문학, 순수 문학, 학문적 소설에서도 예외가 아니다. (이쪽 사람들은 자기 장르를 '진지한 본격 문학'이라고 표현하곤 하더라. 마치 나머지 소설들은 전부 장난이라는 듯이.) 순수 문학이나 학문적 소설에 독자층이 적은 까닭은, 그 작가들이 워낙 진지함을 추구하다 보니 낭만적 충동이 고개를 쳐들라치면 족족 박멸하기 때문이다. 하지만 그럼에도 불구하고 낭만적인 충동은 여전히 남아 있다. 대학 교수나 카피라이터나 중년의 위기에 빠진 가정주부의 무의미한 삶을 이해하려 하는 내용의 기나긴 소설들조차도 주인공은 반드시 무언가 특별한 문제에 부딪히며, 예리한 직관력과 깊은 사색을 보여 주고, 독자에게 핵심적인 통찰을 전해 주는 깨달음의 순간에 다다른다. 겉보기에는 평범해 보이는 이 캐릭터들도 따지고 보면 비범한 구석이 있게 마련이다.

아서 밀러는 『세일즈맨의 죽음』에서 주인공 윌리 로먼을 영웅적이지 않은 인물로 의도했을 것이다. 애초에 로먼(Lowman)이라는 성부터가 신분이 낮은 사람(low man)을 암시한다. 하지만 결말에서 로먼은 자기 자신과 자식들이 훌륭한 삶을 살기를 꿈꾸었다는 것을 드러내고, 그 이상을 성취하지 못하는 현실 때문에 파멸하고 만다. 로먼이 절망을 못 이겨 자살한다는 사실만으로도 그는 평범함에서 벗어난다. 그러나 로먼이 진실로 경이로운 인물인 까닭은 그가 자신과 두 아들이 위대해지기를 바랐다는 점, 그렇게 높은 기준으로 자신을 평가하고 또 부합하고자 노력했다는 점이다. 이 지점에서 로먼은 사실상 아서 밀러가 그토록 지양하고자 했던 낭만적인 영웅이 되는 셈이다. 로먼은 성배를 찾는 데에 실패한 원탁의 기사들 중 한 명이며, 비록 실패했다 할지언정 고귀한 목적을 추구한 영웅인 것이다.

존 업다이크, 솔 벨로, 존 파울즈와 같은 사실주의 작가들의 작품에 나오는 주인공들도 여전히 영웅적인 위상에서 벗어나지 않는다. 다만 더 절제되어 있고, 덜 노골적이며, 잘 숨겨져 있을 뿐이다. 솔 벨로의 소설 『험볼트의 선물』 말미에서 험볼트는 분명히 현실의 사람들보다 영웅적이다. 라파엘 사바티니의 모험 소설 『블러드 선장』의 블러드 선장이나 『바람과 함께 사라지다』의 레트 버틀러와 마찬가지로, 험볼트 역시 나름대로의 방식으로 '부풀려져' 있는 것이다. 차이가 있다면 캡틴 블러드는 1페이지부터 위험에 말려들고 30페이지에서 영웅이 되는 반면 험볼트는 소설이 끝날 때쯤이 되어서야 비로소 영웅으로 보인다는 점이다.

독자에게 캐릭터를 경이롭게 여길 이유를 마련해 주지 않고 이야기를 쓴다는 것은 불가능하다. 독자의 경이감을 자아내고 캐릭터를 영웅으로 만드는 통상적인 방법들을 하나도 쓰지 않는 작가는, 결국 어떻게든 다른 방법을 찾아내든가 아니면 스스로 자기 이야기에 흥미를 잃을 것이다.

오늘날 순수 문학 작가들은 독자가 캐릭터에게 무작정 동일시하지 못하도록 '미적 거리'를 확보하려 노력하고 있다. 하지만 이런 경우는 사실상 캐릭터에게서 영웅의 지위를 거두고 작가 자신이 영웅이 되는 것으로 해석할 수 있다. 캐릭터에게 향하던 독자의 경탄을 아름답고 비범한 작품을 만들어 낸 예술가에게로 돌리는 것이다.

경탄이 없다면 독자도 없다. 모든 성공적인 소설(작가의 가족이나 친구 외에 단 한 명이라도 그 이야기를 사랑하는 독자가 있는 소설)은 어떤 식으로든 독자의 존경과 감탄과 감동을 불러일으키는 캐릭터가 등장한다. 그래야 독자가 캐릭터에게 자신을 동일시하고 기꺼이 스승으로 따를 수 있기 때문이다.

나는 당신이 캐릭터를 인공적으로 부풀려서 더 낭만적인 인물로 만들어야 한다고 주장하는 것이 아니다. 그렇게 해 봤자 역효과만 날 것이다. 마찬가지로, 캐릭터를 사실적으로 만들기 위해 일부러 온갖 단조로운 디테일을 욱여넣는 것도 바람직하지 않다. 당신은 낭만주의와 사실주의 사이에서 균형을 잡는 자신의 본능적인 감각을 믿어야 한다. 당신에게 적합하다고 느껴지는 방식을 선택하면 거기에 맞는 독자들이 자연스럽게 따라온다.

구체적인 매뉴얼을 찾을 게 아니라, 기본적인 원칙을 의식하면서 쓰는 것이 중요하다. 노라를 흥미롭고 근사한 캐릭터로 만드는 것도 필수적이지만, 동시에 독자들이 노라를 믿고 이해함으로써 자신의 삶과 연관 지을 수 있도록 이끌기도 해야 한다. 피트를 자연스럽고 그럴듯하게 만들기는 하되, 한편으로는 독자들이 피트를 중요한 존재로 여기고 삶의 의미를 알려 주는 본보기로 기억할 만한 가치도 부여해야 한다.

글이 잘 안 풀리거나 좀처럼 쓸 의욕이 안 들 때는, 당신이 주인공 캐릭터의 비범한 점을 잊어버렸거나 아직 발견하지 못했기 때문일 가능성이 높다. 노트에 짜 둔 구성이나 이미 써 둔 소설 앞부분을 살펴보면서 자문해 보라. '이 캐릭터의 특별한 점이 뭐지? 독자들이 왜 이 캐릭터의 인생 이야기를 들어야 하지?' 아니면 더 직설적으로 이렇게 물어라. '이 사람의 이야기가 **나한테 왜 중요하지?**'

예컨대 당신이 이런 글을 쓰고 있었다고 하자. 주인공 피트는 평범한 스물세 살 청년이다. 3년간 군복무를 마치고 막 대학을 졸업했다. 경영학을 전공했으며 성적은 그럭저럭 괜찮지만 특출난 우등생은 아니었고, 누구나 그렇듯이 연애에 실패한 경험이 몇 번 있다. 어느 대기업에 입사해서 특정한 부서의 관리자가 되었는데, 1년쯤 지나자 남들은 승진했는데 피트만 못 했다. 별다른 이유는 없고 그저 뛰어난 실적을 올리지 못했기 때문이다. 자꾸 주의가 산만해져서 업무를 잘 해낼 수 없었다…….

이젠 뭘 어떻게 해야 하나? 당신은 일단 앉아서 글을 써 본다. 그런데 무슨 말을 써도 영 느낌이 안 온다. 죄다 엉망진창인 것 같다. 글이 막혀 버렸다. 그래서 당신은 피트라는 캐릭터를 들여다본다. 이제 보니 피트는 굳이 주목해야 할 이유가 없다. 딱히 특별한 구석이 하나도 없다. 피트의 비범한 점을 어떻게든 찾아내거나 아예 새로 만들어 내지 않는 한, 글도 나오지 않을 것이다.

그래서 당신은 피트가 남들과 다른 부분, 남보다 더 나은 부분이 뭔지 고민한다. 아, 그러고 보니 피트는 왜 성공하지 못할까? 피트는 못 하는데 다른 사람들은 승진하는 이유가 뭘까? 이제까지 쓴 초고를 검토해 보니 아직 이 질문에 대한 답은 나오지 않았다. 피트를 지극히 평범하고 자연스러운 인물로 만드는 데에 성공하긴 했지만, 피트가 남과 다른 부분도 분명히 있다. 피트는 주변의 일반적인 흐름과 달리 혼자서만 승진하지 못하고 있는 것이다. 어째서?

피트가 야심이 없기 때문은 아니다. 피트도 MBA를 딸 때 남들처럼 리 아이어코카*의 자서전을 읽었고, 몇십만 달러의 연봉과 100만 달러 보너스를 받는 꿈을 꾸기도 하고, 브라질 국가 하나보다 더 큰 재정을 굴리는 거대 기업을 이끌고 싶은 야망도 있다. 그렇다면 피트가 부족한 점은 업무 태도일지도 모른다. 이 회사의 다른 관리자들에 비해 부하 직원들을 대하는 방식에 문제가 있는 것이다. 피트에게는 직원들이 최대 효율을 뽑아내고 필요하면 대체해야 할 기계 부품으로 보이지 않는다. 결산 결과에 나온 수치만을 토대로 그들의 가치를 평가하는 게 내키지 않는다. 부하 직원들을 인격체로 대우하고 염려하지 않을 수가 없다.

그래, 피트의 특별한 점이 이거라고 하자. 그럼 이게 이야기에 어떤 영향을 미칠까? 어디 보자. 이미 등장시킨 또 다른 캐릭터가 있다. 같은 회사에서 일하는 노라라는 이름의 팀장. 기존에 쓴 초고에서 피트

---

* 미국의 경영자로, 포드 자동차 회사를 성공적으로 경영했으며 크라이슬러사를 재건한 것으로 유명하다.

가 노라에게 농담을 걸었더니 노라가 수작 부리는 짓으로 오해하고 사내 성희롱 운운하며 호되게 쏘아붙여서 피트는 아무 대꾸도 못하고 무안을 당하는 장면이 나온다. 딱히 두 사람의 관계가 깊어지게 하려고 쓴 장면은 아니었다. 그저 피트가 여느 때처럼 어설픈 실수를 하는 모습을 보여 주려고 노라를 단역으로 써먹었을 뿐이다. 하지만 이제 피트의 비범한 점이 회사와 자기 커리어 면에서 손해를 보는데도 불구하고 다른 직원들을 챙겨 주는 성향이라고 설정했으니, 노라를 더 본격적으로 활용해서 그 부분을 파고들면 어떨까? 피트는 노라에게 충분히 악감정이 있을 것이다. 그래, 그럼 피트가 부득이 누군가를 해고해야 한다면 노라를 선택할 것이다.

그래서 노라가 무슨 문제를 일으키자 피트는 자연히 건수를 잡았다고 생각한다. 저 여자를 없애야 한다고. 노라는 부주의하고 실수나 저지르는 직원이라고. 노라는 요즘 자기 팀 사람들에게 업무를 제대로 배분하지도 않는다. 타이피스트 한 명은 노라가 한 주 동안 아무 일도 안 줘서 뭐 맡길 일 없냐고 여기저기 물어보고 다니더라. 어떤 직원들은 노라의 팀이 유독 서류 처리가 느리다고 불평하기도 한다. 노라는 누가 자기에게 일처리가 늦다거나 뭘 빠뜨렸다고 지적하면 날카롭게 대꾸하고, 노라의 팀 전체가 심하게 사기가 저하되어 있다.

하지만 그렇다고 해서 피트가 옳다구나 하고 노라를 냅다 해고할 수는 없다. 무엇보다도 노라가 피트의 '성적인 접근'을 거부했다는 이유로 잘렸다고 생각할까 봐 꺼림칙하다. 비록 피트 본인은 전혀 추근거리려는 의도가 아니었지만 말이다. 게다가 노라는 예전에만 해도 업무를 매우 잘 해내던 유능한 사람이었다. 뭔가 문제가 생긴 게 틀림없다. 그래서 피트는 노라에게 전화를 해서 사정을 물어보고, 노라가 아이 둘 때문에 큰 곤란에 시달리고 있다는 것을 알게 된다. 여섯 살 난 초등학생 첫째는 말썽을 피우고, 세 살짜리 둘째를 맡긴 놀이방은 이러저러해서 엉망진창이란다. 게다가 이혼한 전 남편이 애들의 양육권을 요구하고 있으며, 첫째의 학교 문제와 둘째의 놀이방 문제 때문에 소송이 남편에게 유리하게 돌아가고 있단다. 요컨대 노라의 삶이 총체적으로 난장판이 된 것이다. 이런 상황에서 노라에게 일어날 수 있는 최악의 사태라면 직장을 잃는 것이리라.

자초지종을 알게 된 피트는 같은 도시의 다른 회사에서 관리직으로 일하는 동창 친구에게 노라의 문제를 상의한다. 그러자 친구는 노라를 해고하라고 충고한다. 어쨌든 노라는 일을 제대로 못하고 있고, 회사가 무슨 자선 단체도 아닌데 피트가 회삿돈을 가지고 인생이 망가진 사람들을 구제해 줄 권리는 없지 않냐고. 회사에서 피트를 고용한 것은 관리자로 일해 달라는 뜻이지 성직자가 되어 달라는 뜻이 아니라고. 하지만 피트는 도저히 노라를 해고할 수가 없다. 그래서 피트는 늦게까지 야근을 하면서 노라가 못 한 일을 처리하고, 업무에 난 구멍을 메우기 위해 전체적인 일거리를 재분배할 방법을 찾는다. 결국 피트는 노라를 자르기는커녕 노라의 일을 떠맡게 되어 버린 것이다.

이게 러브 스토리라면 이 시점부터 피트와 노라 사이가 연인 관계로 발전한다고 쓸 수도 있겠다. 하지만 당신은 그런 전개가 식상하다는 느낌이 든다. 그래서 노라가 오히려 피트에게 화를 낸다고 쓰기로 한다. 피트 덕분에 위기를 넘기고 있는 줄은 모른 채, 그가 자기 업무 영역을 침범했다고만 생각한 것이다. 심지어 노라는 피트 위의 상사들에게 불만을 토로하기까지 한다. 하지만 피트는 자신의 진짜 의도를 차마 말할 수가 없다. 피트가 관리자의 의무는 젖혀 놓고 노라의 일을 대신 해 주고 있다는 걸 상사들이 알면 기함을 할 테니까. 그래서 다섯 달 동안 노라는 피트를 비난하고 피트는 노라를 챙겨 주기를 계속한 끝에, 마침내 노라의 아이들 문제가 해결되고 남편도 떨쳐 냄으로써 생활이 안정된다. 그러자 피트는 당연히 그동안 대신 떠맡았던 노라의 일거리를 전부 넘겨준다. 그런데 노라는 피트가 월급도 올려 주지 않으면서 갑자기 업무량만 두 배로 늘렸다고 생각해서 격분하고, 급기야는 피트에 대한 악담을 적은 편지를 상사들에게 남긴 뒤 퇴사해 버린다.

이걸로 소설이 끝날 수도 있다. 아니면 위의 내용은 단지 더 긴 플롯의 일부에 불과할 수도 있다. 중요한 것은, 이렇게 구성함으로써 피트가 분명 평범하면서도 동시에 특별한 인물이 되었다는 것이다. 심지어 피트는 영웅적이기까지 하다. 자기에게 친절하지 않은 사람에게도 공감할 수 있는 사람이니, 실로 고결한 인물이라 할 만하다.

아, 물론 피트도 노라에게 매우 화가 났을 것이다. 실제로 해고하지 못했다 뿐이지 해고 통지서를 수 차례는 썼는데, 노라가 먼저 선수를 쳐서 사표를 내 버린 것이다. 노라가 떠난 뒤, 피트는 타인의 삶을 도와주려 했을 뿐인데 커리어에 큰 손상을 입었음을 절감하고 두 번 다시 그런 멍청한 짓은 하지 않겠노라 다짐한다. 누구나 취할 법한 자연스럽고 평범한 반응이다. 하지만 독자는 피트가 또 다시 이런 행동을 거듭하며 살아가리라는 것을 잘 알고 있다. 피트는 결코 리 아이어코카처럼 성공하지 못할 것이다. 하지만 피트가 자신의 성격을 전혀 자랑스러워하지 않더라도 독자는 그의 훌륭한 인품을 알아보고 존경할 것이다.

캐릭터의 비범한 개성을 찾아내면 당신이 소설을 쓰는 데에도 도움이 되지만, 무엇보다도 독자의 기대를 충족할 방법을 찾는 데에 큰 도움이 된다. 어떤 작가도 모든 독자를 만족시킬 수는 없다. 주인공이 충분히 영웅답지 않아서 재미없다고 당신의 소설을 퇴짜 놓는 독자도 있을 것이다. 반면 어떤 독자는 당신의 주인공이 지나치게 영웅적이어서 신뢰감이 안 든다고 싫어할 것이다. 피할 수 없는 일이다. 이런 반응에 대해 당신이 손쓸 도리는 없다.

그러나 당신이 '할 수 있는' 것도 있다. 캐릭터에게 어떤 영웅적인 면모가 있는지 찾아내는 것, 이야기를 통해 캐릭터의 고결함과 훌륭함을 드러내는 것, 그러면서도 평범하고 사실적인 세부 정황을 통해 교묘하게 감추는 것.

| 10장 |
코믹한 캐릭터: 불신을 조종하기

 평론가 렉스 리드가 영화 「프린세스 브라이드」에 대해 썼던 비평에 인상적인 언급이 있었다. 렉스 리드는 그 영화의 마법사 캐릭터가 사용하는 우스꽝스러운 억양이 영 부적절한 설정이라고 지적한다. 중세의 마법사가 현대 뉴욕 출신의 유대인 같은 억양으로 말하다니, 아무리 코믹한 캐릭터라지만 그런 터무니없는 걸 누가 믿겠냐고.

 원론적으로는 타당한 비판이다. 캐릭터가 부적절한 억양을 쓰면 신뢰감을 잃어버릴 위험이 있다. 영화 「테스」만 해도 그렇다. 거기서 테스 역을 연기했던 나스타샤 킨스키는 말투가 전혀 웨섹스 억양이 아니었기 때문에 기껏 선보인 훌륭한 연기를 망쳐 버렸다. 다른 영화 같았으면 억양이 어떻든 별 대수가 아니었겠지만, 그 영화의 원작인 토머스 하디의 『더버빌 가의 테스』에서 웨섹스라는 배경은 매우 중요하기에 배경이 망가지면 이야기 전체가 망가질 수밖에 없다. 그래서 나는 배우의 억양 문제가 그 영화의 치명적인 결점이라고 생각했다.

만약 나스타샤 킨스키가 웨섹스 억양을 제대로 구사했더라면 나는 그 배우의 말투 자체를 의식하지도 못했을 것이다. 억양이 부적절했기 때문에 나는 캐릭터에게 신뢰가 가지 않았고 따라서 영화를 좋게 볼 수 없었다. 하지만 「프린세스 브라이드」를 보면서는, 마법사 캐릭터인 미라클 맥스가 낭만적인 중세 배경에 전혀 어울리지 않는 뉴욕 유대인 억양을 구사하는 부분이 멋지고 유쾌하다고만 생각했다.

왜 그렇게 다를까?

코믹한 캐릭터는 여느 캐릭터와 같은 방식으로 관객의 신뢰감을 얻지 않는다. 그렇다고 아예 믿을 수 없는 인물이라는 뜻은 아니다. 하지만 희극 주인공들은 언제나 고통에 시달리지 않던가. 우리가 여타 연극의 캐릭터들을 믿듯이 희극 주인공들을 곧이곧대로 믿는다면, 그 고통을 보며 웃기는커녕 괴로워서 견딜 수가 없을 것이다. 그래서 희극 작가는 관객에게 캐릭터를 심각하게 받아들이지 말라는 신호를 준다. 캐릭터의 특정 부분을 의도적으로 '부적절'하게 만듦으로써 관객이 공감하지 않고 도리어 웃어 버리게끔 유도하는 것이다.

미라클 맥스의 억양이 바로 그런 부적절한 요소였다. 그 캐릭터가 뉴욕 출신 유대인의 억양을 쓴다는 건 도저히 말이 안 된다. 미라클 맥스는 즉시 이야기에서 겉돌고, 위화감을 자아낸다. 하지만 그게 바로 관객에게 필요한 부분이었다. 주인공 한 명이 죽어서 위안이 필요한 시점에서, 미라클 맥스가 죽은 주인공의 팔을 들어 올렸다가 테이블 위에 툭 떨어뜨리고는 특유의 터무니없는 억양으로 "난 이보다 더 한 것도 봤어."라고 말하는 것이다. 관객은 그의 반응이 하도 생뚱맞아서 웃음을 터뜨리게 된다.

하지만 코믹한 캐릭터가 독자의 신뢰와 애정을 아예 받지 않는 것은 아니다. 희극 작가의 목표는 의심을 불러일으키는 것이 아니라 불신을 '조종'하는 것이다. 코믹한 캐릭터는 독자가 "그래, 맞아! 꼭 이런 일이 일어나지! 내가 아는 사람도 딱 저래! 나도 저런 일 겪어 봤어!"라고 말할 만큼 신뢰가 가야 하지만, 동시에 독자가 반드시 그 캐릭터의 감정에 공감하지는 않을 만큼 믿기 힘든 구석이 있어야 한다. 독자가 캐릭터의 불행을 지켜 보며 낄낄 웃어도 괜찮다는 느낌이 들어야 한다.

그래서 코미디가 진지한 소설보다 훨씬 쓰기 힘든 것이다. 너무 그럴싸하면 우스꽝스럽지 않고, 그렇다고 또 너무 터무니없으면 독자의 흥미를 잃어버리니, 코미디 작가는 그 양극단 사이에서 아슬아슬한 줄타기를 해야 하기 때문이다.

매우 진지한 소설에도 코믹한 캐릭터가 등장하며, 매우 진지한 캐릭터조차도 우스꽝스러운 순간을 겪곤 한다는 점을 기억하라. 만약 당신이 독자의 철저한 신뢰를 얻어야 하는 소설에 코믹한 캐릭터를 넣으려 한다면, 불신을 교묘하게 조절하는 기술은 더더욱 중요한 관건이 된다.

이제부터 독자에게 웃어도 괜찮다는 신호를 주는 방법들을 소개하도록 하겠다.

'테이크' 기법

웃음과 불신을 유도하는 가장 간단한 방법은 캐릭터가 관객에게 직접 말을 거는 것이다. 진지한 소설에서 화자가 '친애하는 독자여' 운운하는 화법을 쓰는 것은 구식이 된 지 오래고, 진지한 영화나 드라마에서는 가끔 내레이터가 관객에게 말을 건넬 수는 있어도 '캐릭터'가 그러는 경우는 없다. 그러나 코미디는 그 관습을 계속 깨뜨린다. 우디 앨런의 영화에서는 코믹한 캐릭터가 화면에 나오지도 않는 상황에서 해설자가 되어 내레이션을 하거나 화면에 등장하는 도중에 관객에게 대사를 던지곤 한다. 텔레비전 드라마의 경우, 「도비 길리스」의 주인공도 화면에 혼자 있을 때면 관객을 향해 말을 한다. 「문라이팅」에서는 캐릭터가 다른 캐릭터에게 그들이 드라마에 나오는 중이며 관객이 지켜보고 있다는 사실을 상기시키는 장면이 에피소드마다 적어도 한 번씩은 꼭 나온다("우리 여기서 왜 멈추는 거야?" "광고 나와야 할 시간이거든."). 개인적으로 나는 이렇게까지 노골적인 장치는 좀 과하다 싶은 느낌이 든다. 이야기가 너무 가벼워져서 진지하게 봐야 할 부분마저도 진지하게 안 보이기 때문이다. 하지만 바로 그 부분이 해당 영화나 드라마의 하이라이트라고 좋아하는 사람들도 아주 많다.

꼭 말을 걸지 않더라도 관객과 직접 접촉할 방법은 있다. 영화 「비버리 힐스 캅」에도 적절한 예시가 나온다. 액션 영화이니만큼 캐릭터에게 닥치는 고통과 위험이 지극히 심각하게 펼쳐지곤 하는데, 어느 한 시점에서 에디 머피가 누군가에게 터무니없는 말을 듣고 몸을 휙 돌리더니 완전히 무표정한 얼굴로 카메라를 똑바로 쳐다본다. 그리고 1초도 지나지 않아 도로 시선을 돌리고는 하던 일을 계속한다. 아주 잠깐 나온 장면이지만 관객은 폭소를 터뜨린다. 에디 머피가 일시적으로 카메라를 의식했다고 해서 극중 이야기에 대한 관객의 믿음이 깨지지는 않지만, 모든 것을 너무 진지하게 받아들이지 말라는 코믹한 신호로서는 효과적으로 먹히는 것이다.

이렇게 관객에게 직접 반응하는 기법을 '테이크'라고 한다. 코미디언 잭 베니가 이 기법의 귀재였다. 그는 테이크를 하염없이 이어 가면서, 대사 한 마디 안 하고도 관객의 웃음을 끊임없이 자아내기도 한다. 어떻게 그럴 수 있을까? 우선은 다른 캐릭터가 뭔가 엄청나게 어이없거나 터무니없거나 무례한 소리를 해서 거기에 대답을 하려면 천 마디 말로도 부족한 상황이 연출된다. 그러면 잭 베니는 아무 말도 안 하고 그저 팔짱을 끼고서 관객을 쳐다본다. 넌더리 나는 표정을 띤 채 한참 동안 관객을 주시하는 것이다. 그러다 마침내 어처구니없는 말을 한 그 사람을 돌아보지만, 여전히 아무 대답도 할 수가 없다. 그래서 그는 또 다시 관객을 돌아본다. 어쩔 때는 자포자기한 투로 "으음."이라고 내뱉기도 한다. 관객은 테이크가 이어지는 동안 거듭거듭 폭소를 터뜨린다. 잭 베니의 테이크가 열렬한 호응을 불러오지 못하는 경우는 한 번도 보지 못했다.

하지만 위의 사례는 청중 앞에서만 가능하다. 그럼 소설 작가는 어떻게 테이크를 할 수 있을까? 한 가지 방법은 독자에게 주는 말을 삽입하는 것이다. 커트 보네거트가 늘 쓰는 방법이다. 그의 소설에서는 뭔가 나쁜 사건이 벌어진 뒤에 "그렇게 가는 거지."나 "하이 호."와 같은 어구가 반복적으로 나와서 독자의 주의를 환기하곤 한다. 이는 잭 베니가 팔짱을 끼고 관객을 주시하거나 에디 머피가 무표정한 얼굴로 테이크를 하고 극중의 사건으로 돌아가는 것과 똑같은 효과를 낸다.

물론 보네거트보다 덜 대담하게 쓸 수도 있다. 서술상에 약간의 태도 전환만 줘도 된다.

나는 고양이에게 고함을 지르고 발길질을 했다. 결국 고양이는 다람쥐를 떨어트리고 이웃집 현관 쪽으로 달아났다. 아기 다람쥐는 덜덜 떨면서 쓰러져 있었지만 다친 것 같지는 않았다. 피가 나지도 않았고, 몇 발짝 가까이 다가가서 내려다보니 어디 부러진 데도 없어 보였다. 그래서 나는 다람쥐를 집어들고 녀석의 목숨을 구한 영웅이 된 기분으로 근처의 나무로 옮겨 주려 걸어갔다. 당연히 녀석은 내 손을 물었다.

위의 예문은 화자가 고통을 당하는 내용으로 끝난다. 하지만 '당연히'라는 한 마디가 테이크의 역할을 한다. 여기서 화자는 넌더리를 내면서도 체념한 표정으로 독자를 쳐다보고 있는 셈이다. 다람쥐가 고마워하지 않으니, 화자는 스스로도 그런 걸 기대하지 않았다는 듯 '당연히'라고 말해 버리는 것이다. 이로써 독자와 고통 사이에 거리를 둘 수 있다.

말 한 마디 없이 테이크를 연출하는 것도 가능하다.

나는 고양이에게 고함을 지르고 발길질을 했다. 결국 고양이는 다람쥐를 떨어트리고 이웃집 현관 쪽으로 달아났다. 아기 다람쥐는 덜덜 떨면서 쓰러져 있었지만 다친 것 같지는 않았다. 피가 나지도 않았고, 몇 발짝 가까이 다가가서 내려다보니 어디 부러진 데도 없어 보였다. 그래서 나는 다람쥐를 집어들고 녀석의 목숨을 구한 영웅이 된 기분으로 근처의 나무로 옮겨 주려 걸어갔다.
녀석은 내 손을 물었다.

이렇게 단락을 나누면 마지막 문장이 강조되어서 독자의 주의를 끈다. 독자는 그 문장을 소화하기 위해 잠깐 멈춰 설 것이다. 이것이 바로 테이크다.

과장하기

위에서 쓴 이야기를 계속 이어가 보자.

나는 다람쥐를 집어들고 녀석의 목숨을 구한 영웅이 된 기분으로 근처의 나무로 옮겨 주려 걸어갔다. 그런데 녀석이 내 손을 물었다.
손에 반창고를 붙였지만 결국 덧나고 말았다. 급기야 손이 갈색으로 변하고 권투 글러브만 하게 팅팅 붓기에 병원에 가야만 했다. 문제가 생긴 부위는 내 손이라는 것을 의사도 나도 동의했는데도 불구하고, 의사는 내 엉덩이에다가 페니실린을 1리터쯤 주사했다. 그리고 돌아가려는 나를 멈춰 세우더니 다양한 상표의 의수(義手)들이 소개된 팸플릿을 몇 부 떠안기고는 말했다.
"살펴보시고 어떤 게 마음에 드는지 골라 보세요. 혹시라도 파상풍에 안 걸리면 흉측하게 죽지는 않을 수도 있으니까요."
나는 다음에 또 동물에게 물리면 더 진지하게 대응하겠노라고 약속했다. 또한 아기 다람쥐를 보는 족족 고양이 먹이로 줘야겠다고 굳게 다짐했다.

동물에게 물렸을 때 제대로 조치하지 않으면 상처가 썩을 수 있으며 파상풍이나 심지어는 광견병에 걸릴 수 있다는 것은 사실이다. 그러나 위의 예문을 읽으면 화자가 정말로 한쪽 손을 잃을 위기에 처했다는 생각은 전혀 들지 않는다. 손이 권투 글러브만 하게 부풀어 올랐다는 말이 사실일 리가 없고, 화자가 아기 다람쥐를 잡아서 고양이 먹이로 주겠다는 으름장도 진담이 아니다. 그 동물이 은혜를 원수로 갚았다는 것에 대한 울분을 과장스럽게 표출했을 뿐이다.

주목할 것은, 여기서 화자는 테이크를 쓰지 않았으며 스스로 이 이야기가 웃기다고 생각한다는 그 어떤 신호도 주지 않았다는 점이다. 코믹한 글쓰기의 제1원칙은 자기 유머에 자기가 웃으면 안 된다는 것이다. 작가나 캐릭터가 자신의 영리한 재치에 즐거워한다는 티를 내서는 안 된다. 가령 저기서 의사가 진지한 태도로 일관하지 않고 다음과 같이 행동했다면 맛이 확 죽었을 것이다.

……(의사는) 팸플릿을 몇 부 떠안기고는 농담을 했다.
"살펴보시고 어떤 게 마음에 드는지 골라 보세요. 혹시라도 파상풍에 안 걸리면 흉측하게 죽지는 않을 수도 있으니까요."
의사는 미친 듯이 낄낄거렸다.

먼젓번의 이야기가 당신에게 재미있었을지는 잘 모르겠지만, 적어도 위의 이야기 쪽이 재미가 훨씬 떨어진다는 것만은 분명하다. 여기서는 의사가 농담을 하고 있다고 밝힘으로써 독자가 과장된 서술을 파악해 나가는 재미를 망치고 있다. 게다가 "미친 듯이 낄낄거렸다."는 대목에서는 과장을 너무 과하게 밀어붙였다. 작가가 지나치게 멀리 나가는 바람에 불신을 통제하지 못해서 유머도 이야기 자체도 실패하고 만 것이다.

가볍게 다루기

이 방법은 과장하기와 정반대로, 캐릭터가 처한 문제의 중요성을 실제보다 축소해서 보여 주는 기법이다. 예컨대 여주인공이 사악한 적에게 칼로 위협받고 있는 상황을 가정해 보자. 상황 자체로 보면 전혀 코믹하지 않을 것이다.

여기서 과장법을 사용하려면, 여주인공이 즉시 호들갑스럽게 살려 달라고 애걸복걸하게 만들면 된다. 무릎을 꿇고 엉엉 울고 징징거리고 굽신거리는 등 반응을 최대한 부풀려서 독자의 웃음을 자아내는 것이다.

하지만 역으로 캐릭터의 공포를 가볍게 다뤄도 코믹해 보일 수 있다. 예컨대 여주인공이 짐짓 태연하게 다음과 같이 말하는 것이다.

"저기, 우리 서로 약간의 오해가 있는 것 같은데요. 어째서 제가 당신을 싫어할 거라고 생각하시는지 모르겠네요. 사실 저는 당신을 존경하거든요. 당신처럼 되고 싶어요. 그 멋있는 칼은 어디서 사셨어요?"

이를테면 태연함을 과장하는 전략이라고 할 수도 있겠다. 이 방법은 대화만이 아니라 서술에서도 쓸 수 있다.

이혼한 아내가 떠나면서 집에 남긴 물건이 워낙 없었기에, 그는 한 시간이 지나고 나서야 집에 도둑이 들었다는 걸 알아차릴 수 있었다. 샤워를 하고, 저녁을 차려 먹고, 신문을 읽고, 텔레비전을 켜려고 했을 때에야 텔레비전이 없다는 사실을 깨달았다.

약간의 과장과 유머가 가미된 글이다. 하지만 이걸 1인칭으로 바꿔서 캐릭터의 태연한 태도를 조금 더 과장할 수도 있다.

집에 왔더니 서랍이 죄다 쏟아져 있고, 소파는 찢어졌고, 책장의 책은 전부 떨어져 있었으며, 텔레비전은 온데간데없었다. 나는 이혼한 아내가 또 변호사를 보내서 한바탕 뒤집어엎은 줄 알았다. 하지만 거울에 립스틱으로 휘갈겨 놓은 낙서가 없었기에 도둑이라는 것을 알 수 있었다. 보통 아내는 "죽어라, 자본주의의 돼지야."라거나 '헬터 스켈터*'라고 적어 놓곤 했으니까.

화자가 진심으로 하는 말이라고는 전혀 믿기지 않을 것이다. 그는 집에 도둑이 든 상황에 대해 태연한 척하면서 동시에 이혼한 아내의

---

* 연쇄살인범 찰스 맨슨과 그의 추종자들이 주장한 종말론적 인종 전쟁.

행동을 과장하고 있을 뿐이다. 캐릭터가 이렇게 태연한 것은 독자의 진지한 믿음을 얻으려는 의도가 아니다. 보통 사람이라면 화가 나거나 겁에 질리기에 충분한 일을 당했는데도, 캐릭터가 일부러 가벼운 반응을 취함으로써 부정적인 감정보다는 즐거움을 유발하는 것이다.

별난 구석 넣기

캐릭터가 지닌 별난 속성을 심하게 밀어붙이면 신뢰감이 떨어지고, 결국은 소극(笑劇) 아니면 멜로드라마가 된다. 그래서 코미디 작가들은 캐릭터의 기벽(奇癖)을 주요한 도구로 활용하곤 한다.

「프린세스 브라이드」에서 미라클 맥스가 쓴 유대인 억양이 바로 그 예다. 마법사 하면 으레 떠오르는 고정관념에 맞지 않는 엉뚱한 요소가 나오니, 관객은 웃음을 터뜨리고 그 캐릭터가 하는 모든 행동을 덜 진지하게 받아들이는 것이다. 하지만 엉뚱함으로 낼 수 있는 효과는 결국 거기까지만이다.

캐릭터의 옷차림으로 엉뚱한 느낌을 주는 경우도 많다. 옷차림에도 고정관념이 있으니까. 건설 노동자는 이런 옷을 입고, 발레리나는 저런 옷을 입고, 기타 등등 누구나 예상하는 전형적인 복장이 있는 법인데, 캐릭터가 유난히 어울리지 않는 옷을 입으면 독자는 웃게 된다. 코미디에 여장 남자가 많이 나오는 이유도 그래서다. 파란 정장 차림에 하얀 양말과 갈색 구두를 신은 캐릭터를 보면 우리는 자연히 괴짜라고 생각한다. 셰익스피어의 「십이야」에서는 말볼리오가 장난에 속아서 우스꽝스러운 옷을 입고 양말 대님을 십자로 맨 채 등장해 관객의 폭소를 자아낸다. 별난 옷차림이라는 장치는 분명 말볼리오를 코믹하게 해 주었다. 하지만 그 장치가 말볼리오를 중요한 인물로 만들어 주는 것은 아니다. 관객이 말볼리오에게 관심을 쏟는 까닭은, 희한한 행색 자체가 아니라 그가 그런 행색을 하게 된 '이유'에 있다. 단순한 옷차림만으로는 사소한 효과밖에 내지 못했을 것이다.

문제는 괴짜 성향이 보통 조역 캐릭터에게나 쓰인다는 점이다. 주역 캐릭터를 만드는 데에는 별난 특성이 별 기여를 하지 못할 뿐더러, 심지어는 캐릭터의 중요성을 떨어트릴 수도 있다.

주역 캐릭터는 갖가지 낭만적, 사실적 기법을 동원해서 정교하게 구성해야 한다. 그런 캐릭터에게 코믹한 요소까지 덧붙이려면 어떻게 해야 할까? 관건은 타이밍이다. 캐릭터가 등장한 초기에, 즉 다른 진지한 기법들을 통해 독자의 단단한 믿음을 얻기 이전에, 캐릭터의 괴상하거나 극단적인 면을 아주 약간만 먼저 보여 줘서 이후에 이어질 독자의 믿음을 약화시키는 것이다.

이 방식을 쓰면 아무리 심각한 연극이라도 소극으로 바꿀 수 있다. 만약 코미디언 밥 뉴하트가 「리어 왕」의 주인공을 맡는다면 엄청나게 웃긴 연극이 될 것이다. 아니면 존 캔디와 하위 맨델이 각각 맥베스와 오이디푸스를 맡는다면 어떨까? 당신이 이 코미디언들을 안다면 그들의 별난 특성도 이미 알고 있을 것이다. 밥 뉴하트의 울분에 찬 유순함, 존 캔디의 쾌활함과 지독한 둔감함, 하위 맨델의 광적인 우유부단함 등등. 그렇기에 극중에서 캐릭터의 다른 속성들이 나오기도 전에 그 배우들의 괴짜 기질부터 두드러질 것이다. 예컨대 다음과 같은 장면을 상상해 보라.

리어 왕으로 분한 밥 뉴하트가 슬머시 짜증이 난 투로 읊조린다. "바람아, 불어라! 뺨이 찢어지도록!"

오이디푸스로 분한 하위 맨델이 이오카스테가 내미는 브로치 몇 개를 초조하게 물리다가 자기 눈을 찌르기에 적당한 브로치를 간신히 얻어낸다.

맥베스로 분한 존 캔디가 마녀들을 상대하려 하면서 자신감 넘치게 떵떵거리자, 맥베스 부인이 그에게 어서 덩컨 왕을 죽이기나 하라며 억지로 방에서 내보낸다.

코미디언들이 우스꽝스럽게 연기하는 캐릭터를 진지하게 믿을 수는 없을 것이다. 하지만 그렇게 적당히 조절된 불신 덕분에 연극이 엄청나게 웃겨질 것만은 분명하다.

여기서 염두에 두어야 할 점이 있다. 이런 식으로 주역 캐릭터의 괴짜 성향을 과격하게 밀어붙이면, 그 별난 특성 자체가 코미디의 '주제'가 된다는 것이다. 극작가 벤 존슨은 이런 코미디를 '기질 희극'이라 칭한 바 있다. 오직 한 가지의 욕망이나 기질만이 두드러지는 인물로 익살을 자아내는 방식을 뜻한다. 구두쇠, 건강 염려증 환자, 위선자, 겁쟁이 등의 특질은 모든 인간이 어느 정도씩 공유하고 있는 법이지만, 그 특질을 심하게 부풀리면 캐릭터는 신뢰를 적당히 잃고 코믹해진다. 그보다 더욱 극단적으로 부풀리면 캐릭터는 기괴하거나 아니면 완전히 허무맹랑해질 것이다. 기질 희극은 캐릭터가 기괴하고 허무맹랑해지기 직전까지 몰아붙여 과장한다. 이렇게 하면 당신은 웃기는 이야기를 쓸 수 있겠지만, 동시에 독자에게 감동을 줄 여지는 줄어드는 대가를 감수해야 한다. 「바보 삼총사」나 막스 형제의 슬랩스틱 코미디 시리즈는 관객을 웃게 하지만 진정한 감동이나 성찰을 가져오지는 못한다.

| 11장 |
진지한 캐릭터: 독자를 믿게 하기

 독자가 캐릭터를 믿게 하고 싶은가? 당신이 절대로 하지 말아야 하는 일은 소설 밖의 현실에 호소하는 것이다. 뉴스나 역사서라면 출처를 명기하면 되지만, 소설에서는 그런 수단에 의지할 수 없다. 개연성 없는 사건이나 캐릭터에 대해 작가가 할 수 있는 최악의 변명은 "하지만 그건 정말로 일어났던 일인데요."다.

 소설은 '실제로 일어났던' 일을 다루는 것이 아니다. 소설은 우리의 삶에 '늘 일어나는' 일을 다룬다. 당신이 할 일은 현실과 똑같은 캐릭터를 만드는 것이 아니라, 독자가 보기에 진짜 같고 그럴싸한 캐릭터를 만드는 것이다.

 이 챕터에서는 독자의 신뢰를 얻을 수 있는 사실주의적 기법들을 소개할 것이다. 이 도구들이 당신의 소설에 '진실함'을 가져다주는 것은 아니다. 소설의 진실성이란 작가의 무의식적인 믿음에서 비롯되는 것이다. 그런 믿음이 틀렸을지도 모른다는 생각 자체가 안 들어서 작가 스스로도 의식하지 못할 만큼 뿌리 깊은 믿음 말이다. 내가 여기서 제시하려는 도구들은 단지 독자가 무언가를 진실이라고 '착각'하게 해 주는 수단에 불과하다.

모순되는 얘기처럼 들리겠지만, 이것은 소설 쓰기에서 필수적인 요소이다. 당신은 독자에게 친숙하고 적절한 디테일을 제공해서 독자가 끊임없이 "그래, 맞아. 정말 그래. 이렇게 되는 게 맞지. 사람들은 늘 이래."라고 맞장구를 치게끔 해야 한다.

그러면 독자는 당신이 무언가를 정말로 알고 있는 작가라고 확신하게 될 것이다. 회의적인 태도를 거두고 당신이 이끄는 세계 속으로 따라갈 것이다. 소설 속의 사람과 사건 들을 기억 속에 흡수하고, 주인공에게 동일시하고, 주인공의 이야기를 자기 자신의 이야기로 받아들임으로써 단순한 실화를 접할 때와는 전혀 다른 체험을 하게 될 것이다. 하지만 당신이 신뢰를 주지 못한다면, 독자들은 다시 회의적으로 변하고 조금씩 조금씩 당신의 이야기에서 멀어질 것이다. 그러다 보면 당신은 아예 독자의 마음을 놓칠 테고 당신의 소설은 아무런 영향력도 미치지 못할 것이다.

사실 이 챕터는 딱 한 단어로 요약할 수도 있다. '디테일'. 캐릭터에 대한 정보를 더 많이 줄수록 독자는 캐릭터를 더 많이 믿을 것이다.

하지만 그게 다가 아니다. 아무 정보나 다 되는 게 아니라, 적절하고 타당한 정보여야만 한다. 또한 정보가 이야기의 흐름을 불필요하게 방해해서도 안 된다. 즉 사실주의적 기법들은 캐릭터에 대한 정보를 적절하고도 효과적으로 제공하는 방법이라고 정의할 수 있겠다.

동기를 구체화하기

독자에게 캐릭터에 대한 믿음을 주는 데에 가장 중요한 도구는 캐릭터의 동기를 구체화하는 것이다. 당신이 캐릭터의 동기가 무엇인지 알려 주지 않으면 독자는 뻔하고 단순한 동기를 가정하게 된다. 아주 거칠고 날것 그대로의 클리셰 말이다. 더 그럴듯하고 생생한 캐릭터를 만들려면, 보다 구체적이고 심지어는 모순적인 동기들을 부여해서 설득력을 갖춰야 한다.

판타지 영웅 영화 「코난 더 바바리안」에서 코난은 어린 시절에 눈앞에서 어머니가 무참히 살해당하는 광경을 목격한다. 이후 영화는 내내 코난이 살인범을 찾는 내용으로 진행된다. 관객은 코난의 동기가 복수라는 것을 쉽게 이해할 수 있다.

당신이 코난과 똑같은 상황으로 이야기를 시작하되, 코난을 더욱 생생한 인간으로 다듬으려면 어떻게 해야 할까? 코난이 복수에 맹목적으로 집착한다는 설정만으로는 사실주의적인 소설을 쓸 수 없다. 가장 손쉬운 방법은 다양한 요소들을 추가하는 것, 즉 코난에게 다른 동기, 관심 대상, 목적, 충성심을 부여하는 것이다. 코난이 늘 복수에 대해서만 생각하지는 않을 테니까.

  더 까다로운 방법은 코난의 동기를 복잡하게 만드는 것이다. 코난이 어머니의 원수를 죽이려는 것이 아니라 오히려 그를 섬기고 싶어서 찾고 있다면 어떨까. 코난은 살인범의 잔인한 행동을 일종의 정의로 받아들인다. "그가 어머니를 죽인 건 어디까지나 어머니가 작고 연약했기 때문이야. 나는 크고 강한 인간이 될 거야. 그러면 그가 나를 가치 있게 여겨 주겠지."라고.

  이런 식의 동기는 자칫 병적인 심리가 될 수 있다. 하지만 뻔한 복수극 전개가 아니니 확실히 흥미롭고 그럴듯하게 다가온다.

  「비버리 힐스 캅」에 나오는 에디 머피의 캐릭터로 돌아가 보자. 액셀이라는 이름의 그 캐릭터는 코난과 마찬가지로 지극히 단순한 목적을 갖고 있다. 살해당한 친구의 복수를 하겠다는 것.「비버리 힐스 캅」은 순전한 낭만주의적 이야기에 가까운 데다 코미디이기도 하므로, 그 이상으로 사실적인 접근은 필요하지 않았다. 그런 종류의 영화에서 캐릭터의 동기는 그만하면 충분히 관객의 신뢰를 살 수 있으니까.

  하지만 여기서는 액셀의 동기를 풍부하게 구성해서 기존보다 더 사실적인 인물로 만들어 보자. 예컨대 살해당한 친구가 액셀과 잘 지내던 사이가 아니라, 액셀이 나쁘게 대했던 친구라면 어떨까? 그러면 살인범에게 복수하려는 까닭은 친구에 대한 의리만이 아니라 죄책감 때문도 될 것이다. 그리고 액셀이 이 사건에 끈질기게 매달리는 이유는 그가 경쟁심이 강해서가 아니라 자신이 경찰로서 자질이 없을까 봐 두려워하기 때문이며, 이만큼 어렵고 위험한 사건을 해결하지 못한다면 자신의 능력을 믿을 수 없게 되기 때문이라고 하면 어떨까. 거기다가 약간의 자만심을 덧붙여도 좋겠다. 액셀은 종종 자기가 실패할 리 없고 심지어는 죽지도 않는다고 과신하곤 하며, 약간씩 으스대기도 한다고 말이다.

소설이라는 형식의 한 가지 강점이라면 캐릭터의 모든 동기를 드러낼 수 있다는 것이다. 캐릭터의 마음속에 들어 있는 생각, 감정, 계획, 심리적 반응까지 속속들이 보여 줄 수 있으니, 한 동기에서 다른 동기로 이동하는 것도 보여 줄 수 있다. 캐릭터의 마음을 한 꺼풀 벗기고 들어가서 캐릭터 자신조차 몰랐던 깊은 동기를 밝혀낼 수도 있다.

동기는 캐릭터가 어떤 행동을 할 때 목표나 의도로 작용하므로, 캐릭터에게 어떤 동기를 추가하면 소설의 나머지 전개에도 반드시 영향을 미친다. 캐릭터의 깊은 내적 동기는 그저 이야기 표면상에서 아무렇게나 가지고 놀 수 있는 사소한 요소가 아니다. 동기는 소설의 핵심이며, 가장 강력한 인과관계다. 그러므로 동기를 바꾸는 것은 곧 이야기를 바꾸는 일이다.

가령 노라가 피트에게 자기 집에 있던 남자가 그저 외판원이었다고 해명한다고 하자. 피트는 가혹한 악담을 쏟아 내며 스탠드 하나를 부수고 집에서 나가 버린다. 이 장면은 무엇을 뜻하는가?

그냥 봐서는 피트가 광적일 만큼 질투가 심한 걸로 보인다. 하지만 만약 그 남자가 마약상이자 전직 사창가 포주였으며 그 사실을 피트가 알고 있었다면 어떨까? 이제 우리는 피트가 노라를 독점하고 싶어서가 아니라 그녀의 삶을 진심으로 걱정해서 화를 냈다는 것을 알 수 있다. 그 남자가 외판원이라고 둘러댄 노라의 거짓말은 노라가 그와 뭔가 밝힐 수 없는 관계가 있음을 암시하는 증거다.

잠시 뒤, 노라가 피트에게 사실 그 남자는 자신의 오빠이며, 자신은 오빠를 싫어하고 주위 사람들에게 오빠의 존재를 들키기 싫어서 그랬다고 해명한다. 이제 피트는 노라가 거짓말을 한 동기를 이해하고 안심한다.

그런데 나중에 또 다른 장면에서 독자는 새로운 사실을 알게 된다. 그 방문자는 노라의 오빠가 아니라 남편이었으며, 결혼한 지 벌써 10년째이고 이혼하지도 않았다는 것. 이러면 노라의 진짜 동기는 또 다시 미궁에 빠진다.

주인공의 내면에 숨은 새로운 동기를 밝히는 것은 단순히 정보를 추가하는 정도의 문제가 아니다. 이전에 나왔던 모든 정보가 수정되고, 이전에 벌어졌던 사건들의 의미가 뒤바뀌는 중대한 변경 사항이다. 현재는 과거의 의미를 끊임없이 재해석한다. 몰랐던 과거가 드러나면 현재의 의미도 달라진다. 이것은 추리 소설(그리고 정신 분석)에서 사용하는 핵심적인 장치이지만, 그 외에 다른 모든 장르에서도 같은 테크닉을 사용한다.

여기에는 대가가 따른다. 캐릭터의 동기를 밝히면 반드시 캐릭터의 내면을 보여 줘야 하기 때문이다. 내면의 생각을 직접적으로 서술을 하든, 다른 캐릭터와의 대화를 통해 언급하든, 새로운 사실들을 드러내면서 암시를 하든 간에. 그리고 당신이 캐릭터의 내면 성찰에 소설 속의 시간을 투자한다는 것은 사건이 벌어질 시간을 희생한다는 뜻이다. 끊임없이 자신의 동기만 찾아 헤매는 캐릭터의 이야기는 결국 지겨워지게 마련이다.

캐릭터의 생각

아마추어의 소설에서 곧잘 나타나는 문제 중 하나는, 화자나 시점 인물을 맡은 캐릭터에게 이상하거나 중요한 사건이 일어나는데 정작 그 캐릭터는 사건에 대해 아무런 생각도 하지 않는 것이다. 캐릭터의 생각은 인과관계의 한 축이다. 동기가 캐릭터의 행동을 일으키는 원인이라면, 생각은 캐릭터가 외부의 사건에 반응하는 방식이다.

패커는 전화 통화를 할 때 심각한 일이라고 말했지만, 막상 그가 식당 안으로 들어오는 모습을 보고 나는 그 얘기가 죄다 허세였음을 깨달았다. 패커의 정장은 너무 닳은 나머지 반들반들했고 사이즈도 지나치게 작아서 소매가 눈에 띄게 짧았으며, 넥타이 끝은 벨트에서 15센티쯤 위까지 올라와 있었다. 나는 옷을 어디서 맞췄냐고 물어볼까 싶었지만, 패커가 그 말이 모욕이라는 것을 알 만큼은 똑똑할 수도 있고 혹시라도 어머니에게 옷 입는 법을 배우지 못한 괴짜 백만장자일 수도 있으니, 나는 그가 식사 값을 지불할 때까지만이라도 비위를 거스르지 않기로 했다.

위의 글은 물론 패커라는 인물에 대해 알려 주고 있다. 패커가 옷을 서툴게 입었다는 점. 당신은 화자의 눈을 통해 패커를 보고 있으므로 자연히 화자의 관점에 영향을 받게 된다. 화자가 패커를 깔보고 있으니, 당신도 그럴 것이다.

하지만 동시에 화자의 생각은 화자 자신에 대해 알려 주기도 한다. 우리는 그가 옷차림으로 사람을 평가하는 성격임을 알 수 있다. 그는 상대방의 말을 진지하게 고려할 가치가 있는지, 심지어는 똑똑한지 아닌지까지도 옷차림 하나만 보고 판단해 버린다. 게다가 오로지 패커에게 돈이 있을지도 모른다는 이유 때문에 예의를 지키고 있다.

캐릭터의 생각을 조절하는 데에는 상당히 섬세한 기술이 필요할 수 있다. 위의 화자 캐릭터가 패커에게 느끼는 경멸을 심하게 밀어붙이면, 독자는 화자를 싫어하고 패커에게 동조할 것이다. 만약 그게 당신의 의도라면 그렇게 하면 된다. 하지만 독자가 화자를 좋아하게 하고 싶다면, 당신은 화자의 태도가 너무 건방지고 밉살맞게 보이지 않도록 주의해야 한다.

제이컵은 라이언의 담임 선생님과 면담을 하러 찾아갔다. 약속 시간보다 이르게 도착한 그는 주차해 둔 차 옆에 잠시 서서 라이언이 매일 일상을 보내는 곳을 둘러보았다. 길포드 중학교는 황량해 보였다. 붉은 벽돌로 된 기다란 평지붕, 커튼 없는 창문, 자갈과 콘크리트뿐. 훈육이라는 본연의 목적에만 충실한 시설이라는 인상이 들었다. 제이컵은 건물로 들어가다가 문틀에 나지막하게 달린 경첩에 머리를 부딪혔다. 호되게 머리를 찧은 그는 멈춰 서서 눈을 질끈 감을 수밖에 없었다. 눈을 다시 떠보니 충격 때문에 색맹이 되기라도 한 것처럼 눈앞의 복도가 흑백으로 보였다. 아니, 검은색과 회색만 보였다. 흰색이라고 할 수 있을 만큼 깨끗한 부분이 하나도 없었기 때문이다. 등갓도 없는 삭막한 형광등 불빛 아래, 아무런 장식도 없이 문과 페인트칠된 창문 들만 줄줄이 늘어선 벽이 드러났다. 제이컵은 이 건물이 어째서 오로지 훈육만을 위한 공간으로 보이는지 깨달았다. 여긴 교도소나 다름없었다. 그 선생은 교도소장이고, 가엾은 라이언은 앞으로 6개월이나 더 수감 생활을 해야 하는 것이다.

캐릭터의 주관적인 생각을 어디에서 확인할 수 있는가? 첫 단락에서는 "황량해 보였다.", "훈육이라는 본연의 목적에만 충실한 시설"이라는 언급을 꼽을 수 있다. 학교에 대한 제이컵의 생각을 보여 주는 이 표현만으로도 전체적인 어조를 갖추는 데에는 충분하다. 여기서부터 독자는 앞으로 모든 묘사를 부정적으로 해석하면 된다는 것을 알 수 있다.

그러나 캐릭터의 주관적인 생각이 없었다면 굳이 학교를 묘사할 필요도 없었을 것이다. 제이컵이 그곳을 황량하고 지저분한 회색 교도소로 보지 않았더라면, 이 학교를 묘사해 봤자 그저 1950년대 이후에 지어진 전형적인 미국 학교의 풍경으로만 보였을 테니까. 그럴 바에는 독자가 학교의 풍경을 상상하느라 시간을 낭비하게 할 필요 없이 곧바로 선생님과 면담하는 장면으로 넘어가는 편이 낫다.

캐릭터의 생각은 장면에 긴장감을 조성할 수도 있다. 이제부터 똑같은 장면을 두 가지 방식으로 써서 비교해 보도록 하겠다. 한 번은 캐릭터에게 별다른 생각 없이, 한 번은 구체적인 생각을 끌어내는 식으로.

어떤 잘생긴 남자가 노라의 책상 앞으로 다가오더니 그녀의 명패를 흘끔 보고는 미소를 지었다.
"노라 씨, 안녕하세요. 점심 식사 하셔야죠?"
"아뇨, 괜찮아요. 다른 데서 살 거예요."
노라의 대답에 남자는 당황한 눈치였다.
"샌드위치 파는 분 아니었어요? 예전에 일했던 곳에서는 남자분이 돌아다니면서 샌드위치 주문을 받곤 했는데."

자, 위의 장면에서 노라의 생각을 보여 준다면 어떻게 될까?

미끈하고 말쑥한 인상의 남자였다. 늘씬한 체격에 옷도 잘 입었다. 하지만 노라는 그가 자신을 당당하게 내려다보는 태도가 마음에 안 들었다. 마치 노라에 대해 판단할 권리가 있다는 듯한 눈빛이었다. 예전 회사에서도 꼭 저런 식으로 쳐다보는 상사들이 있었는데, 결국은 노라의 옷차림을 들먹거리면서 목이 더 많이 파인 옷을 입어야 사무실 분위기가 밝아질 거라는 소리나 지껄이곤 했다.

남자는 노라의 책상에 놓인 명패에 아주 잠깐 시선을 떨어트리더니, 곧바로 그녀의 눈을 바라보았다.

"노라 씨, 안녕하세요. 점심 식사 하셔야죠?"

'그럼 그렇지. 자기랑 같이 먹겠냐는 말은 쏙 빼놓고 묻는 거 봐. 싫으면 점심 굶으라는 거야, 뭐야?'

노라는 치미는 짜증을 삼키며 대꾸했다.

"아뇨, 괜찮아요. 다른 데서 살 거예요."

남자가 당황한 표정을 짓자 노라는 내심 통쾌했다.

"샌드위치 파는 분 아니었어요? 예전에 일했던 곳에서는 남자분이 돌아다니면서 샌드위치 주문을 받곤 했는데."

남자는 노라가 자기에게 무안을 주고 있다는 걸 모를 만큼 바보는 아니었다.

"제 말이 너무 건방지게 들렸나 봅니다."

"아아, 아녜요. 적당히 건방지게 들렸죠."

방금 그 말은 실수였다. 노라는 남자의 말을 농담으로 받아친 셈이었고, 그는 농담을 유혹의 표시로 생각하는 부류의 남자였던 것이다. 그는 사내란 아름다운 여자를 보면 안달이 난다느니, 유전자에 휘둘린다느니, 그래서 으스대고 멋을 부리게 된다느니 하는 한심한 소리를 늘어놓았다.

"멋을 부린다고요?"

"공작새나 뇌조처럼요. 자기 전시를 하는 거죠. 하지만 저는 그런 타입은 아니에요. 정말로 세심한 남자거든요. 저에 비하면 필 도나휴*는 트럭 운전수로 보일 정도죠."

노라는 이쯤에서 대화를 끝내야겠다고 작정했다.

"저기요. 저랑 점심 드시면 후회할 거예요. 저는 딸린 애가 일곱 명이나 있고 세 종류의 성병을 앓고 있어요. 그리고 남자를 유혹하는 척하다가 너무 가까이 다가오면 강간범이라고 비명을 질러 대고요. 게다가 오만한 커리어우먼의 단점이란 단점은 다 갖추고 있죠. 당신 같은 사람은 아마 저더러 남자를 거세하려 드는 년이라고 할걸요."

남자는 곧바로 대답하지 못했다. 노라를 쳐다보던 그의 얼굴에서 미소가 싸늘하게 얼어붙더니, 마침내 입을 열었다.

"아뇨. 그건 제 어머니가 할 말이겠죠."

그는 일어서면서 말을 이었다.

"당신은 여기 신입이고, 저는 점심 식사를 제안했습니다. 제가 잘못했군요. 미안하게 됐습니다."

---

* 미국의 작가, 영화 제작자, 방송인. 유명한 토크쇼「필 도나휴 쇼」를 진행했다.

그는 노라의 책상을 지나 문밖으로 나가 버렸다.

아무렴, 상처 받았다 이거다. 자기는 그저 선의를 보였을 뿐인데 노라가 악랄하게 매도했다고 말이다. 하지만 노라는 그런 반응에 마음이 약해질 만큼 어리석진 않았다. 저런 미소를 띤 남자의 얼굴 뒤에 어떤 거짓이 숨어 있는지, 잘못 엮였다가는 어떤 꼴이 나는지 너무나도 많이 겪어 보았으니까. 만약 저 남자가 업무를 통해 자연스럽게 말을 튼 사이였더라면 흔쾌히 식사를 같이 했을 터였다. 하지만 아직 이름조차 모르면서, 책상 위의 명패를 굳이 확인해 가며 추근거리는 남자를 받아 줄 생각은 추호도 없었다.

기존의 장면이 얼마나 달라졌는지 보라. 위의 글에서는 시시각각 긴장감이 고조되고 있다. 처음에 우리는 노라의 생각 때문에 상대방 남자를 거만한 호색한 정도로 여기게 된다. 노라는 고정관념을 근거로 그를 판단하고 있고, 우리는 노라의 판단을 공유하기 때문이다. 그런데 남자가 "제 말이 너무 건방지게 들렸나 봅니다."라고 말함으로써 그 고정관념을 시인하자, 우리의 관점은 약간 변한다. 남자가 어쩌면 멀쩡한 사람일 수도 있으며, 최소한 상대방이 자기를 무안을 주는 줄은 알 만큼의 눈치는 있는 사람이라는 생각이 드는 것이다. 그리고 남자가 이어 가는 말을 노라가 제대로 귀담아 듣지도 않자(남자의 말을 대화문으로 전부 옮기지 않고 대강 요약해 버린 데에서 알 수 있다.), 우리는 노라가 그와 로맨스로 엮일 기회를 놓치고 있는 게 아닌가 싶어서 슬슬 초조해진다. (소설을 읽을 때 우리는 항상 로맨스의 가능성을 염두에 두는 데다가, 이 장면에는 분명히 성적인 긴장이 깔려 있다. 처음부터 노라는 남자가 미끈하고 늘씬한 외모에 옷도 잘 입었다고 언급했으니까.) 노라가 자식이 일곱 명 있고 세 종류의 성병에 걸렸다고 운운한 말은 너무 심했다. 이쯤 되면 우리는 노라에 대한 공감을 잃고 만다.

그 시점에서 나는 원래 노라에게 독자의 관점을 반영하여 남자를 너무 심하게 몰아붙였다고 죄책감을 느끼게 하려고 했다. 하지만 그게 가장 먼저 머릿속에 떠오른 생각이었기에, 나는 한 번 더 아이디어를 심문해 보았다. 그리고 남자의 상처 받은 태도가 무슨 효과를 노린 것인지 노라가 인식하게 하고, 어떤 상대라면 호의적으로 반응했을지 생각하게 했다. 그러자 우리는 노라의 사고방식을 보다 넓은 관점으로 보게 된다. 남자가 그리 나쁜 사람이 아니라는 생각은 어느새 묻히고, 노라의 기준에 입각해서 그 남자를 평가함으로써 결국 우리는 다시 노라의 편이 된다. 앞으로의 전개에 따라 노라가 그 남자와 연인 사이가 될 가능성이 여전히 남아 있기는 하지만, 노라가 다른 남자와 사귀게 된다고 해도 우리는 실망하지 않을 것이다.

그리고 이야기가 이런 갈등으로까지 진전된 것은 애초에 내가 노라에게 특정한 생각을 부여한 덕분이었다. 만약 첫째 버전처럼 썼더라면 나는 둘 사이에 이런 관계가 나올 수 있다는 생각도 못 했을 것이다. 노라는 딱히 남자를 거절할 이유가 없었을 테고, 나는 노라가 어떤 사람인지 잘 모르는 채로 이야기를 진행했을 것이다. 따라서 독자 역시 노라가 어떤 사람인지 알 수 없었을 것이다.

당신이 노라에게 관심을 가진 이유도 결국은 노라의 생각 때문이 아닌가? 현실에서도 우리는 각자의 생각과 사고방식을 통해 사람들과의 관계에 의미를 부여하곤 한다. 한 사람의 생각을 보면 그가 상대방의 어떤 점을 인식하는지, 눈앞의 상황에 어떤 가치를 두는지 알 수 있다. 다음의 짧은 장면들은 모두 피트의 시점에서 진행되어 그의 생각을 보여 주고 있다.

"아아, 오늘 되는 일이 하나도 없었어." 노라가 말했다.
'그러게.' 피트는 노라의 옷을 보며 속으로 생각했다. 딱한 노릇이었다. 맞는 드레스가 한 벌도 없어서 저렇게 입고 온 건가?

"아아, 오늘 되는 일이 하나도 없었어." 노라가 말했다.
지금으로서는 노라가 무슨 말을 해도 음악처럼 들렸다. 피트는 노라가 돌아왔을 때에야 비로소 자신이 노라를 얼마나 그리워했는지 깨달았다.

"아아, 오늘 되는 일이 하나도 없었어." 노라가 말했다.
피트는 이제 노라가 하루 동안 어떤 일이 있었는지 이야기할 거라고 생각했다. 그리고 저녁을 먹고, 텔레비전을 보고, 잠자리에 들 거라고. 만약 노라가 피곤하다고 하소연하지 않는다면 섹스도 할 것이다.

마침 오늘은 「문라이팅」이 방영하는 화요일이었다. 재방송만 아니라면 둘은 분명 섹스를 할 것이다.

"아아, 오늘 되는 일이 하나도 없었어." 노라가 말했다.
피트는 노라의 표정을 날카롭게 뜯어보았다. 그가 오늘 어디에 갔는지, 뭘 하고 오는 길인지 혹시라도 눈치를 챘을까? 아니, 그럴 리가 없다. 노라는 너무 둔하다. 무슨 영리한 생각이 떠올랐다가도 저 파란색 실내복처럼 머릿속에서 희끗하게 바래 버릴 것이다.

이런 식이다. 주변 사건에 대한 캐릭터의 생각은 그 캐릭터가 어떤 사람인지 보여 준다. 또한 작가가 자기 캐릭터를 파악하는 데에도 도움이 된다. 당신이 만들어 낸 캐릭터의 생각 하나하나를 토대로 캐릭터가 다음에 취할 행동을 결정하게 되기 때문이다. 그러므로 캐릭터의 생각과 동기는 불가분으로 얽혀 있다. X라는 사건에 대한 캐릭터의 생각은 곧 Y와 Z라는 행동을 이끌어 내는 원인이 된다.

과거의 기억

내가 과학 소설들을 읽으면서 느낀 문제점 하나는, 주인공이 난데없이 튀어나온 사람처럼 보이는 경우가 너무나도 많다는 것이었다. 가족도 없고 아무런 뿌리도 없이 흘러다니는 떠돌이처럼 말이다. 낭만주의적 전통에 속하는 작품에서는 그래도 괜찮다. 예컨대 영화 「더티 해리」의 주인공의 어머니가 누구인지 나오던가? 『반지의 제왕』의 아라곤은? 『오만과 편견』의 다아시는? 제임스 페니모어 쿠퍼의 '레더스타킹 시리즈'에 나오는 내티 범포는? 낭만주의적 캐릭터들의 과거는 명확하게 드러나지 않는 편이다. 그래도 되는 까닭은, 이야기상의 현재 시점에서 벌어지는 일들이 곧 캐릭터의 과거가 되기 때문이다. 이야기가 끝날 때쯤이 되면 우리는 캐릭터가 그간 쌓아 온 행적과 인간관계를 알 수 있다.

그러나 캐릭터를 사실적으로 구체화하려면 온전한 인생을 만들어 줘야만 한다. 캐릭터에게는 나름의 과거가 있을 테고, 가족이나 친구나 적이나 스승이나 고용주 등등의 복잡하고 의미 깊은 인간관계가 있을 것이다.

캐릭터의 인생 전체를 보여 주는 가장 확실한 방식은 물론 캐릭터의 출생부터 이야기를 시작하는 것이다. 그러나 이 역시 낭만주의적인 관습에 해당한다. 낭만주의를 택하든 사실주의를 택하든, 어쨌거나 당신의 이야기는 주인공의 인생 중에서도 특히 흥미롭고 특별한 부분을 다뤄야 한다. 주인공의 출생부터 이야기를 시작하려면 그 캐릭터는 갓난아기 때부터 이미 남다른 영웅적 면모가 있어야 한다는 뜻이다. 예컨대 존 어빙의 『가아프가 본 세상』의 주인공은 병원 간호사인 어머니가 치명적인 뇌손상을 입은 군인의 몸을 이용해 잉태한 아이로,

어머니의 뱃속에서 수정되는 순간부터 이미 비범했다는 점이 드러난다. 하지만 항상 이렇게 기이한 사건으로 이야기를 시작할 수는 없는 노릇이다.

당신은 아마 주인공이 적당히 나이를 먹고 경험을 쌓은 시점부터 이야기를 시작하고자 할 것이다. 그러면 주인공의 과거를 보여 주는 방법은 어떤 게 있을까?

회상

가장 뻔한 테크닉은 회상이다. 이 방법은 가장 효과가 떨어지고 또 무엇보다도 심하게 남용되곤 한다. 캐릭터가(더욱 나쁜 경우로는, 화자가) 옛날의 중요한 사건을 회상하려면 그동안 현재의 사건은 멈춰야 한다. 이 기법의 문제는 바로 그것이다. **회상은 사건을 중지시킨다.** 나는 습작생의 작품이나 편집자로서 투고받은 소설이 다음과 같이 시작되는 경우를 자주 보았다.

노라는 차창 밖에 쏟아지는 폭설을 바라보며 중얼거렸다.
"늦으면 안 되는데."
시속 65킬로미터만 유지하는 데에도 온 신경을 곤두세워야 했다. 그러나 지난 몇 주 동안 일어났던 일들이 떠올라서 운전에 쏟아야 할 집중이 자꾸만 흐트러졌다. 노라는 피트와 했던 말싸움을 생각했다.

[여기서 노라에게 어제까지 일어났던 모든 일이 15단락 분량으로 요약된다.]

노라는 눈으로 뒤덮인 도로에 다시 주의를 돌렸다. 어느새 집 앞이었다. 노라는 진입로에 차를 세우고 안으로 들어갔다. 저녁을 먹고 텔레비전을 보려 했지만 피트의 전화를 기다리느라 내용에 집중할 수가 없었다. 자정까지도 전화가 오지 않자 노라는 잠들어 버렸다.
다음 날 아침…….

세상에, 쓰는 내가 다 민망할 지경이다. 저 회상 부분에 어떤 내용이 나오든 간에 그건 노라의 과거라고 할 수가 없다. 애초에 노라에게 현재랄 게 없기 때문이다. 저 회상은 캐릭터에 대한 '추가적인' 정보가 아니라 '유일한' 정보다. 지금 폭설이 내리는 도로에서 일어나는 일이라고는 회상 외에 아무것도 없지 않은가. 게다가 노라는 아직 중요한 인물이 되지도 못했고, 그저 눈 오는 날 운전하는 여자라는 몹시 평면적이고 단조로운 이미지에 지나지 않는다. 회상이 끝날 때쯤이면 독자는 폭설이 오던 상황에 대해 잊어버렸을 것이다. 기억할 만한 것 자체가 없었으니까. 현재 시점에 닻을 내려 두지 않았으니 독자는 캐릭터의 기억 속에 무작정 표류할 수밖에 없다.

대략의 원칙: 소설이 시작하고 1~2페이지 내에서 회상을 넣으려거든, 아예 회상할 과거의 사건들을 현재로 삼아서 이야기를 시작하든가, 아니면 회상에 들어가기에 앞서 강력한 인물이나 사건을 보여 줘서

독자가 현재를 알 수 있게 해라.

나는 보통 전자의 방식을 선호한다. 정말로 중요한 사건으로 이야기를 시작하는 편이 낫다고 본다. 하지만 이야기가 많이 전개된 뒤에는 캐릭터가 어떤 과거를 꼭 기억해 내야 할 필요가 생길 수도 있다. 당신의 이야기가 현재에 튼튼히 뿌리박고 있다면, 독자가 캐릭터의 회상을 중요하게 생각할 만큼 그 캐릭터를 충분히 알고 있고 애정을 쏟고 있다면, 회상 기법은 잘 먹힐 것이다. 하지만 그래도 심각한 대가를 감수해야 한다. 회상은 현재의 사건 진행을 가로막기 때문이다. 회상이 길어질수록 독자는 회상이 시작되기 직전에 무슨 일이 일어났는지 기억하기 힘들어진다. 그러므로 회상은 가능한 짧아야 하고, 너무 자주 나오지 않아야 하며, 이야기가 현재에 단단히 닻을 박아 두었을 때에만 나와야 한다.

기억을 현재 사건으로 보여 주기

회상보다 조금 더 효과적인 방법은 캐릭터가 다른 캐릭터에게 과거의 사연을 이야기하는 것이다. 잘만 한다면 이런 장면은 과거의 정보를 전달하는 수단과 동시에 현재의 사건도 될 수 있다.

예컨대 제임스 골드먼의 연극 「겨울의 사자」에 나오는 태피스트리 장면이 그렇다. 헨리 왕의 세 아들이 각각 프랑스 왕 필리프에게 찾아와서 나머지 계승자를 모두 파괴하자는 거래를 제안한다. 그러다가 헨리 왕이 나타나자, 아들들은 태피스트리 뒤에 숨어서 두 왕의 대화를 엿듣게 된다.

헨리의 도발로 인내심의 한계에 이른 필리프는 자기 어린 시절의 비밀을 폭로한다. 하지만 그의 폭로는 현재의 사건을 중단하지 않고 그 자체로 사건이 된다. 헨리의 아들인 리처드가 필리프를 유혹했으며, 필리프는 솔직히 혐오스러웠지만 단지 나중에 헨리에게 이 사실을 말해서 충격을 줄 목적으로 동성애 관계를 나눴다고 털어놓은 것이다.

헨리는 물론이고, 태피스트리 뒤에 숨어서 듣고 있던 리처드도 충격에 사로잡힌다. 이 장면은 두 가지 기능을 수행하고 있다. 첫째로 리처드와 필립의 과거를 밝힘으로써 두 캐릭터를 구체화하고, 둘째로 현재의 캐릭터들에게 지독한 감정적 고통을 일으킴으로써 헨리와 리처드는 피해자의 위치로, 필리프는 가해자의 위치로 부각하는 것이다.

주목해야 할 것은, 필리프가 털어놓은 이야기가 결코 사소한 내용이 아니라는 점이다. 그 이야기는 과거에 필리프가 겪은 고통에 대한 고백이었다. 캐릭터의 과거라고 아무거나 이야기하기만 하면 다 되는 게 아니다. 현재에 영향을 미칠 만큼 중요한 과거여야만 그걸 털어놓는 행동도 곧 사건이 될 수 있다.

회상도 마찬가지다. 캐릭터가 과거를 회상함으로써 현재 상황에서 중대한 결정을 내린다거나, 그 기억을 되새기지 않았더라면 하지 않았을 행동을 한다면, 회상 역시 현재의 사건을 방해하지 않고 오히려 사건 자체가 될 것이다.

그러나 캐릭터의 기억을 작가 편한 대로 써먹는 티가 나면 독자의 신뢰를 잃을 위험이 있다. 가령 캐릭터가 언제든 떠올릴 수도 있었던 기억을 하필 중대한 결정을 내릴 시점에 때마침 생각해 낸다고 하면, 너무 억지스러운 우연의 일치 같고 작가가 사건들을 무리하게 통제한다는 느낌이 들 것이다. 과거의 기억이 현재의 결정을 촉발할 예정이라면, 그 기억 역시 현재의 사건에 의해 촉발되어야 한다. 가장 좋은 방법은 캐릭터가 이전까지는 그 과거를 제대로 이해하지 못했다고 처리하는 것이다. 현재에서 접한 새로운 정보나 경험 때문에 과거의 사건이 지닌 의미가 달라진다면, 캐릭터가 과거를 기억해 내는 것은 곧 과거를 정정하는 일이다. 그러면 기억은 수동적인 현상이 아니라 능동적인 행위가 된다.

잠깐 언급하기

이야기의 전개를 아주 잠깐만 멈추고 과거의 기억을 흘려 넣는 방식도 가능하다.

절벽 끄트머리에 서서 멀찍이 펼쳐진 만을 내려다보자니, 문득 어렸을 때 지붕 위에서 고양이를 던졌던 일이 떠올랐다. 고양이가 몸을 비틀고 앞발을 휘두르며 허공에서 허우적거리던 모습이. 녀석은 결국 아무것도 붙잡지 못하고 그대로 떨어져 내렸고, 마침내 땅바닥에 부닿히고 나서는 더 이상 몸을 비틀지도, 앞발을 휘두르지도, 허우적거리지도, 숨을 쉬지도, 그야말로 아무것도 하지 않았다. 나는 고양이가 떨어지는 걸 본 뒤 15분이 지나서야 사다리를 기어 내려갈 수 있었다. 아, 지금도 사다리가 있으면 좋으련만.

노라는 피트의 이야기에 관심이 있는 척했지만, 피트는 노라가 초점이 풀린 멍한 눈으로 이따금씩 웅얼웅얼 맞장구만 치고 있다는 것을 알 수 있었다. 피트도 아침 식사 때 노라가 전날 밤의 꿈 이야기를 늘어놓으면 딱 저런 식으로 웅얼거리곤 했다. 노라의 꿈 이야기가 얼마나 긴지, 잠자는 시간보다 꿈을 꾼 시간이 더 길었던 게 아닐까 싶을 정도였다. 하지만 피트는 자신도 누군가를 그렇게까지 심하게 지루하게 할 수 있다고는 한 번도 생각해 본 적이 없었다.

이런 식으로 현재의 사건과 연관이 있는 과거를 잠깐만 짚고 넘어가면, 사건이 중단되는 것처럼 느껴지지 않는다. 과거의 기억이 현재에 별다른 변화를 불러오지 않는데도 말이다.

대략의 원칙: 짧은 기억일수록 중요하지 않게 다루고 넘어가야 한다. 그래야 이야기가 그것 때문에 멈추는 걸로 보이지 않는다.

기억이 아주 짧으면 아예 엉뚱해 보일 수도 있다.

나는 그 식당을 추천하지 않는다. 예전에 2달러짜리 내기 때문에 귀뚜라미 여섯 마리를 산 채로 먹은 이후로 그렇게 맛없는 음식은 거기가 처음이었다.

귀뚜라미 여섯 마리를 산 채로 먹었다는 기억은 이야기의 맥락과 전혀 상관없고, 캐릭터의 구체적인 정보를 알려 주는 것도 아니다. 이 기억이 이야기에 어떤 영향을 미칠 리도 없어 보인다. 하지만 캐릭터가 과거에 뭔가 희한한 일을 했다는 사실은 독자가 인식하는 캐릭터의 이미지를 더 풍성하게 만들어 준다. 이 캐릭터에게 기회만 주어진다면 할 얘기가 아주 많을 것 같다는 느낌이 든다. 당신이 별다른 설명을 하지 않았는데도 독자는 그 캐릭터가 어떤 사람인지 잘 아는 듯한 느낌이 들 것이다.

과거의 암시

사건의 진행을 중단하거나 기억을 직접적으로 언급하지 않고도 캐릭터의 과거를 보여 주는 방법이 있다. 바로 과거를 암시하는 것이다. 이렇게 하면 과거에 정확히 어떤 일이 있었는지 말하지 않으면서도 캐릭터가 수많은 경험을 쌓아 온 살아 있는 인간이라는 느낌을 줄 수 있다.

예상

현재의 사건에 대한 캐릭터의 '예상'은 과거에 그가 어떤 일을 겪었는지 알려 준다.

가령 이런 상황을 가정해 보자. 피트가 어떤 여자아이에게 미소를 지으며 도넛을 건넨다. 그런데 웬일인지 아이는 한 대 얻어맞을까 봐 무섭기라도 한 듯 몸을 움츠린다. 아무런 부연 설명이 없어도, 독자는 그 아이가 많이 맞아 본 경험이 있기에 피트가 자기를 때릴 거라고 예상한다는 사실을 알 수 있다. 사건 진행을 전혀 지체하지 않고도 캐릭터의 과거와 고통을 독자에게 알려 줄 수 있는 것이다.

다음의 각 예시문은 모두 캐릭터의 과거를 암시하고 있다.

점원이 다시 말했다.
"현금이에요, 카드예요?"
노라는 피트를 돌아보았다. 피트는 자기도 골드 카드 같은 걸 쥐고 있지는 않다는 듯이 두 손을 펼쳐 보였다.
"당신 물건 사는 거잖아. 나더러 돈을 내란 말야?"
그래도 노라는 요지부동이었다. 결국 피트는 체념하고 들고 있던 노라의 핸드백을 열었다. 핸드백은 현금으로 꽉 차 있었다. 그는 두께가 3센티미터는 될 법한 두툼한 지폐 뭉치에서 100달러짜리 두 장을 끄집어내 점원에게 건네고, 거스름돈과 영수증을 받아 넣은 뒤 핸드백을 도로 탁 닫았다.

"이 돈으로 보디가드라도 한 명 고용하지그래? 지나가던 약쟁이가 당신 돈 털었다가 마약 과다 복용으로 죽기라도 하면 유가족이 당신을 고소할 거야."
노라는 말없이 미소를 짓고 어깨를 으쓱했다. 피트가 노라를 데리고 나가는 길에 뒤에서 점원이 누군가에게 속닥거리는 소리가 들렸다.
"죄다 100달러짜리더라니까! 핸드백 안이 전부 다!"

피트는 쌩쌩 지나가던 차들이 좀 뜸해진 틈을 타서 도로 한복판으로 걸어 나갔다. 그러자 운전자들이 즉시 차를 이리저리 틀고 급브레이크를 밟았다. 차들이 그냥 가던 대로 계속 갔으면 피트도 쉽게 길을 건널 수 있었을걸, 괜히 다들 난리법석을 피우는 바람에 그는 목숨의 위험을 헤치며 간신히 도로 연석으로 돌아와야 했다. 운전자들이 보행자만 보면 저렇게 펄쩍 뛰어서야, 어디 무서워서 미국에서 길 건너고 다니겠나?

피트가 문간에 다다르자마자 노라는 울음을 터뜨렸다.
"실수였어! 미안해. 미안해."
노라는 그 말을 한없이 되풀이했다. 피트는 괜찮다고, 별일 아니라고 말했지만, 노라는 15분쯤 사과를 쏟아 내고 나서야 피트의 말을 믿을 수 있었다.
"완전히 박살났는데 어쩌면 좋아……."

진작 보험이라도 들어 두지 않고 뭐했는지, 후회막심이었다.

피트는 노라가 엄지와 검지로 계속 지폐를 만지작거리는 것을 눈치챘다. 이제 보니 노라는 지폐를 세고 있었다. 정말로 그 돈이 자기 손에 있다는 게 믿어지지 않는 듯 몇 번이고 반복해서.

마침내 노라는 피트와 다시 이야기할 수 있을 만큼 마음이 진정되었다. 그런데 거실로 가 보니 피트는 잡지들을 정리하고 먼지를 털고 베개를 제자리에 놓으며 부산을 떨고 있었다. 노라가 청소도 안 하고 게으름만 피웠다고 시위라도 하듯이. 노라는 화가 머리끝까지 치밀어서 도저히 합리적인 토론을 할 엄두가 안 났다.
피트가 "노라! 노라!" 하고 부르는 소리가 들렸지만 노라는 들은 척도 않고 집을 뛰쳐나갔다. 피트의 칭얼거리는 어조가 꼭 시건방진 아이들이 엄마, 엄마 부르는 소리처럼 들렸다.
엘리베이터를 기다리면서 노라는 피트가 딱 그런 목소리로 자기 어머니를 부르는 꼴을 상상했다. 그러자 시어머니의 티끌 한 점 없는 집이 떠올랐고, 피트가 매번 저렇게 집 청소를 하며 유난을 떠는 건 어쩌면 어렸을 때 자기 엄마의 화를 풀어 주려고 하던 버릇인지도 모른다는 생각이 들었다.
기가 차는 노릇이었다. 이 정도로 심하게 싸웠는데 고작 집 청소로 마음이 풀릴 거라고 생각하나? 피트가 얼마나 화나게 하든 노라는 그를 죽일 생각까지는 없었다. 하지만 시어머니는 정말로 확 죽여 버릴까 싶었다.

위의 예시문 각각이 캐릭터 한 명의 예상을 보여 줌으로써 그 캐릭터의 과거를 암시하고 있다. 그러면서도 사건을 별로 지체하지는 않았다. 이야기가 흘러가는 속도에 지장을 주지 않고도 캐릭터 구성에 깊이를 더한 것이다.

습관

사람은 누구나 자기만의 습관이 있다. 별 의미 없는 사소한 습관도 있겠지만, 상당수는 우리의 삶 속에서 반복된 패턴의 결과이다. 캐릭터가 손가락으로 테이블을 자꾸만 두드린다면 그냥 초조하다는 뜻 정도일 것이다. 하지만 캐릭터가 살아온 삶의 일면을 보여 주는 특수한 버릇도 있다.

"어디 가는 거야? 거기서 꺾으면 안 되는 거였는데."
피트의 말에 노라는 얼굴을 붉혔다.
"아, 미안. 라이언 학교 데려다 줄 때마다 늘 이 길로 다녔거든. 나도 모르게 그만."

한 시간 뒤에 피트는 장 본 물건들과 잔돈을 가지고 돌아왔다. 그는 잔돈을 하나하나 세어 가며 노라의 손에 쥐어 주었다.
"17달러 62센트, 65센트, 75센트……. 18달러, 19달러, 20달러."
노라가 깔깔 웃었을 때에야 피트는 자기가 이상한 짓을 했음을 깨달았다. 그는 씁쓸하게 웃었다.
"나 참, 아버지 가게에서 일한 건 20년 전인데 아직도 계산대 직원처럼 거스름돈을 세게 되네."

노라는 왼편을 찬찬히 살펴보고 차에서 내렸다. 그러자 오른편에서 택시 한 대가 튀어나오더니 급브레이크를 밟으며 노라를 피해 방향을 꺾었다. 노라는 뒤늦게 이 나라의 차선이 정반대라는 생각이 미쳤다. 뉴욕에서 터득한 보행자 생존 기술이 런던에서는 쓸모가 없는 것이다.

피트는 호텔 측에 6시 30분에 깨워 달라는 요청을 남겨 놓고 텔레비전을 끈 뒤 침대로 들어갔다. 물론 왼쪽 자리에 누웠다. 늘 그의 오른편에서 잠들곤 했던 노라는 이미 4년 전에 떠났는데도.

노라는 피트가 수표를 쓰는 것을 눈여겨보았다. 그는 수표에 적어 넣은 글자 사이의 빈 공간마다 꼭 가로로 줄을 세 개씩 긋는 버릇이 있었다.

"정말로 마트 직원들이 수표 금액을 멋대로 바꿔 적을까 봐 걱정돼서 그러는 거야? 33달러 44센트 앞에 '100만'이라도 붙일까 봐서?"
피트가 대답했다.
"안전벨트 매고 차 문 잠그는 거랑 같지 뭐. 버릇을 들여 놓아야 정말 중요한 순간에 잊어버리지 않으니까."

물론 습관이 지나치게 많으면 캐릭터가 강박증 환자처럼 보인다. 하지만 누구나 살다 보면 나름대로의 버릇이 생기게 마련이다. 캐릭터의 습관이 무엇인지 보여 주면 독자가 캐릭터를 이해하고 믿는 데에 도움이 된다.

인간관계

누구나 살다 보면 나름대로의 인간관계를 맺게 된다. 본래의 환경에서 벗어나 완전히 낯선 세계로 온 캐릭터가 아닌 이상은, 기존에 쌓아 온 인간관계가 어떤 식으로든 드러나게 되어 있다.

가게 안의 사람들이 노라를 보는 눈길이 심상찮았다. 다들 흘끔흘끔 곁눈질을 하고 있었다. 피트는 노라의 모습에서 딱히 이상한 부분을 발견할 수 없었다. 스타킹 올이 풀리지도 않았고, 속옷이 보이지도 않는데 왜들 저러나 싶었다. 그런데 이제 보니 도난 감시 경비원이 그들을 슬며시 따라다니고 있었다. 아무래도 노라가 이곳에서 유명 인사인 모양이었다. 씀씀이가 큰 단골손님이라서는 물론 아니고.

모텔 직원이 피트에게 신분증을 보여 달라고 하지도 않고 수표를 재깍 건네받았을 때, 노라는 피트가 자신이 그리던 꿈의 남자가 아니라는 사실을 알 수 있었다. 힐튼 호텔이면 모를까, 한 시간 대실 요금으로 10달러를 받는 이런 싸구려 모텔에서 알아보는 단골손님은 전혀 고급스러워 보이지 않았다. 그래도 수표로 돈을 내는 걸 보면 아직 미혼이라던 말이 거짓말은 아닌 모양이었다.

피트와 노라가 마주치는 사람마다 똑같은 행동을 했다. 노라에게 무슨 질문을 하려는 듯하더니, 피트를 홀끔거리고는 어색하게 미소를 지으며 말을 돌리는 것이었다. 노라와 피트는 점심을 먹으려고 '화이트 트래시 살룬'이라는 이름의 작은 식당에 들렀다. 지친 기색의 웨이트리스가 주문을 받으러 왔는데, 노라는 몇 분 뒤에야 그녀가 고등학교 동창인 수지 파커라는 것을 깨달았다. 지난 10년 동안 잘 지내지는 못한 모양이었다.
수지도 노라를 알아보고는, 다른 사람들이 꺼내지 않았던 질문을 기어이 꺼내고야 말았다.
"조 밥은?"
노라는 차갑게 미소 지었다.

"나랑 피트가 미친 듯이 열정적인 불륜을 나누는 동안 집에서 애 일곱 명을 돌보고 있지."
수지는 잠시 생각에 잠기더니 고개를 저었다.
"너한테 애가 일곱이나 있을 리가 없잖아. 이렇게 홀쭉 말랐는데."

노라는 부엌 식탁 위에 놓인 봉투들을 눈여겨보지 않을 수 없었다. 모두 아직 뜯기지 않은 상태였으나 투명한 셀로판지로 된 부분으로 '최후통첩'이라는 문구가 비쳐 보였기 때문이다. 피트는 문을 닫아 놓고 통화 중이었지만, 전화에다 대고 쩌렁쩌렁 고함치는 소리가 노라에게도 다 들렸다.
"그딴 쓰레기에 돈을 내라니 말이나 됩니까? 작동만 돼 봐요, 당장이라도 입금하지! 뭐? 사람을 보내서 가져가겠다고? 어디 보내 봐요, 머리통을 부숴 버릴 테니까!"
1분 뒤 피트가 빙긋 웃으며 돌아와서는 말했다.
"옛날 여자 친구야."

캐릭터의 어떤 인간관계는 이야기에서 중요한 역할을 하겠지만, 그 외에도 별다른 영향력 없이 사소한 기능만 하는 인간관계도 있을 수 있다. 캐릭터에게 생생한 느낌을 준다든지, 코믹한 상황을 연출한다든지, 기타 등등. 이러한 자잘한 인간관계는 무엇보다도 당신의 캐릭터가 무대 위에서 필요할 때에만 움직이는 꼭두각시 인형으로 보이지 않게 해 준다는 점에서 유용하다. 캐릭터가 이야기 바깥에서도 나름대로의 삶이 있고 폭넓은 인간관계가 있는 살아 있는 인간으로 보이도록 해 주는 것이다. 당신의 소설은 그 인간관계 중에서도 극히 일부분만을 다루겠지만, 나머지 인간관계도 있기는 있다는 것을 독자에게 알려 줄 필요가 있다.

합리화

겉보기에 아무리 기괴하고 특이하고 희한하고 얼토당토않은 것일지라도, 소설에서 독자의 믿음을 얻지 못할 소재는 아무것도 없다. 당신이 최대한 공을 들여서 합리화하기만 하면 된다.

노라는 옥상에 서 있었다. 9층짜리 건물이었지만 9킬로미터 높이나 마찬가지였다. 탈출구가 전혀 없었으니까. 노라에게 다가오는 피트의 손에 들린 기다란 칼이 달빛 속에서 번뜩거렸다. 노라는 몸이 덜덜 떨렸지만 무엇을 해야 할지 잘 알고 있었다. 그래서 과감히 피트의 손을 후려쳐서 칼을 떨어트리고, 피트를 머리 위로 들어 올려서 옥상 너머의 허공으로 던져 버렸다. 오랜 세월 다져 둔 역도와 유도 실력이 결국은 도움이 되는 날이 온 것이다.

만약 노라가 역도를 배웠다는 사실이 이 장면에서 처음으로 언급된 거라면, 독자는 무슨 이런 말도 안 되는 전개가 다 있냐며 화를 낼 것이다. 피트에게 칼로 위협당하는 노라를 그토록 걱정했건만, 뒤늦게 노라가 오랑우탄처럼 건장한 사람이었다고 하니 뒤통수 맞은 기분이 들 수밖에.

그렇다고 해서 노라가 피트를 옥상 밖으로 던지면 안 된다는 법이 있나? 전혀 없다. 이 장면이 나오기 훨씬 전에 노라가 역도와 유도를 배웠다는 사실을 독자에게 알려 주기만 하면 된다. 그러면 독자는 이미 노라가 튼튼하고 싸움을 잘 한다는 것을 알고 있을 테니, 노라가 피트를 번쩍 들어 올려도 당황하지 않을 것이다. 하지만 노라가 일반적인 여성상에서 벗어나 역도 같은 과격한 운동에 뛰어든 이유도 있어야 한다. 노라가 왜 그랬을까? 건강한 근육질의 몸을 갖고 싶어서? 예전에 자신을 강간했던 남자보다 강해지고 싶어서? 유방암이 재발할까 봐 두려워서? 아니면 친한 친구가 그저 재미 삼아 보디빌딩에 끌어들였는데, 한번 해 보니 마음에 들었기 때문에? 어떤 이유든 간에, 노라는 피트를 들어 올려서 옥상 밖으로 내던져도 이상하지 않을 만한 사람이 되어야 한다.

물론 독자가 노라에 대해 모든 것을 안다면, 위의 예시문 하나만 봤을 때처럼 피트에게 위협당하는 상황이 조마조마해 보이지는 않을 것이다. 노라가 자기 몸을 지킬 수 있다는 것을 독자도 알고 있으니까. 하지만 그렇다고 해서 그 장면에 긴장감을 조성할 수 없는 것은 아니다. 다음과 같은 전략을 취할 수 있다.

1. 피트에게 칼 대신 총을 들린다. 그러면 노라가 아무리 육체적으로 강해도 총 앞에서는 무력할지도 모른다는 두려움을 자아낼 수 있다. 노라가 총을 든 피트와 맞서 싸워 이길 방법은 다시 찾아야겠지만, 이렇게 하면 위기감을 잃지 않아도 된다.

2. 긴장감의 원인을 바꾼다. 노라는(더불어 독자는) 피트가 그녀를 죽일까 봐 두려운 게 아니라, 거꾸로 노라가 부득이 피트를 죽여야 할까 봐 두려워한다. 노라는 그를 죽이는 걸 견딜 수가 없다. 그래서 다가오지 말라고 경고를 했는데도 피트는 마치 죽고 싶어 하는 사람처럼 행동한다. 이전에도 피트를 막으려고 다치게 해 본 적이 있지만 그걸로는 소용이 없었다. 하지만 그를 죽이면 끔찍한 일이 일어난다. 독자는 노라가 피트를 죽이면 엄청난 고통에 시달릴 것을 알고 있지만, 노라가 망설이다가 결국 피트를 죽이지 못하는 상황 역시 두려워할 것이다.

3. 노라의 기상천외한 싸움 기술을 좀 무난하게 바꾼다. 피트의 칼을 쳐서 떨어트리고 그를 들어 올려 건물 밖으로 내던지는 대신, 피트가 휘두르는 칼을 슬쩍 피한 다음 피트의 몸이 쏠린 방향을 이용해서 밀어 버리는 것이다. 이 정도라면 노라가 그렇게까지 강해야 할 필요도 없다. 역도는 빼고 유도만 배웠다고 해도 충분하다. 이런 장면도 어쨌든 사전에 복선을 깔아 두긴 해야 하고, 싸움 과정도 더 구체적으

로 묘사해야겠지만, 긴장감은 분명히 자아낼 수 있을 것이다.

4. 같은 장면을 싸움이 아니라 사고에 가깝도록 만든다. 예컨대 피트가 노라를 결국 칼로 찌르고, 노라는 격렬한 아픔으로 의식이 아찔해져서 피트 쪽으로 쓰러진다. 그때 노라의 몸에 치인 피트는 순간 균형을 잃고, 노라가 살려 달라고 애원하며 그의 발을 붙잡는 바람에 피트는 아예 몸의 중심을 잃고 난간 너머로 떨어진다. 이 과정의 디테일을 치밀하게 서술한다면 얼마든지 독자의 믿음을 얻을 수 있을 것이다. 무엇보다도 미리 복선을 깔아 둘 필요가 없다는 점에서 좋은 방법이기도 하다. 노라에게 아무런 특별한 능력이 없어도 벌어질 수 있는 일이니까.

노라가 역도를 배웠다고 설정하고 그 사실을 독자에게 납득시키는 건 좋지만, 그 전후 맥락을 보여 주는 데에 너무 치중한 나머지 자제력을 잃으면 곤란하다. 노라의 역도 실력이 단지 피트를 집어던지는 장면을 위한 장치일 뿐 다른 용도가 없다면, 당신은 역도에 대해 미리 언급해 두기는 하되 그 점을 계속 되풀이하여 강조하지는 말아야 한다. 노라가 오로지 역도만 하는 사람처럼 보여서는 안 된다는 뜻이다. 노라의 역도 실력이 너무 두드러지게 부각되면, 독자는 그 요소가 단순한 호신용 수단 이상으로 중대한 역할을 하기를 기대할 것이다. "역도 수련하느라 고생했다는 얘기가 그렇게 많이 나왔는데, 달랑 이 남자 하나 집어던지고 끝이란 말야? 이제 역도 얘기는 안 나오는 건가?" 라고 독자는 반문할 것이다.

사건을 합리화하는 장치는 그 사건이 이야기 속에서 차지하는 비중에 걸맞는 선에서만 동원해야 한다. 그 이상으로 많은 복선을 깔아 놓으면 독자에게 이뤄 주지도 않을 헛된 기대를 심어 주는 일이나 마찬가지다.

대략의 원칙을 다음과 같이 정리할 수 있겠다. <u>캐릭터의 어떤 행동이 특이할수록, 또한 그것이 이야기에서 차지하는 중요성이 높을수록, 당신은 더욱 일찍 그리고 더욱 많이 그것을 합리화해야 한다.</u>

| 12장 |
변화

현실의 사람들은 누구나 변한다. 우선은 육체적인 변화가 있을 수 있다. 옆집 살던 꼬마가 어느 날 보니 근사한 청년이나 후줄근한 깡패가 되어 있다든지, 어릴 적 어울리던 친구가 나이를 먹었다든지, 뚱뚱하던 친구가 갑자기 날씬해졌다든지, 남편이 수염을 기른다든지, 아내가 헤어스타일을 바꾸고 이전과 전혀 다른 옷을 입기 시작한다든지.

사회적 역할의 변화도 있다. 부자가 파산한다든지, 농부가 자기 땅을 팔고 다른 주로 이사해서 패스트푸드점을 개업한다든지, 열정적으로 살던 소녀가 결혼해서 한 명의 아내이자 어머니가 된다든지, 한 명의 아내이자 어머니였던 여자가 남편을 잃는다든지, 회사에 새로운 경영진이 들어오는 바람에 지난 48년간 간부였던 사람이 별안간 실직한다든지.

이 모든 변화는 물론 놀랍고 심지어는 충격적일 것이다. 하지만 무엇보다도 충격적인 경우는 사람의 본성이 변할 때다. 예컨대 당신이 철석같이 믿었던 사람이 약속을 저버리고 미안해하지도 않을 때, 사랑하는 사람이 느닷없이 당신에게 잔인하게 대하는데 당신은 아무 잘못도 하지 않았고 도저히 이유를 알 수 없을 때, 늘 재미없기만 하던 사람이 별안간 무척 매력적인 사람으로 변신할 때, 잘하는 일이라곤 하나도 없는 낙오자처럼만 보이던 사람이 어느 순간 훌륭하고 감탄스러운 일을 해낼 때.

사람들이 변하는 이유

현실에서는 사람들이 왜 그렇게 변하는지 알 도리가 없다. 물론 몇몇 변화를 설명하는 개념들이 있긴 하다. 중년의 위기, 성장, 통과 의례, 신경 쇠약, 자아 찾기, 이기심의 발로, 본색을 드러내다, 거듭나다, 막 나가다, 기타 등등……. 하지만 이런 건 우리 자신을 위안하려고 만들어 낸 이름표에 불과하다. 타인의 변모를 맞닥뜨려도 적당한 이름만 붙일 수 있으면 그나마 충격을 덜 받으니까. 하지만 실상은 아무것도 모르는 것이나 마찬가지다. 다른 사람들의 머릿속에서 정말로 어떤 변화가 일어나는지 우리는 전혀 이해할 수 없다.

우리는 타인이 속한 사회적 역할에 비추어 그 사람을 이해하려 한다. 노예, 농노, 충성 서약, 취임 선서, 계약, 노동조합, 기업, 법, 결혼,

교제, 아첨, 위선……. 이 모든 것이 우리 주변 사람들의 행동을 미리 가늠하거나 통제하기 위한 수단이다. 그러나 사람들은 탈출, 혁명, 배신, 소송, 파업, 매각, 범죄, 이혼, 외도, 험담, 폭로와 같은 예기치 않은 행동을 하고, 그때마다 우리는 타인과 세상에 대한 인식을 수정해야 한다.

모든 인간관계의 밑바닥에는 불확실성이 도사리고 있고, 타인의 불가사의한 변화는 우리에게 공포를 불러오게 마련이다. 이 공포에 대처하는 한 가지 방법이 바로 소설이다. 소설에 나오는 인물들이 행동하는 동기와 원인을 보면, 실제 사람들이 변하는 이유도 어느 정도 추측할 수 있기 때문이다.

그렇다고 해서 당신의 캐릭터가 꼭 변해야 한다는 뜻은 아니다. 오히려 사람의 본성은 아무리 바꾸려 노력해도 변하지 않는다는 것이 소설에서 가장 자주 나오는 주제 중 하나다. 예컨대 맥베스는 신분 상승을 원하는 본성 때문에 마녀의 예언과 아내의 음모에 현혹되며, 결말에서 그가 공개적으로 모욕을 당하느니 차라리 죽음을 택하고자 하는 것은 고결한 지위를 갈구하는 그의 열망이 변하지 않았다는 증거다. 이러한 이야기에는 결국 우리가 타인을 진정으로 이해할 수만 있다면 그 사람이 늘 그대로라는 것을 알 수 있다는 메시지가 담겨 있다. 누군가가 변하는 것처럼 보이는 까닭은 우리가 애초에 그 사람을 제대로 이해하지 못했기 때문이라는 것이다.

변하지 않는 사람들

인간의 본성은 변하지 않는다는 관점에서, 당신은 다음과 같은 세 가지 방향으로 소설을 전개할 수 있다.

1. 캐릭터가 처음부터 끝까지 동일한 방식을 고수하며 정해진 운명을 밟아 가는 이야기. 어떤 독자들은 이런 소설의 캐릭터가 변하지 않는다는 이유로 비판하기도 하지만, 기대와 신뢰를 한결같이 저버리지 않는 인물들과 함께 가상의 세계를 살아감으로써 큰 위안을 받는 독자도 많다. 예컨대『폭풍의 언덕』에서 히스클리프와 캐시는 유년 시절에 나누었던 격정적인 사랑을 떨쳐 내려 노력하지만, 변하려는 모든 시도는 수포로 돌아간다. 두 사람은 황야에서 뛰노는 아름다운 야생 짐승 같던 어린 시절의 자기 자신으로 돌아오고야 만다.

2. 캐릭터가 변하는 것처럼 보이지만 실은 처음부터 내재되어 있던 본성을 드러내는 것에 불과한 이야기. 이 캐릭터는 당신이 생각하는 이미지에 맞춰서 가장하고 있었을 뿐이거나, 진짜 정체성을 드러낼 힘이나 기회가 없었던 것이다. 예컨대 맥베스는 덩컨 왕이 침소에서 잠들었을 때에야, 그리고 왕위를 차지하고 승리를 거머쥐었을 때에야 비로소 살인자로서의 실체를 드러낸다. 또 오이디푸스는 친부모를 살해할 운명으로 태어난다. 부모는 그 운명을 피하기 위해 오이디푸스를 죽이려고까지 하고, 오이디푸스 자신은 고국(으로 착각한 땅)에서 도망

쳐 보기도 하지만, 그 모든 노력은 실패한다. 오이디푸스의 정체는 부모를 살해하고 근친상간을 저지르는 인간이고, 아무리 다른 인간인 것처럼 가장해도 결국은 진짜 본성이 드러나고야 만다.

3. 캐릭터가 변하고 싶어 하다가, 진정한 본성을 발견하고 나서야 변화에 성공하는 이야기. 이런 캐릭터는 외면적인 삶의 양상이 바뀌는 듯 보이지만 실은 새롭게 발견한 자기 정체성에 충실한 것뿐이다. 예컨대 아인 랜드의 『마천루』와 『아틀라스』에 등장하는 캐릭터들은 천재가 되거나 위대해지는 것처럼 보인다. 하지만 그들은 사회의 족쇄에서 벗어나 자신을 옭아매던 거짓된 믿음을 버림으로써 내면에 늘 숨겨져 있던 위대함을 발견했고, 그리하여 마침내 본연의 영웅적 역할을 수행할 수 있게 된 것이다.

위의 세 가지 유형의 캐릭터는 변하지 않고, 다만 정체를 드러낸다.

변하는 사람들

소설에서 다루는 또 하나의 커다란 주제는 바로 사람이란 변한다는 것이다. 하지만 이런 경우에는 불가항력적인 원인 때문이다.

1. 사람들이 변하는 이유는 그들의 유전자 속에 각인된 본능적인

충동이나 욕구 때문일 수 있다. 예컨대 D. H. 로렌스의 『무지개』, 『채털리 부인의 연인』에 나오는 캐릭터들의 행동 방식에는 사실 동기랄 게 없다. 자기들 나름대로는 특정한 목적이 있다고 생각하지만, 결국은 모든 선택이 육체적인 욕구에서 비롯되었을 뿐이다. 이렇게 사람들을 인간인 척 위장하는 짐승으로 보는 관점은 레이먼드 챈들러나 로스 맥도널드의 하드보일드 추리 소설이나 제임스 조이스의 희비극적 소설에서도 볼 수 있다. 그러나 이러한 이야기가 전하는 메시지는 절망이 아니다. 자신의 본능을 초월하려 몸부림치는 이 캐릭터들은 모두 일종의 고귀함을 나타내고 있다.

2. 사람은 타인의 영향력 때문에 변할 수도 있다. 조지 버나드 쇼의 『피그말리온』은 길거리에서 꽃 파는 소녀도 적절히 교육하고 훈육한다면 몸도 마음도 어엿한 숙녀가 될 수 있다는 전제로 이야기를 끌고 간다. 로버트 파커의 스펜서 시리즈는 주위의 압박 때문에 일그러진 사람들을 보여 주면서, 너무 늦지만 않았다면 환경을 바꿈으로써 사람도 바꿀 수 있다고 이야기한다. 일례로 스펜서는 말썽에 사로잡힌 어떤 소년을 외딴 숲의 오두막집에 데려가서 색다른 환경과 고된 노동을 경험하게 한다. 그러자 소년은 아주 딴사람이 되고, 정해진 운명이라고만 믿었던 기존의 삶에서 벗어나 완전히 새로운 삶을 살게 된다.

자기 자신을 바꾸는 사람들

인간의 변화를 다루는 소설의 세 번째 주제는, 사람은 의지를 통해 자신의 본성을 바꿀 수 있다는 것이다. 그 의지 역시도 본성의 일부라느니, 따지고 보면 아무것도 변하지 않았다느니 하는 말은 신경 쓰지 마라. 운명이나 타인의 요구에 순응하기보다 자신이 '원하는' 삶을 살고 싶다는 중대한 개념에 비하자면, 그런 얘기는 트집 잡기일 뿐이다. 『피그말리온』만 보더라도 그렇다. 조지 버나드 쇼가 주장하는 교육과 훈육 이론도 중요하지만, 극중에서 꽃 파는 소녀였던 일라이저 두리틀이 숙녀로 변할 수 있었던 까닭은 무엇보다도 캐릭터 스스로 변화를 갈망했기 때문이다. 일라이저는 자기 의지로 헨리 히긴스를 설득해서 교육을 받고, 자기 의지로 학습에 성공한다. 버나드 쇼는 사람이 환경에 좌우되는 존재라는 이야기를 많이 하지만, 그의 희곡에는 항상 의지력 강한 주인공이 등장하여 출신과 환경을 극복하고 새사람이 되는 데에 성공하곤 한다. 극작가 본인이 의도했든 아니든 간에 그의 작품에서 나타나는 주제는 그런 것이다. 인간의 본질에 대해 당신이 주장하는 바가 무엇이건, 당신의 이야기에서 캐릭터가 변하는 원인이야말로 당신이 '진정으로' 믿는 바가 무엇인지를 보여 줄 것이다. 그리고 캐릭터의 변화에는 반드시 원인이 있어야 한다.

변화를 합리화하기

　적절한 근거도 없이 캐릭터가 육체적, 사회적 변화를 겪게 해서는 절대로 안 된다. 전반부에서 남자였던 캐릭터가 아무 이유도 없이 갑자기 여자가 된다면 독자는 당연히 넌더리를 내며 책을 벽에다 집어 던질 것이다. 캐릭터의 사회적 역할이 변하는 경우에도 그 원인과 결과를 모두 보여 줘야 한다. 사람의 직업, 혼인 여부, 재산 상태가 변했다면 마땅히 이전에 어떤 계기가 있을 터이고, 이후의 생활 패턴도 어떤 식으로든 변하지 않을 수 없다.

　캐릭터의 행동 방식도 마찬가지다. 만약 피트라는 캐릭터가 조용하고 숫기 없고 사람들 앞에 나서기를 꺼리는 편이라면, 피트가 별안간 어떤 매력적인 패션모델 여성에게 다가가서 데이트 신청을 한다는 건 말이 안 된다. 그 여자가 다른 여자들과는 다른 특별한 이유가 있거나, 피트가 소극적인 성격을 극복하기 위해 트레이닝이라도 받았다거나, 피트의 아버지가 최근에 사망함으로써 평소 피트를 가로막던 내면의 방어 기제가 사라졌다거나, 그 외에 무엇이든 그럴듯한 원인이 있어야 한다.

　변화의 원인이 꼭 캐릭터가 변하는 장면보다 앞서서 나와야 할 필요는 없다. 하지만 캐릭터의 변화 이전이나 혹은 변화와 동시에 그 원인을 해명하지 않을 거라면, 적어도 당신이 캐릭터의 이상 행동을 의식하고 있다는 신호라도 독자에게 보내 줘야 한다. 그래야 독자가 그 캐릭터의 급작스러운 변화를 추후에 밝혀질 미스터리로 여기고 계속 읽어 나갈 것이다. 예컨대 피트가 느닷없이 모델에게 걸어가서 데이트 신청을 하더라도, 지켜보던 피트의 친구 한 명이 독자와 마찬가지로 깜짝 놀라는 반응을 취한다면 괜찮다. 작가가 갑자기 미쳐서 이러는 게 아니라 언젠가는 피트가 변한 이유를 설명할 예정이라는 명백한 신호이니까.

캐릭터의 변화를 합리화하는 '올바른 방법'은 따로 없지만, 기억해 둬야 할 기본적인 원칙은 있다. 이야기에서 중요한 캐릭터일수록, 그리고 변화가 급격하면 할수록, 그 변화를 해명하는 데에도 많은 공을 들여야 한다는 것이다. 예컨대 노라가 담배를 끊는 정도의 변화에는 별로 많은 해명이 필요하지 않다. 흡연자들은 원래 대부분 담배를 끊기를 원하고, 그 이유도 익히 잘 알려져 있으니까. 하지만 노라가 이야기의 주요 전개에 많이 엮이는 주역 캐릭터라면 그걸로는 부족하다. 왜 하필이면 지금 담배를 끊으려고 하는지, 금연하는 동안 노라의 행동이 어떻게 달라지는지를 짚어 줘야만 한다.

그리고 당신은 캐릭터의 어떤 측면이 변했는지 정확히 알고 있어야 한다. 노라가 예전에도 수십 번쯤 금연하려고 시도했는데 작심 하루 만에 실패하곤 했다면, 이번만은 유독 금연에 성공할 수 있었던 까닭이 무엇인지 설명해야 할 것이다. 임신을 했다거나, 담배를 싫어하는 남자를 만나게 됐다거나, 직장에서 금연 정책을 시행한다거나, 건강 진단을 했는데 암이 우려되는 결과가 나왔다거나 등등. 즉 이 경우 당신이 합리화해야 하는 부분은 노라가 금연을 하게 된 동기가 아니라 이번만은 금연에 성공할 수 있었던 이유다. 늘 금연을 시도하다가 실패하는 것이 원래 노라의 행동 패턴이었으니, 노라의 진짜 변화는 금연을 하기로 결심했다는 점이 아니라 마침내 끊었다는 점에 있는 것이다.

그런데 어떤 종류의 소설에서는 캐릭터의 변화를 해명하지 않는 경우도 있다. 이런 소설들은 인간을 부조리하고 무차별적이고 비합리적인 존재로 본다. 이것이 바로 인간의 본질에 대한 네 번째 문학적 주제이다. 이 관점에 따르면 사람들이 어떤 행동을 하는 데에는 아무 이유도 없으며, 그 이유가 무엇인지 해명하는 소설들은 순전히 허구에 지나지 않는다. 인간은 오로지 서로의 행동을 의식했을 때에만 그 의미를 해석하려 하며, 어떤 해석이 나오든 모두 듣기 좋은 거짓말에 불과하다. 설령 인간의 변화에 진짜 원인이 있다고 하더라도 어차피 우리는 영영 이해하지 못할 테니 없는 것이나 마찬가지다. 프란츠 카프카, 장 폴 사르트르와 같은 실존주의 작가들의 작품이나 사무엘 베케트나 해럴드 핀터의 부조리극에서 이와 같은 주제를 찾아볼 수 있다.

하지만 당신이 부조리주의를 지향한다고 해서 캐릭터를 아무 때나 아무 근거 없이 아무렇게나 변하게 해도 된다고 생각하면 오해다. 인간의 변화를 이해하고자 하는 우리의 욕구는 매우 뿌리 깊은 본능이기에, 그러한 이해 가능성을 원천적으로 부정하는 소설에서는 결국 그 '부정' 자체가 가장 중요한 문제로 부각된다. 예컨대 부조리주의 작가들은 캐릭터가 제멋대로 변할 것이라는 사실을 소설 처음부터 보여 줌으로써, 이 세계에서는 합리적인 해석을 기대하면 안 된다는 것을 독자에게 알려 주는 경우가 많다. 반대로 인간의 변화에 반드시 합당한 이유가 있는 '정상적'인 세계를 배경으로 하되, 그 안에서 캐릭터가 충격적이고 불가해한 변화를 겪는다는 이야기도 있다. 그런 경우에는 캐릭터의 변화가 불가해하다는 바로 그 특성이 소설의 주제가 되어야 한다.

아, 물론 궁극적인 선택은 당신의 몫이다. 당신은 캐릭터에게 중대한 변화를 부여하면서 아무 해명도 하지 않을 수도 있고, 해명이 불가능하다는 점을 언급하거나 의식하는 신호조차 주지 않을 수도 있다. 하지만 그러면 독자가 그 부분을 당신의 의도가 아니라 단지 글솜씨가 서툴러서 생긴 실수라고 오해하더라도 어쩔 수 없는 일이다. 심지어는 당신이 독자를 짓궂게 놀리는 것처럼 보일지도 모른다. 마치 "아, 독자 여러분, 설마 이 캐릭터들에게 진심으로 몰입하려고 했어요? 이 얘기를 진지하게 생각하려 했단 말예요? 바보 같긴. 이건 다 소설이에요. 내가 작가니까 내 맘대로 아무렇게나 쓸 수 있다고요."라고 말하는 것처럼. 물론 당신은 무엇이든 당신 마음대로 '쓸 수'야 있다. 하지만 소설을 쓴다는 것은, 당신이 아무렇게나 쓰지 '않을' 것이라고 독자와 암묵적인 계약을 맺는다는 뜻이다. 당신이 이야기 속에 반드시 어떤 의미를(세상에 의미라는 것은 존재하지 않는다는 의미라도) 담을 것이라는 계약 말이다. 훌륭한 부조리주의 작가들은 모두 그 계약을 충실히 지켰다.

이 원칙은 코미디도 예외가 아니다. 다만 코미디에서 캐릭터가 변하는 이유는 진지한 소설보다 신빙성이 좀 떨어져도 괜찮다. 내용이 아주 엉뚱한 코미디라면 캐릭터가 변하는 계기도 터무니없을 수 있을 것이다. 하지만 터무니없든 아니든 간에 어떤 이유가 나오기는 해야 한다. 안 그러면 독자의 신뢰를 잃을 것이다.

3부
집필

| 13장 |

목소리

당신의 이야기를 말하는 사람은 누구인가?

물론 당신이다. 어떤 이야기를 쓸지, 어떤 사건이 중요한지, 어떤 장면을 보여 줄지, 어떤 상황을 다룰지 모두 당신이 결정한다. 일체의 설정, 캐릭터, 배경, 아이디어가 당신의 생각에서 나온다.

하지만 소설을 이루는 언어의 측면에서 말하자면, 독자는 결국 누구의 목소리를 듣는 것인가?

그건 온전히 당신의 목소리라고 볼 수가 없다. 당신이 이야기를 말로 하는 게 아니라 글로 쓴다는 사실만으로도 당신의 말투는 일정한 형식을 갖추게 된다. 글쓰기는 말하기보다 시간이 오래 걸리고 스스로 사용하는 어휘를 눈으로 확인할 수 있기에, 언어를 만들어 내고 조종하는 방식이 평소와 달라진다. 그러니 목소리도 바뀔 수밖에 없다.

또한 글을 쓸 때는 청중의 반응을 볼 수 없기 때문에 더 정확하고 계산된 어투를 쓰게 된다. 말할 때는 청중의 반응을 보고 그들이 이해했는지 아닌지 즉시 판단할 수 있으니 그렇게까지 세심하게 말을 고를 필요가 없다. 심지어 녹음기를 통해 구술(口述)을 기록하더라도 평소의 목소리와는 달라진다. 그것도 결국은 '기록'이기에 녹취를 목적으로 조절된 목소리가 나오게 되기 때문이다. 당신은 이미 이 차이를 숱하게 경험했을 것이다. 즉석에서 자연스럽게 말할 때, 글을 외워서 말할 때, 글을 소리 내어 읽을 때의 목소리가 다 다르다.

비단 말하기와 글쓰기의 차이만은 아니다. 당신이 평소에 쓰는 목소리 자체도 여러 가지다. 예컨대 부모님을 대할 때와 형제를 대할 때의 목소리는 서로 다르다. 직장에서 쓰는 목소리, 통화할 때 나오는 목소리(비서나 안내원 직업에 종사하는 사람이라면 더더욱)도 따로 있다. 자식을 상대하는 목소리만 해도 여러 종류로 나뉜다. 엄격하게 꾸짖는 목소리, 다정하게 칭찬하는 목소리, 아기를 어를 때나 힘들어하는 자녀를 달랠 때 나오는 목소리. 그 밖에도 식당이나 가게 직원에게 쓰는 목소리, 공개 석상에서 사용하는 목소리, 기타 등등.

물론 이 모든 목소리를 만들어 내는 것은 당신의 후두이다. 하지만 내가 여기서 이야기하는 '목소리'는 단지 육체적인 음성만을 뜻하는 것이 아니다. 상황과 상대에 따라 당신이 쓰는 어휘도 달라진다. 공통적으로 쓰는 말도 있겠지만 생각보다 차이가 많이 날 것이다. 문장 구조나 발음도 천차만별이다. 속어를 섞어 쓰는 경우, 격식 있게 말하는 경우, 편안하게 말하는 경우가 있다. 어떤 상황에서는 외설적인 말도 쓰는 반면 또 어떤 상황에서는 점잖게 말할 것이다.

나는 10대 시절에 이 사실을 실감했다. 어느 여름에 휴양지의 극장에서 배우로 일한 적이 있는데, 그 극단에서 쓰는 말투는 거친 선원들조차 얼굴을 붉힐 만큼 과격했다. 나 역시 그들과 똑같은 말투를 사용했지만, 집에서 가족들을 대할 때는 절대로 그러지 않았다. 두 가지 목소리의 차이가 너무나도 극명했기에 나는 부모님 앞에서 그런 단어를 쓰지 말아야 한다는 생각조차 할 필요가 없었다. 그냥 집에서는 그런 말이 안 나왔다. 그 단어들은 '집에서 나오는 목소리'에 포함되지 않았기 때문이다.

이중인격자의 심리처럼 보이는가? 따지고 보면 꽤 비슷한 현상 같다. 어쩌면 우리가 상황에 따라 다른 목소리를 쓰도록 해 주는 두뇌 기능이 정말로 다중인격장애를 유발하는 요소와 동일한지도 모른다. 하지만 정상적인 사람들은 적어도 몇 종류의 목소리를 의식적으로 제어할 수 있다. 평소에는 별 생각 없이 습관적으로 사용할 때가 더 많겠지만.

내가 여기서 말하는 목소리라는 게 뭔지 아직 잘 모르겠다면, 하루 동안 마주치는 사람들의 말을 잘 귀 기울여 들어 보라. 아이가 칭얼거리는 소리, 친구가 아부하는 목소리, 좋아하는 사람이 당신을 부드럽게 거절하는 목소리 등등. 그런 순간에 객관적으로 분석하기는 힘들겠지만, 목소리가 변하면 음색 자체만이 아니라 어휘나 구문도 조금씩 달라지는 것을 알 수 있을 것이다. 때로는 극단적으로 변하는 경우도 있을 수 있다.

　당신은 이 차이를 의도적으로 고려하고 목소리를 바꾸는 것이 아니다. 그저 태도나 사고방식을 바꾸니 말버릇도 거기에 맞게 변하는 것뿐이다.

　나는 서부에서 자랐지만 지금은 남부의 노스캐롤라이 주 피드몬트에서 살고 있다. 남부 억양이 심하지 않은 지역이긴 하지만, 간혹 뚜렷한 남부 억양을 구사하는 사람들을 만날 때면 나도 모르게 그들과 비슷한 방식으로 말하게 되곤 했다. 발음뿐만이 아니라 남부 특유의 표현법 및 비유법까지도 닮기 일쑤였다. "고양이 입에 들어간 다람쥐처럼 우울해." "걔가 얼마나 빨리 가 버리던지 문을 열기도 전에 탕 닫히기부터 하더라니까." "비가 엄청 쏟아졌어. 고개 들면서 미소라도 지었다가는 익사할 판이었다고." 의식적으로 따라한 것이 아니다. 나는 그저 말하느라 바빴고, 그동안 내 두뇌가 상황에 맞는 화법을 꺼냈을 뿐이다.

　소설을 쓸 때는 훨씬 다양한 선택지가 열려 있다. 평소에는 절대로 쓰지 못할 목소리까지도 사용할 수 있다. 지역적인 사투리만을 뜻하는 게 아니다. 물론 브루클린, 보스턴, 필라델피아, 시카고, 휴스턴, 뉴올리언스, 샌페르난도 밸리 등 지역마다 존재하는 억양을 잘 살려 쓴다면 소설에 다채로운 생명력을 불어넣을 수 있겠지만, 그 외에도 여러 선택지가 있다. 태도는 어떻게 할까? 냉소적으로? 경박하게? 냉정하게? 놀라워하는 투로? 향수에 잠긴 투로? 격식은 얼마나 갖출까?

상스럽게? 적당히 속어를 섞어서? 허물없이? 정중하게? 고상하게? 위엄 있게?

사실 너무나도 많은 가능성이 있기에, 나는 키보드를 두드리며 집필을 하는 과정이 마치 연기를 하는 것처럼 느껴진다. 배역에 몰입하여 그때그때 캐릭터가 쓸 법한 어휘와 구문을 구사해 가며 즉흥 연기를 하는 듯한 느낌이다.

1인칭 시점이라면 당연히 그렇다. 이 경우에는 반드시 1인칭 화자 캐릭터의 목소리로 이야기해야 하고, 그렇게 하지 못하면 작품의 결함이 되니까.

하지만 나는 화자가 특정한 인물이 아닌 경우에도 '배역에 몰입하여' 글을 쓰는 경험을 한다. 3인칭으로 서술하되 시점인물의 목소리에 가까운 어투를 구사하게 되는 것이다. 다른 작가들의 작품에서도 대체로 같은 현상을 발견할 수 있다.

예외가 있다면 자기만의 문체가 매우 확연해서 작품마다 항상 똑같은 목소리만 사용하는 작가들이다. 물론 작가는 누구나 모든 저작에서 반복되는 고유한 문체가 어느 정도씩은 있게 마련이다. 캐릭터의 목소리는 작가 고유의 말투 위에 덧씌워지는 것이다. 우리는 아무리 노력해도 본래의 말투에서 완전히 벗어날 수 없지만, 소설에서는 다른 종류의 목소리를 덧씌우므로 작가가 평상시에 쓰던 말투와 얼마간 달라지게 된다.

매 작품에서 늘 유지되는 말투는 당신의 자연스러운 문체이다. 이 작법서는 문체를 다루는 책이 아니니, 나는 작품마다 캐릭터마다 달라지는 부분만을 논하도록 하겠다.

본격적인 집필에 들어가면 결정할 것이 아주 많다. 화자, 시점인물, 시제, 침투의 정도, 수사적 자세 등등. 이후의 몇 챕터에서는 이 모든 선택지의 강점과 약점을 소개할 테니, 당신의 소설에 무엇이 가장 적합하며 어떻게 구현할 수 있을지 판단하는 데에 도움이 되기를 바란다.

시점

자, 원래의 질문으로 돌아가자. 그래서 독자는 결국 누구의 목소리를 듣는 것인가?

1인칭과 3인칭의 차이는 당신도 이미 알고 있겠지만, 간략한 도표로 다시금 정리해 보겠다.

	단수	복수
1인칭	나, 저	우리, 저희
2인칭	당신, 너	당신들, 너희
3인칭	그, 그녀	그들

꼭 문법 수업처럼 보이는데, 사실이다. 이건 문법의 문제다.

소설, 신문 기사, 역사서, 과학 보고서를 막론하고 당신이 읽는 글은 대부분 1인칭이나 3인칭으로 되어 있을 것이다.

1인칭 시점은 화자 캐릭터가 보고 겪은 일을 직접 들려주는 목격담 형태에 쓰인다.

나는 디나가 무슨 꿍꿍이인지 알아내기를 포기하고 취하는 데에만 집중했다. 최대한 빨리, 많이 취해야 했다. 이따가 집까지 갈 길이 먼 데 진탕 취해 두지 않으면 운전하다가 너무 지루해서 곯아떨어질지도 모르니까. 하지만 언제인지도 모르게 바텐더가 내 차 열쇠를 가져가버렸고, 다음 날 아침 깨어나 보니 내 집 침대였다. 숙취로 지끈거리는 머리를 부여잡고 주위를 둘러보니 차 열쇠가 있는 곳을 적어둔 쪽지 한 장만 있을 뿐 내 옆에는 아무도 없었다.

반면 3인칭 시점의 화자는 이야기 속에 등장하지 않고, 캐릭터에게 일어난 일을 설명해 준다.

피트는 결국 디나가 무슨 꿍꿍이인지 알아내기를 포기하고 취하는 데에만 집중했다. 최대한 빨리, 많이 취할 작정이었다. 이후에 차를 몰고 집까지 먼 길을 가야 하는데도, 피트는 운전하다가 너무 지루해서 곯아떨어지지 않으려면 오히려 술에 취해야 한다고 생각했다. 하지만 그 술집 바텐더는 직업 정신이 투철한 사람이었다. 바텐더는 피트의 차 열쇠를 챙기고 그의 지갑에서 20달러를 꺼내서 택시에 태왔다. 두둑한 팁을 받은 택시 기사는 피트를 부축해서 아파트 계단을 올라가 집 안까지 데려다 주었고, 차 열쇠를 맡고 있는 술집의 이름을 적은 쪽지를 베개 위에 남겨 두었다. 다음 날 아침 깨어난 피트는 팔을 뻗어 디나를 안으려 했지만 메모 한 장만 발견했을 뿐이었다.

위의 두 예시문이 기본적으로 같은 이야기인데도 단지 시점 변환 때문에 내용이 달라졌다는 점을 주목하라. 1인칭으로는 화자의 관점에서 보고 겪은 일만을 말할 수 있으니, 첫째 예시문에서는 피트가 의식이 있을 때의 이야기만 나온다. 반면 둘째 예시문에서는 피트가 '필름이 끊겼을' 때에도 화자가 그의 상황을 계속 관찰하고 있다. 또한 화자가 자기 생각을 드러내는 부분도 있다. "그 술집 바텐더는 직업 정신이 투철한 사람이었다." 이건 화자만의 생각일 수도 있고, 피트의 생각일 수도 있다. 하지만 1인칭 시점에서는 오로지 화자인 피트만이 자기 생각을 직접 전달할 수 있다.

1인칭과 3인칭 사이의 선택은 단순한 문법적인 결정이 아니라 하나의 서술 전략이다. 화자가 이야기 속의 사건에 개입하는 캐릭터이기를 바란다면 1인칭 시점을 쓰고, 화자가 사건에 개입하지 않거나 아예 캐릭터로 보이지 않기를 바란다면 3인칭 시점을 써야 한다.

전체적인 시점을 정했다고 해도 다른 인칭들을 사용하지 않는 것은 아니다. 예컨대 3인칭 시점의 글에서도 한 캐릭터가 다른 캐릭터에게

1인칭으로 이야기를 하는 경우가 있다.

그녀가 말했다.
"한밤중에 마트에 갔었거든. 장 본 물건들이랑 차 열쇠를 챙기고 있는데, 그 남자가 다가오더라고. 진짜 괴상한 사람이었어. 아무 짓도 안 했는데도 나는 무서워서 죽는 줄 알았다니까."

한편 1인칭 시점의 화자가 다른 캐릭터의 이야기를 3인칭으로 서술할 수도 있다.

이야기를 들었는데도 나는 여전히 그녀가 왜 그렇게 불안해하는지 이해할 수가 없었다. 그녀는 그날 밤 마트에 갔다가 차 열쇠와 장 본 봉투를 챙기고 있을 때 이상한 사람과 마주쳤다고 했다. 그 사람은 아무 짓도 하지 않았지만, 하도 괴상하게 생겨서 무서워 죽는 줄 알았다는 것이었다. 하지만 1주일도 지난 지금에 와서 그 일이 뭐가 문제라는 걸까?

위의 두 예시문에서처럼 이야기 안에 또 하나의 이야기가 나오는 경우, 그 부분에서는 소설의 기본 시점과 다른 인칭을 사용할 수도 있다.

그렇다면 2인칭이나 3인칭 복수형 같은 다른 인칭들은 어떨까? 잘 쓰이지 않기는 하지만, 시도하면 안 된다는 법은 없다. 일례로 내가 가르치던 학생 한 명은 3인칭 복수형 시점으로 매우 훌륭한 엽편 소설을 쓴 적이 있다. 개인의 독자성이 없이 하나의 집단으로서만 사고하고 반응하는 군대에 대한 이야기였는데, 특이하면서도 효과적인 전략이었다. 하지만 그건 집단이 하나의 커다란 개인이 될 만큼 강한 유대로 묶여 있는 사람들에 대한 이야기였기 때문에 가능한 일이다.

소설의 시점이란 이야기를 서술하는 화자가 이야기 속의 캐릭터와 관계를 맺는 방식을 뜻한다. 작가가 독자를 '당신'이라고 부른다고 해서 2인칭 시점이 되는 것이 아니다. 독자를 소설 속의 캐릭터로 끌어들이지 않는 한, 화자가 독자를 지칭하는 것은 시점과 아무 관련도 없다.

당신은 범죄에 대해 모두 알고 있다고 생각할 것이다. "그런 상황에서 나 같으면 얼마든지 침착할 수 있을 텐데."라거나, "그놈을 흠씬 패 주면 되잖아?"라면서 여유만만하게 말하겠지. 하지만 막상 실제 상황에 맞닥뜨리면 절대로 그렇게 대처할 수가 없다. 정말이다. 내 등에 총부리가 닿는 감촉이 느껴진 순간, 머릿속에 떠오르는 생각이라고는 그저 "살려 주세요. 난 아직 살고 싶어요."뿐이었다. 나를 살려 주기만 한다면 그놈에게 수천 수만 달러라도 주고 싶다고 생각하면서 마음속으로 애걸복걸하고 있었다.

위의 예시문은 1인칭 시점이다. 독자의 생각을 가정하는 부분에서

2인칭 방식을 약간 사용하고는 있지만, 글 자체는 1인칭 서술로 되어 있다.

당신은 통상적으로 1인칭 아니면 3인칭을 사용할 것이다. 이 두 가지 시점에 대해서는 차후에 따로 면밀히 살펴보도록 하겠다.

시제

우리가 보통 접하는 글이나 이야기는 대부분이 과거 시제다. 신문 기사, 뉴스, 역사서, 과학 보고서, 소문, 소설에 이르기까지 대다수의 이야기가 그렇다. 독자들이 소설책을 펼칠 때는 당연히 과거 시제로 쓰였으리라고 예상할 것이다.

현재 시제가 기본으로 쓰이는 종류의 글도 있다. 지금 이 책만 하더라도 현재 시제다. 물론 이 책은 소설이 아니고, 소설 창작의 원리에 대해 설명하는 내용이기 때문에 그렇다. 창작의 원리는 과거에 일어났던 사건이 아니라 언제나 반복되는 공시적인 과정이기에 현재 시제를 쓰는 것이 당연하다. 지침서, 철학, 과학 이론(실험 결과를 정리하는 보고서 형식 말고) 등이 현재 시제로 쓰인다. 희곡 또한 모두 현재 시제다.

소설에서도 현재 시제를 쓰기는 한다. 특히 순수 문학에서 현재 시제는 실험적인 형식이 아니라 단편 소설에서 흔히 쓰이는 형식으로 일반화되어 가는 추세다.

그 밖에도 매우 특이한 방식들도 가능하다. 가령 명령법으로 서술한 이야기는 어떨까? 마치 화자가 독자에게 지시를 내리는 것처럼 말이다.

계단으로 올라가라. 처음 나오는 층계참 구석에서 떨고 있는 아이는 개의치 말고, 바닥의 토사물을 피해서 걸어가라. 난간을 손으로 짚거나 기대면 안 된다. 당신이 가진 열쇠는 이 건물의 방들 중 절반에 쓸 수 있다. 나머지 방들의 문은 잠금장치가 없다. 77번 방문을 열어보라. 숫자 밑에 휘갈겨 적혀 있는 야한 낙서에는 눈길을 줄 필요도 없다. 어차피 그건 영어도 아니라서 읽을 수도 없다. 당신은 고등학교 때 스페인어를 배우긴 했지만 별로 잘하지 못했고, 그나마도 다 잊어버려서 저 낙서가 스페인어인지 아닌지도 알아보기 힘들다. 여기에는 아이티인들이 많으니 어쩌면 프랑스어일지도 모른다.
문을 열고 안으로 들어가라. 숨은 입으로 쉬어라. 저 시체는 죽은 지 며칠 지났을 뿐더러, 여름이라 방 안 공기가 후텁지근하기까지 하다. 창문이라도 열어라. 아, 그건 안 되겠다. 너무 꽉 닫혀서 열기 힘들 테니, 창문이랑 씨름하는 데에 빠듯한 시간을 낭비할 필요는 없다. 당신은 이 집 하녀도 아니고, 경찰을 부르고 나면 그들이 알아서 환기도 시키고 청소를 해 줄 것이다. 지금은 우선 지갑을 찾아내야 한다. 숨을 참고, 시체의 살점을 자세히 보지 않으려 노력해라. 저렇게 부풀어 오르기 전에 어떻게 생긴 사람이었을지 상상하지도 마라. 이 사람을 생전에 보았든 아니든 아무 상관도 없다. 그냥 주머니만 뒤져라. 그래, 그거다. 주머니 안으로 손을 깊게 밀어 넣어라. 주머니 안감이 너무 얇아서 시체 살갗의 감촉이 느껴지겠지만 신경 쓰지 마라. 냉장고에 며칠 묵혀 둔 옥수수죽처럼 탱탱한 그 살점은 당신이 조금만 힘을 주면 금방이라도 뭉그러질 것이다.

주머니란 주머니는 다 뒤져서 안에 든 물건을 전부 챙겨라. 씻는 건 나중에 하면 된다. 잠깐만 참으면 나중에 몇 번이고 샤워를 하고, 피가 나도록 손을 문질러 씻고, 개운한 기분으로 잠자리에 들 수 있다. 다 챙겼나? 그럼 거기서 나와라.

기이하지만 흥미롭지 않은가? 하지만 이런 방식으로는 그리 긴 이야기를 쓸 수 있을 것 같지 않다. 그리고 꼭 명령법으로 써야 하는 소설 내적인 당위가 있어야 한다고 생각한다. 누군가를 고발하는 이야기, 추측하는 이야기, 화자가 자기 자신에게 말을 거는 독백 형식, 그 외에 뭐든 간에 이렇게 독특한 방식을 꼭 써야만 하는 이유가 있지 않다면, 나로서는 작가가 공연히 독자를 힘들게 하려고 야단스러운 언어적 특수 효과를 썼다고 생각할 것 같다.

비슷한 특수 효과의 예로, 미래 시제는 어떨까? 예컨대 점술사가 점괘를 풀어 놓는 이야기라면?

당신은 훤칠하고 근사한 남자를 만날 것입니다. 아, 진부하다고 생각하시나요? 너무 막연하다? 피상적이다? 그러면 더 구체적으로 들어가 봅시다. 당신은 훤칠하고 근사한 남자를 만나겠지만, 그에게 별로 신경 쓰지 않을 것입니다. 그는 계속 당신의 주위를 맴돌 거고요. 당신은 그가 당신에게 성적으로 관심이 있는지, 아니면 폭력적으로 나올 심산인지 알기 힘들 겁니다. 그가 속마음을 표현하지 않을 테고, 저도 거기까지는 말해 주지 않을 거예요. 그를 쫓아내고 싶다면 그에게 작은 빨간색 서류철을 주세요. 지금은 갖고 있지 않지만, 나중에 당신이 죽은 줄로만 알았던 사람에게 건네받을 물건이에요. 어쩌면 정말로 죽은 사람일지도 모르겠군요. 당신이 그 서류철을 그에게 주면 그는 물러나겠네요. 아마도요. 확실하지는 않아요. 환상이 흐릿해져서 잘 보이지 않네요.

독특한 시제로 글을 쓰는 건 상상하기야 쉽지만 제대로 해내기는 매우 어렵다. 뿐만 아니라 읽기도 힘들다. 위의 두 예시문을 읽으면서 당신은 서술이 특이하다는 점을 계속 의식했을 것이다. 서술의 특이함은 독자의 이목을 끌어당기긴 하지만, 이야기 속의 사건에 쏠려야 할 독자의 주의를 흩트리는 결과를 낳는다. 그것만으로도 당신이 특이한 시제를 쓰지 않을 이유가 된다.

나는 그저 이런 선택지도 가능하다는 점을 보여 주려고 위의 예시문을 썼다. 하지만 보통은 누구에게나 친숙한 과거 시제를 써야 가장 잘 먹힐 것이다. 과거 시제, 1인칭, 3인칭은 평범하기 때문에 눈에 띄지 않고, 독자의 주의를 끌지 않는다. 그러므로 독자와 이야기를 막힘없이 이어 주는 연결 고리가 되어 준다. 독자가 시제나 시점을 의식하기 시작하면 그건 장애물이 된다.

젊은 작가들, 특히 대학에서 문예창작 수업을 듣는 학생들은 독특하고 실험적이고 이상한 기법을 써야 훌륭한 작품이 된다고 믿는 경향이 있다. 그럴 만도 하다. 문학 수업에서는 다른 시대와 다른 문화권에서 쓰인 작품을 주로 다루니까. 언어가 변했듯이, 문학적 관습과 독자의 기대도 변했다. 게다가 문학 수업에서 가장 흔히 쓰는 방법은 분석이므로, 학생들은 작품을 부분별로 해체하고 상징을 해석하고 본질을 밝혀내는 데에 익숙해진다. 또한 당대의 관습과 기대를 어기고 실험적이거나 혁명적인 작품을 써서 찬사를 받은 작가들의 이야기를 수없이 듣곤 한다. 그러니 젊은 작가들이 분석, 해독, 연구의 대상이 될 만한 작품만을 위대한 소설이라고 생각하고 너무 이해하기 쉬운 글은 유치하고 하찮고 진부하다고 여기는 것도 무리가 아니다.

하지만 그건 전혀 사실이 아니다. 위대한 작가들은 극소수를 제외하면 대부분 당대의 관습을 따랐다. 대다수가 당대에 보편적인 언어를 사용해서 매우 알기 쉽게 썼다. 정말이다. 단테와 초서가 국민 문학의 기점이 될 수 있었던 까닭은, 아무도 못 알아듣는 신비로운 언어를 쓰기를 거부하고 통속적인 일상어를 사용함으로써 그들의 이야기와 시를 민중이 이해할 수 있도록 썼기 때문이다.

어떻게 보면 당신의 소설은 언제나 실험적이다. 당신도 처음 써 보는 이야기이고, 독자도 처음 읽어 보는 이야기니까. 당신의 목소리와 이야기와 캐릭터를 독자에게 전달하는 과정에서 부딪힐 도전적인 문제들이 아주 많을 것이다. 심지어 당신이 최대한 알기 쉽게 쓰더라도 의도를 오해하거나 당신의 세계를 거부할 독자도 많을 것이다. 그런데 뭐 하러 글을 더 어렵게 꼬아서 당신의 작품을 이해하고 사랑할 독자들마저 내쫓아 버리는가?

물론 탁월한 기교로 독자의 경탄을 불러일으키는 것이 당신의 궁극적인 목적이고 이야기 자체는 부차적인 문제라면, 독자를 계몽하기보다는 충격을 주기에 적합한 방식으로 써야 할 것이다. 그러나 중요하고 참된 이야기를 독자들에게 잘 전달하고, 기억에 선명히 남기고, 더 나아가 인식의 변화를 불러오는 것이 당신의 목적이라면, 글쓰기의 기교는 어디까지나 수단으로만 다루어야 마땅하다. 때로는 이야기를 제대로 쓰기 위해서 부득이 관습을 어기거나 색다른 기법을 시도해야 할 경우도 있을 테고, 그 때문에 읽기에 더 난해하거나 까다로워지는 위험을 감수해야 할 수도 있다. 그럼에도 위대한 작가들은 모두 마음속에 품고 있는 진실하고도 절실한 이야깃거리를 최대한 많은 독자에게 전하려고 최선을 다해 왔으며, 앞으로도 그럴 거라고 나는 믿고 있다.

대략의 원칙: 당신이 쓰고자 하는 이야기에 적합하되, 최대한 간명하고, 쉽고, 눈에 덜 띄는 기법을 사용하라.

| 14장 |
제시주의와 재현주의

  독자에게 이야기를 전하는 방법은 크게 두 가지로 나뉜다. 두 방법의 차이가 뚜렷하게 드러나는 연극의 사례부터 먼저 살펴보도록 하자.

  재현주의적 연극에서는 배우들이 무대와 객석 사이에 제4의 벽이 있는 것처럼 행동한다. 시선을 객석 쪽으로 향하더라도 관객의 존재를 의식하는 티는 전혀 내지 않고, 응접실의 맞은편 벽이라든가 아든 숲*의 풍경처럼 극중의 상황에서 보일 법한 것들을 보는 듯이 행동한다. 이 기법은 관객이 무대 위의 상황이 실제라는 환상을 유지하도록(관객의 이러한 반응을 '자발적인 불신의 유예'라고도 한다.) 도와준다. 관객은 자신이 연극을 보고 있다는 사실을 잘 알고 있지만, 배우들은 관객이 그 사실을 상기하지 않도록 최선을 다한다.

---

* 셰익스피어의 희극 「뜻대로 하세요」에 나오는 배경

그러나 연극이 완전히 재현주의적일 수는 없다. 예컨대 배우들이 저녁 식탁 앞에 앉는 장면에서는, 주연 배우나 아니면 적어도 키가 가장 큰 배우가 무대 안쪽으로 깊이 들어간 자리에 앉아서 관객을 마주본다. 대사도 현실에서 사람들이 쓰는 구어와는 달리 더 조리 있고 완결된 문장으로 되어 있다. 그리고 관객이 마음만 먹으면 배우, 감독, 조명 기술자, 분장사, 극작가, 그 외에도 실제의 환상을 유지하려고 부산히 일하는 스태프들을 볼 수 있다.

이 모든 것은 "아, 그러셔?"라는 관객의 끊임없는 질문에 대처하기 위한 노력의 일환이다. 그리고 연출가나 배우가 아무리 '리얼'하게 보이려고 노력해도(예컨대 세기말에 활동했던 데이비드 벨라스코라는 자연주의 연극 제작자는 실제의 낡은 아파트 건물을 무대로 활용했다.), 무대는 관객이 작품을 수용할 수 있도록 수많은 방식으로 왜곡되어 있기에 결코 현실 그 자체일 수 없다.

반면 제시주의적 연극은 제4의 벽을 무너뜨린다. 배우들은 관객의 존재를 인지할 뿐만 아니라 관객과 지속적으로 소통한다. 이 방식을 매우 적극적으로 사용하는 장르인 스탠드업 코미디(stand-up comedy)*에서는 배우가 관객과 계속해서 대화를 주고받기까지 한다. (그렇다고 스탠드업 코미디의 배우들이 자신의 원래 모습 그대로 이야기를 나누는 것은 아니다. 그 코미디언들도 결국은 일종의 배역을 연기하고 있는

---

* 배우 한 명이 무대 위에 서서 주로 만담과 농담을 통해 관객을 웃기는 희극

것일 뿐이다.)

 재현주의와 제시주의라는 양극단 사이에는 배우들이 관객에게 직접 말을 걸지는 않지만 현실을 완전히 재창조하지도 않는 중도적인 연극들도 있다. 셰익스피어의 연극만 해도 원래는 거의 아무런 소품도 없는 무대에서 공연되었다. 아든 숲 배경이 필요하다면 배우가 "자, 이제 아든 숲에 도착했다."라고 말하고, 캐릭터들이 성에 있다면 누군가가 "우리는 사흘 동안 이 카나번 성에서 기다렸는데."라고 말한다. 이것만으로도 관객에게 필요한 정보는 모두 전달된다. 관객은 스스로 숲과 성의 풍경을 상상할 것이다.

 나는 낭만주의와 사실주의의 차이에 대해 논하는 것이 아니다. 작가와 관객, 즉 작가와 독자와의 관계에 대해 말하는 것이다. 소설의 경우, 재현주의적 작품은 작가가 결코 독자를 언급하지 않는다. 3인칭 화자가 개인적인 의견을 피력하는 일도 없다. 모든 초점이 이야기 속의 사건에 맞춰져 있고, 캐릭터의 관점에 따른 생각만이 표현된다. 1인칭 시점이라면 화자는 현실의 독자가 아니라 자신이 염두에 둔 어떤 가상의 존재에게 말을 한다. 예컨대 존 허시의 『벽』은 제2차 세계 대전 당시 바르샤바 게토 봉기 참여자가 쓴 수기 형식으로 되어 있다. 그게 실화라는 환상을 작가가 얼마나 정교하게 쌓아 올렸던지, 순진했던 열일곱 살 때 그 책을 읽은 나는 완전히 속아 넘어가서 정보를 더 찾아보려고 며칠 동안 도서관을 헤매고 나서야 그 작품이 허구라는 사실을 깨달았다. 환상이 이야기에 얼마나 강력한 힘을 부여할 수 있는지 실감한 순간이었다. 이후 나는 『성자들』이라는 역사 소설을 쓰면서 완벽한 재현주의적 문서를 만들어 내려고 세심하게 공을 들였다. 화자를 역사학자로 설정하고, 존재하지도 않거나 가공된 인물들을 실존 인물인 것처럼 등장시켰다.

한편 지극히 제시주의적인 소설로는 커트 보네거트의 작품들을 꼽을 수 있다. 보네거트는 독자에게 직접 말을 걸 뿐더러 자기 자신을 언급하기도 한다. 작가의 개입이 너무나도 명백하기에 독자는 자신이 소설을 읽고 있다는 사실을 내내 의식하게 된다.

재현주의와 제시주의 사이의 경계가 구분할 수 없을 만큼 모호하게 뒤섞인 작품도 있다. 윌리엄 골드먼의 『프린세스 브라이드』도 그런 경우다. 그 소설의 중심 줄거리인 중세 판타지 이야기는 분명 제시주의 형식으로 되어 있다. 모건스턴이라는 가상의 원작자가 방백 형태로 독자에게 말을 걸고 있으니까. 그런데 그 이야기는 현대 배경의 또 다른 이야기 속에 액자식 구성으로 삽입되어 있다. 작가 윌리엄 골드먼 자신이 화자가 되어, 어렸을 때 좋아했던 모건스턴의 원작을 개작하여 소개한다고 하면서 모건스턴의 해설에 계속 끼어들어 말을 보태는 것이다. 그러나 윌리엄 골드먼이 할리우드에서 극작가로서 겪은 경험을 다룬 그 액자 외부 이야기 자체는 완전히 재현주의적이다. 모건스턴이라는 작가와 그의 원작은 사실 허구이지만, 골드먼은 그것을 실존하는 작가와 작품처럼 다룸으로써 환상을 유지한다. 정리하자면 재현주의적인 이야기 안에 제시주의적인 이야기가 들어 있는 것이다. 이렇게 말하면 굉장히 혼잡하게 느껴질지도 모르겠지만, 작품을 보면 전혀 그렇지 않다. 그토록 복잡한 구조가 아주 매끄럽게 구현되어 있어서, 나는 그 작품을 노터데임 대학 1학년 문예창작 수업에서 기본 교재로 사용하기까지 했다.『프린세스 브라이드』의 구조를 이해한 학생들은 「리어 왕」처럼 상대적으로 단순한 구조로 된 작품은 거뜬히 받아들일 수 있게 되었다.

당신은 제시주의와 재현주의 사이에서 어떤 방침을 취할지 선택해야 한다. 두 가지 방식 모두 각각의 강점과 한계가 있다. 당신의 이야기에 적합하고 작가로서 잘 다룰 자신이 있는 형식을 정해서 계속 유지해 나가야 한다.

그리고 어떤 형식을 택하든 소설 처음부터 독자에게 알려 줘야 한다. 50페이지까지는 재현주의적으로 진행되다가 별안간 화자가 튀어나와서 "독자 여러분" 운운하는 것만큼 당황스러운 것도 없다.

그렇다고 해서 중간에 다른 방식으로 바꿀 수 없다는 뜻은 아니다. 나 역시 그 비슷한 소설을 쓰려고 한 적이 있다. 화자의 존재감이 도드라지는 어조로 서술한다는 점만 제외하면 그저 재현주의적인 이야기인 것처럼 진행하다가, 그 책은 사실 작중의 캐릭터 한 명이 다른 캐릭터에게 주인공을 죽이지 말라고 설득하기 위해 쓴 글이라는 암시를 아주 조금씩 삽입했다. 하지만 편집자와 함께 초고를 검토하고 나서, 너무 교묘한 방식이라 감지하기가 힘들다고 판단했다. 그래서 나는 처음부터 캐릭터가 다른 캐릭터를 설득하려는 목적으로 쓴 글이라는 점을 분명히 밝혀 두고 시작하는 것으로 글을 수정했다. 다만 정확히 어느 캐릭터가 그 글을 썼는지만은 나중에 풀릴 미스터리로 놔두었다. 원래의 방식으로 할 수도 있었겠지만, 굳이 일부 독자를 잃어버리면서까지 그렇게 까다롭게 구성할 가치는 없었다. 초고에서처럼 형식을 서서히 바꿔 나가는 방식은 별 이득이 없었고, 독자가 소설에 감정이입할 여지를 심각하게 훼손할 가능성이 있었던 것이다.

이제부터 재현주의와 제시주의의 차이를 보여 주는 소설 도입부 두 가지를 예로 들어 보겠다. 첫째 예시문은 매우 재현주의적으로, 작중의 캐릭터가 쓴 실제 문서처럼 보이도록 구성한 글이다. 반대로 둘째 예시문은 작가가 자기 글을 읽을 독자를 분명하게 의식하는 제시주의적인 방식으로 썼다. 하지만 묘하게도, '화자'가 자신의 존재를 의식하고 있다는 점은 두 가지 모두 동일하다.

내 이름은 메이컨 앤더슨이다. 신께서 이 글을 쓰는 내 손을 이끌어 주시기를. 그리고 부디 이 글이 발각되지 않기를, 자유에 대한 나의 갈망과 함께 불에 타 버리거나 변기에 빨려 들어가 사라지지 않기를 기도한다. 당신이 어떻게든 이 글을 찾아서 읽을 수 있도록 신께서 이끌어 주시기를 기도한다. 하지만 이렇게 기도하는 게 맞나? 당신이 과연 무슨 신경을 쓰겠는가? 융자금을 갚고 어린이집 비용을 대고 승진을 기대하고 디즈니월드에 놀러 갈 계획을 세우고 있을 당신, 당신은 대체 무엇에 대해 기도를 하는가? 애초에 기도라는 걸 하기는 하나? 상관없다. 이 귀한 종이와 짧은 연필을 당신 걱정에 낭비하고 싶지는 않다. 어차피 당신은 정말로 존재하는 사람도 아니니까. 진짜 사람은 아침이면 악취가 나고, 거친 나무껍질에 손이 찢어져서 내 피와 함께 피범벅이 되고, 내가 먹는 빵 한 조각을 애타는 눈으로 쳐다보는 사람들이다. 내 체력이 아직 버티고 있는지, 내 몫의 음식을 훔쳐도 괜찮을 만큼 약해지지 않았을지 궁금해하며 내 몸을 호시탐탐 살펴보는 사람들이다. 그래도 아직 나는 그들보다 더 강하다. 그렇기에 나는 신께서 살아 계시며 내 기도에 응답하신다는 것을 알고 있다.

여러분은 늦게까지 자지 않고 이 책을 펼쳤겠지요? 엄마 아빠는 잠자리에 들고, 여러분은 이불 밑에서 손전등을 켜고 이 책을 읽고 있을 거예요. 저는 이제부터 마이크 미클리와 베티 미클리가 어느 날 부모님의 머리에 총을 쏜 이야기를 할 거랍니다. 여러분의 부모님은 혹시라도 여러분이 그런 행동을 따라할까 봐 무서워서 이 책을 읽지 않길 바라겠죠. 하하, 그런 걱정은 할 필요 없는데 말입니다. 텔레비전을 그렇게 많이 봤어도, 어떤 기발한 아이디어가 코앞까지 들이닥쳐도 여러분은 알지도 못하고 멍하니 흘려버리잖아요.
이건 제가 만들어 낸 이야기라는 점을 기억하세요. 전부 거짓말이라고요. 그러니 혹시라도 어떤 여자애가 자기 속옷을 뒤지는 아빠를 죽였다거나, 어떤 남자애가 자기를 원예용 도구로 때리는 부모님을 죽여 버렸다는 뉴스가 텔레비전에 나오더라도, 심지어는 그 애가 6개월 집행 유예를 받고 법정에서 나오는 사진까지 나오더라도, 그게 진짜라는 생각은 꿈에도 하지 않길 바라요. 알겠죠? 어느 미친놈이 제가 쓴 소설을 읽고 이런 종류의 살인은 정당하다는 생각에 범죄를 저지르게 되었다며 고소를 하는 상황은 추호도 원치 않으니까요. 지금 당장 확실히 해 두죠. 설령 여러분의 부모님이 원치 않은 사생아를 낳은 세상의 모든 부모들 중 가장 악독하고 부도덕한 인간이라 하더라도 저는 여러분이 부모님을 죽여서는 안 된다고 생각합니다. 죽여 버리겠다는 생각조차 품지 않기를 권장하는 바입니다. 나는 그냥 소설가예요. 잔혹한 복수를 하는 몽상도 혼자서는 못할 만큼 상상력이 모자란 사람들을 즐겁게 해주려고 거짓말을 하는 게 제 일이죠.

두 화자 모두 독자를 직접적으로 부르고 있다. 하지만 첫째 예시문은 강제 수용소에 수감된 죄수가 종이쪽지에 실제로 기록한 수기 형식으로 되어 있고, 둘째 예시문은 작가가 독자에게 자기 의도를 노골적으로 밝히며 이야기하는 소설 형식이다. 첫째 예시문에서 '당신'을 언급하는 것은 그 이야기가 실화라는 환상을 강화하는 기능을 하므로 재현주의적이다. 반면 둘째 예시문에서 '여러분'을 언급하는 것은 그 글이 소설이라는 사실을 계속 상기시키는 기능을 하므로 제시주의적이다.

이번에는 3인칭 시점으로 시도해 보자.

마틴이 장을 보러 가겠다고 한 것은 단지 집에서 빠져나오기 위해서였다. 요즘 들어 출근을 안 하고 매일 늘어지도록 늦잠을 자니 집 안이 너무 비좁고 답답하게 느껴졌다. 디앤이 부엌에서 달그락거리는 소리 하나하나가 다 들렸다. 디앤도 마찬가지로 마틴이 보는 텔레비전 소리가 다 들릴 터였다. 마틴은 나날이 성지순례라도 하듯이 「제오퍼디!」, 「휠 오브 포춘」, 「수퍼리어 코트」, 「러브 커넥션」 프로그램을 연이어 보면서 꾸벅꾸벅 조는 게 일과였다. 디앤에게는 그 프로그램들의 로고송이 마틴이 구직을 하러 나가지 않았다는 뜻으로 들릴 것이다. 디앤이 무슨 말을 해도 마틴에게는 질책처럼 들렸다. 하지만 디앤은 그런 의도로 하는 말이 아니고, 마틴이 또 다시 화를 낼까 봐 오히려 조심하고 있다는 걸 그도 알고 있었다. 그러니 마틴은 나가서 장이라도 보는 수밖에 없었다. 사야 할 물건들을 다 사기도 전에 돈이 떨어져서 기분이 더욱 나빠지기만 하는데도 불구하고.

《데일리 레코드》에서 새리가 하는 일은 기자들이 쓴 멀쩡한 글에 오타를 집어넣는 것이었다. 이제 신문은 기자들이 작성한 컴퓨터 파일로 직접 조판되니 식자 과정에서 오자가 생길 일은 없었다. 이런 식으로라면 신문에 오자가 하나도 없는 시대가 열릴지도 모른다. 경영진은 빌어먹을 식자공 노조를 완전히 몰아내고 조판부를 폐쇄했을 때 이 점에 대해 걱정이 이만저만이 아니었다. 오류는 신문의 생명이다. 문법이나 철자 오류를 지적하는 편지가 일주일에 백 통씩 날아들지 않는다면, 사람들이 신문을 제대로 읽는지 아닌지 어떻게 알겠는가? 멍청한 헤드라인이나 잘못 들어간 광고가 전혀 없다면, 각종 신문 잡지의 웃긴 오류들을 모아서 실어 주는 《뉴요커》의 인기 단신란에 어떻게 이름을 올릴 수 있겠는가? 그래서 경영진은 오류 담당자라는 직책을 새로 만들어서 새리를 고용한 것이다. 새리는 '생각'을 '생강'으로 고치고, '교육'을 '고육'으로 바꾸고, 기사에서 한 줄을 빼다가 다른 기사에 옮겨 넣기도 하고, 가끔은 창의력을 발휘해서 어느 불쌍한 괴짜의 대선 논평 한가운데다 "XxxxX75 피튜니아. 그들은 gSSSgp"와 같은 아무 뜻도 없는 글귀를 떡하니 집어넣기도 했다. 새리는 썩 유능했고 자기 일에 자부심을 느꼈다. 새리가 고용된 해에 《데일리 레코드》는 《뉴요커》에 두 번이나 언급되었고, 독자들의 항의 때문에 "바로잡습니다" 정정 보도를 일곱 번이나 내보내야 했으니, 새리는 꽤 귀중한 인력이었던 셈이다. 치질만 아니었더라면 새리의 인생은 완벽했을 것이다. 아, 새리가 치질에 걸렸다는 뜻은 아니다. 그녀의 몸은 종기도 없고 아주 깨끗했다. 새리의 삶을 불완전하게 만든 문젯거리는 바로 상사의 치질이었다.

왜 첫째 글은 재현주의이고 둘째 글은 제시주의일까?
첫째 예시문에서는 모든 것이 마틴의 관점으로 그려진다. 화자가 끼어들어서 자기 의견을 말하지도 않고, 마틴이 모르는 정보를 화자가 대신 알려 주는 일도 없다. 디앤의 생각도 순전히 마틴의 추측에 따른 것이다. 화자의 존재는 거의 보이지 않는다.

　반면 둘째 예시문에서는 화자가 나서서 새리에 대해 이야기하고 있다. 새리의 관점이 어떤지는 알 수 없고, 화자의 신랄한 어조와 기발한 생각들만 보인다. 심지어는 새리의 직무가 정말로 화자의 설명 그대로인지, 아니면 새리가 실은 그저 교열 담당자인데 오자를 하도 잘 못 걸러 낸 나머지 일부러 오자를 만들어 넣었다는 비난까지 산다고 화자가 비꼬고 있는 것인지조차도 확신할 수 없다. 어느 쪽이 사실이든 간에 화자는 독자와 새리 사이에 끼어들어서 자기주장을 펼치고 있다. 우리는 비뚤어지고 냉소적인 화자의 관점을 통해 거리를 두고 새리를 지켜보게 된다.

　독자가 감정이입을 하기에는 재현주의적 서술이 훨씬 수월하다. "아, 그러셔?"라는 독자의 의문에 계속 대처함으로써, 독자가 소설을 읽고 있다는 사실을 잊고 이야기 속에 빨려들어 가도록 유도할 수 있기 때문이다. 하지만 작가가 독자에게 직접 다가갈 기회는 차단된다. 작가가 나서서 어떤 문제를 지적하거나 장면에 대한 해설을 할 수도 없다. 작가가 어떤 주장을 전달하고 싶다면 어떻게든 캐릭터를 내세워서 대신 표현하거나 우회적으로 보여 줄 방법을 찾아야 한다. 게다가 그렇게 해 봤자 독자가 당신의 의도를 이해한다는 보장도 없다.

　한편 작가의 생각을 분명히 전달하기에는 제시주의적 서술이 훨씬 유리하다. 그리고 풍자극이나 코미디처럼 감정이입이 덜 필요한 장르는 작가의 개입 때문에 독자와 캐릭터 사이에 거리감이 생겨도 별 지장이 없다. 사실 요즘 코믹한 글은 제시주의적 서술로 '써야만' 한다고 생각하는 게 일반적이다. "친애하는 독자여" 운운하는 고상한 기법은 오늘날 진지한 소설에 쓰이지 않게 된 반면, 과장스럽고 우스꽝스러운 소설에서는 화자가 그 글이 허구임을 독자에게 끊임없이 인지시키는 전략이 필수가 되었다고 해도 과언이 아니다. 당신이 캐릭터에 대한 감정이입이 중요한 이야기를 쓰려는 게 아니라면, 부담없이 제시주의적 서술을 써도 괜찮다.

그런데 한 가지 주의할 점이 있다. 이야기 속의 사건 자체보다 이야기를 말하는 작가의 목소리를 강조할 생각이라면, 그만큼 글을 잘 써야 한다. 독자의 주의가 캐릭터와 사건에서 멀어져 '딴 데로' 이동하기 때문이다. 당신의 문체가 전면에 부각될 테고, 그 문체가 그다지 흥미롭지 않다면 독자의 주의를 영영 놓치고 만다.

반대로 재현주의적 소설은 충분히 재미있게만 쓴다면 글솜씨가 좀 서툴러도 용납이 된다. 독자들이 캐릭터와 사건에 흠뻑 빠져서 문장의 결함은 넘어가 주기 때문이다. 마찬가지로, 제시주의적 소설을 충분히 정교하게 쓴다면 독자는 작가의 문체와 사고방식을 즐기느라 내용이 좀 얄팍해도 용서할 것이다. 그러므로 당신의 이야기에 적합한 방식을 찾아야 할 뿐만 아니라, 당신의 재능을 발휘하기에 유리한 이야기가 어떤 종류인지도 알아야 한다.

| 15장 |
극적 전개와 서술적 전개

"말하지 말고 보여 줘라."라는 표어를 들어 본 적이 있을 것이다. 그 충고가 도움이 되는 경우도 있겠지만, 전적으로 틀린 말일 때도 있다. 소설 쓰기란 보여 주기, 말하기, 생략하기라는 세 가지 도구를 계속 바꿔 가며 사용하는 작업이기 때문이다.

보여 주기는 그중에서도 우리가 가장 적게 쓰는 도구다. 읽는 입장에서야 보여 주기가 대다수의 지면을 차지하는 걸로 보이니 비평가들이 "좋은 작가는 말하지 않고 보여 준다." 같은 잘못된 말을 하는 것이다. 비평가들은 텍스트 자체만 보니 그렇게 오해할 만도 하지만, 이야기를 다루는 우리 작가들은 그게 다가 아니라는 것을 잘 알고 있다.

표현부터가 이미 틀렸다. 소설에서 '보여 주기'가 가능이나 한가? 소설에는 반드시 화자가 따로 있다. 연극이나 영화와 같은 극예술이야 거의 모든 것을 관객의 눈앞에 실시간으로 보여 주지만, 소설은 화자

및 작가가 독자에게 이야기를 하는 형식이다. 소설 속의 사건은 독자에게 직접 보이지 않으며, 어디까지나 화자의 관점을 통해 걸러질 수밖에 없다.

따지고 보면 영화도 사건을 있는 그대로 보여 주지는 않는다. 관객에게만 그렇게 보일 뿐이다. 각본가는 장면으로 보여 줄 정보, 캐릭터의 입을 통해 전달할 정보를 세심하게 솎아 내서 배치한다. 정말로 모든 것을 빠짐없이 관객에게 보여 준다면 영화는 엉망진창이 되고 말 것이다.

1970년대에 로버트 레드포드가 출연해 일약 스타가 되었던 「콘도르의 사흘」이라는 영화를 생각해 보자. (원작 소설은 『콘도르의 6일』이었다. 영화판은 기본적인 구성부터 압축해 놓은 셈이다.) 극중에서 사흘 동안 벌어진 사건들을 전부 보여 줬더라다면 영화의 러닝타임도 사흘이 되어 버렸을 것이다. 그래서 영화에는 많은 내용이 생략되어 있다. 주인공이 음식을 먹고, 화장실에 가고, 걸어 다니는 모습 하나하나가 다 들어갈 필요는 없으니까. 주인공이 어딘가로 떠난다면, 여행 과정은 빼고 출발 장면과 도착 장면만 보여 줘도 된다. 밤이 되어 주인공이 잠을 잘 때는 어두운 방 안에서 침대에 들어가는 모습만 나와도 되고, 다음 장면에서 그가 햇빛을 받으며 걸어 다닌다면 관객은 날이 밝았나 보다고 생각할 것이다. 나오지 않은 사소한 정보들은 관객이 스스로 채워 나간다. 이야기에서 하등 중요한 내용이 아니기 때문에 굳이 알려 줘야 할 필요가 없는 것이다. '생략하기' 도구는 바로 이런 정보에 쓴다. 소설가들도 항시 사용하는 도구이다.

설령 이야기에서 중요한 정보라고 해도, 대개는 장면 전체를 다 보여 줄 필요가 없다. 예컨대 캐릭터들이 꼭 필요한 정보를 찾느라 온갖 서류철과 책을 뒤지면서 하루를 꼬박 보낸다고 하자. 그러면 수북이 쌓인 책더미, 서류철 한 무더기, 눈이 시뻘겋게 충혈된 지친 기색의 배우들을 딱 30초만 보여 줘도 충분하다. 영화에서는 이 방법이 '말하기'에 해당하는 셈이다. 소설에서는 심지어 더욱 경제적으로 압축할 수 있다. "그들은 열아홉 개의 서랍 안에 든 서류철을 몽땅 꺼내서 종이 한 장 한 장을 살펴보았고, 10년 묵은 먼지가 쌓인 책들을 한 권 한 권 펼쳐 보았다. 그렇게 이 잡듯 뒤지다가 마침내 해답이 나타났을 때는 보고도 무심코 놓쳐 버릴 뻔했다." 이렇게 하면 하루 동안 벌어진 일이 단 두 문장으로 요약된다.

저 자료 조사 과정을 모두 보여 주는 건 터무니없는 짓이다. 중요한 것은 캐릭터들이 자료를 찾느라 고생했다는 사실이지, 독자가 그 과정을 똑같이 경험하는 게 아니기 때문이다. 캐릭터들이 힘들게 조사를 했다는 정황을 알 수 있을 만한 정보만 제시하면, 독자는 비슷한 경험을 해 본 기억을 되새기거나 아니면 그 일이 얼마나 힘겹고 지루할지 상상함으로써 스스로 그 상황을 떠올릴 것이다. 이런 경우에 적절한 충고는 오히려 "보여 주지 말고 말해라."이다. 이렇게 간략하게 사건을 전달하는 방식을 '서술적(narrative)' 전개라고 한다.

상황 전체를 보여 줘야 할 만큼 중요한 장면은 상대적으로 드물다.

그럼에도 불구하고 '보여 주기'가 영화나 연극 상영 시간의 대부분을 잡아먹는 것은 그만큼 시간 소모가 지독하게 큰 방식이기 때문이다. 이것을 '극적(dramatic)'인 전개 방식이라고 부른다. 극적으로 보여 준 장면은 서술적으로 알려 준 정보보다 관객의 기억에 훨씬 강하게 남기에, 그러한 강렬한 장면과 긴장감 넘치는 순간 들만이 영화의 전부인 것처럼 느껴지기 쉽다. 하지만 사실은 영화 속 정보의 대부분이 대사나 암시나 여타 우회적 수법으로 전달된다. 소설도 마찬가지로 대부분의 사건이 간략한 서술적 전개로 진행된다.

보여 주기와 말하기, 즉 극적 전개와 서술적 전개는 어떻게 다를까?

나는 16년 동안이나 그의 칭얼거림을 참아 왔다. 학생들이 멍청하다느니, 수업할 맛이 나는 과목을 맡은 적이 없다느니, 지도하는 대학원생들은 하나같이 형편없다느니. 또한 대학 당국에서 그의 임용 계약을 갱신하지 않을 것이며, 재계약을 한다 해도 종신 재직권은 절대 주지 않을 거라고 하소연하곤 했다. 나는 내심 그의 예측이 맞아떨어지기를 간절히 바랐다.

하지만 유감스럽게도 그는 종신 재직권을 받는 데에 성공했다. 연봉도 꾸준히 올랐고, 개인 컴퓨터도 생겼으며, 한 해에 몇 번은 학회 참석 겸 여행을 떠나기도 했다. 그런데도 여전히 교수 회의에서, 휴게실에서, 복도에서 나를 마주칠 때마다 칭얼거렸다. 심지어는 내 연구실에 혼자 있을 때조차 바깥의 복도 저편에서 그가 투덜거리는 소리가 또렷이 들리곤 했다. 다른 대학에서 그를 고용해 주기를 바라는 건 지나친 희망 사항이겠지만, 그래도 나는 어딘가에서 그를 스카웃하기를 바라는 마음에 만나는 학과장마다 그를 칭찬하고 다녔다.

급기야는 그가 불의의 죽음을 당하는 상상까지 하기 시작했다. 눈길에서 넘어진다든지, 트럭에 치인다든지, 쓰러지는 책장 밑에 깔린다든지, 어쩌다 설사약을 너무 많이 먹는다든지. 그래서 응급실에 실려가 의사들 앞에서 "댁들은 나를 죽게 내버려 둘 거죠?"라며 징징거리면, 의사들이 "잘 아시네요."라고 말하는 상상도 했다.

하지만 그를 죽인 사람은 내가 아니다.

그는 노크도 없이 내 연구실 문을 벌컥 열고 들어왔다. 내 아내도 안 할 법한 일이었다.

"내가 대체 왜 이런 걸 참아야 하는지 모르겠습니다."

그가 말했을 때, 나도 마침 똑같은 생각을 하던 참이었다.

"문서 복사는 교수가 직접 하라니, 나를 겨냥하고 만든 규칙이 분명해요. 대학 당국에서 나를 괴롭혀서 쫓아낼 작정이라고요."

"그러게 교재를 만들지 마시고 학생들한테 알아서 구입해 오라고 했으면 됐을걸……."

그는 내 말을 끊고 신경질적으로 따졌다.

"내 수업에 맞는 책이 없으니까 그렇죠. 정말 이렇게 나오실 겁니까? 솔직히 말해 보세요. 조교들한테 복사 못 시키게 하라고 건의한 게 선생님이죠?"

"학과 전체 예산 삭감이 있었잖아요. 조교가 두 명이나 줄었다고요. 선생님이랑은 아무 상관도 없는 일이에요."

"아, 선생님도 그 인간들 편이군요. 됐어요. 필요 없습니다. 제가 떠나면 되죠."

그가 정말로 퇴임할 작정으로 하는 말이라면야 나도 뭐라고 빈정거렸을 것이다. 하지만 그는 계속 이렇게 징징거리다가 어떻게든 학과장이나 학장이나 누구라도 설득해서 자기 복사 업무만 담당하는 조교를 배정받고야 말 게 뻔했다. 그런데 내가 여기서 싫은 소리를 했다가는 그가 나에 대해서도 여기저기 불평을 토로할 테고, 그러면 나만 학장님에게 불려가서 동료 교수들과 잘 어울리지 못한다고 한마디 들을 것이다.

그래서 나는 아무 말도 하지 않았다. 그저 그의 눈을 쳐다보고 미소를 지으며, 내심으로는 그가 죽어 버리기를 바랐다. 이전에도 몇 번이고 느꼈던 깊고도 간절한 열망이었다. 하지만 그를 죽인 사람은 내가 아니다.

두 예시문 모두 동일한 캐릭터와 정보를 다루고 있다. 두 캐릭터 사이에 갈등이 있고, 화자가 그 갈등을 전적으로 상대방의 칭얼거림 탓으로 여긴다는 점도 동일하다. 다만 첫째 글은 서술적 전개, 둘째 글은 극적 전개로 되어 있다. 여기서 어떤 차이가 생기는가?

극적 전개는 장면을 보여 주느라 분량이 더 길어지는데도, 전체적인 정보의 양도 훨씬 부족하고 이야기할 수 있는 시간의 범위도 훨씬 짧다.

반면 서술적 전개는 단순한 서두처럼 보인다. 본격적인 이야기를 하기 전에 깔아 두는 도입부 같다. 아직 별다른 사건이 일어나지 않았다는 느낌이 들고, 이후에 뭔가 다른 장면이 나올 거라고 기대하게 된다.

중요한 사건이 일어났다는 느낌을 주는 쪽은 극적 전개다. 장면이 캐릭터 사이의 갈등을 더 즉각적으로, 생생하게 만들어 주기 때문이다. 하지만 한편으로 서술적 전개는 같은 상태가 장기간 지속된 걸로 보이기 때문에, 화자의 짜증이 단지 한 번의 사건으로 촉발된 것이 아니라 오랜 세월 쌓이고 쌓인 감정으로 느껴진다는 이점이 있다.

어느 쪽이 '올바른' 방법일까? 상황에 따라 다르다. 글 전체의 리듬, 흐름, 어조를 고려하여 결정해야 하기 때문이다. 그런 문제는 이 책에서 논할 범위가 아니지만, 한 가지 원칙은 제시할 수 있겠다. 당신의 목적이 화자 캐릭터의 생각과 태도를 독자에게 전달하는 게 아니라, 살해당한 교수 쪽을 독자의 기억에 남을 만큼 생생한 캐릭터로 만드는 것이라면, 이 장면이든 아니든 간에 해당 캐릭터가 등장하는 장면을 반드시 넣기는 해야 한다. 캐릭터를 생생하게 표현하는 장치는 <u>서술적 전개가 아니라 극적 장면이니까.</u>

| 16장 |
1인칭 시점

    1인칭 시점을 쓸 때는 당신의 원래 말투를 조금이라도 바꾸지 않으면 안 된다. 화자 캐릭터의 목소리로 이야기해야 하니까. 간혹 부주의한 작가의 작품들을 보면 각양각색의 1인칭 캐릭터들이 죄다 똑같이 작가 본인의 말투로 말하는 진풍경이 펼쳐지기도 한다. 하지만 당신이 캐릭터 구성에 정말로 진지하게 임한다면, 1인칭 시점으로 된 작품을 쓸 때마다 새로운 목소리를 발견하게 될 것이다.
    그런데 1인칭 시점으로 글을 쓸 때 작가들이 많이 저지르는 실수가 하나 있다. 화자가 독특한 말투나 사투리를 너무 심하게 쓰는 나머지 무슨 얘긴지 이해하기도 힘들어지는 경우 말이다. 특히 아티머스 워드와 같은 19세기 유머 작가들의 작품에서 자주 보이는 문제다. 물론 아티머스 워드가 살던 시대는 지금과 달랐다. 그때는 소설을 소리 내어 읽는 게 대세였고, 그렇게 하면 어차피 읽는 속도가 느려지기 때문에 화자의 말투가 특이하다고 해서 가독성에 지장이 생기지는 않았다. 또한 그때의 독자들은 소설을 발음 교재 삼아서 우스꽝스러운 억양으로 말하는 법을 익히기도 했다.

하지만 당신은 그 시절의 작가들처럼 화자의 개성 있는 목소리를 창조하기 위해 이상한 철자나 발음 안내 표시를 동원하지는 않을 것이다. 그보다는 화자가 하는 말의 내용으로 그의 사고방식과 과거를 알려 주고, 특유의 화법을 통해서 지적 수준을 짐작할 수 있게 해야 한다. 그리고 만약 화자가 특정 지역의 방언을 써야 한다면 핵심적인 구문 구조나 어휘 선택 정도로만 드러내도 충분하다.

1인칭이 될 캐릭터는 누구인가?

1인칭 시점의 가장 큰 한계는, 모든 핵심적인 장면에 화자가 등장해야 한다는 점이다. 화자가 주요 사건을 전해 듣기만 해서는 아무런 소용이 없다. 1인칭 화자는 언제든 필요할 때마다 등장해서 무언가를 직접 관찰할 수 있어야 하고, 그만큼 사건에 밀접하게 연관된 캐릭터여야 한다.

가장 쉬운 방법은 화자를 주인공으로 만드는 것(혹은 반대로, 주인공에게 화자 역할을 맡기는 것)이다. 그런데 이 방법에도 곤란한 점이 있다. 주인공 캐릭터는 독자의 공감을 얻어야 한다. 즉 이야기가 전개되는 과정에서 흥미롭고 중요한 일을 하거나, 끔찍한 상실이나 고통에 시달려야 한다. 그런 캐릭터가 어떻게 이야기를 객관적으로 전달할 수 있겠는가?

예컨대 주인공이 사랑하는 자식이 죽는다고 하자. 그렇게 고통스러운 사건이 일어나는 과정을 주인공이 조리 있게 서술하기는 굉장히 힘든 일이다. 감정에 너무 치우치면 멜로드라마가 되기 십상이고, 너무 사실적으로 이야기하면 차마 지켜볼 수 없을 만큼 강렬해질 것이다. 그렇다고 해서 멀찍이 떨어져서 냉정하고 침착한 자세로 일관한다면 독자는 주인공이 무정하고 냉혹한 사람이라고 생각할 것이다. 이런 방식이 불가능하다는 뜻은 아니다. 다만 균형을 유지하기가 그만큼 까다롭다는 뜻이다.

물론 소심한 작가들이 택하는 수월한 방법도 있다. 주요 사건을 아예 묘사하지 않거나, 보여 주기보다는 말하기 방식을 택하는 것이다.

우리는 마침내 조니를 적당한 학교에 입학시켰다. 빌이 할 일은 정착하는 것이었고, 나는 그 사람들의 끔찍한 전화를 몇 시간 동안이나 까맣게 잊은 채 지낼 수도 있게 되었다. 이제 모든 게 괜찮아질 거라고 생각했다. 그런데 어느 날 누군가가 우리 집 현관문을 마구 두드리며 고함을 질러 댔다. 나는 결국 그 사람들이 나를 잊지 않고 예전에 했던 협박대로 뭔가 무시무시한 일을 저질렀는 줄 알았는데, 문을 열어 보니 이웃집에 사는 레이니가 서 있었다.

"그 자식이 뺑소니를 쳤어! 매트가 앰뷸런스를 부르고 있는데……."
그 이후로 며칠 동안 내가 어떻게 지냈을지는 말할 필요도 없으리라. 당신도 자식이 있다면 잘 알 테고, 없다고 해도 아마 이해할 것이다. 그놈들도 조니의 장례식이 끝나고 돌아올 때까지는 나를 가만히 내버려 두었다. 그들도 최소한의 예의는 알고 있었기 때문인지도 모르고, 어쩌면 같은 부모 입장이기 때문일 수도 있다. 하지만 그보다는 내가 마음이 좀 진정되고 이성적으로 이야기를 들을 수 있는 상태가 되기를 기다렸을 가능성이 높다.
그래서 그놈들이 연락해 왔을 때 나는 이야기를 들었다. 아직 나에게는 지켜야 할 남편과 아이 둘이 있으니까.

화자는 자식이 죽는 광경을 목격하지 않았다. 트럭이 인도로 뛰어들어 아들을 치기까지의 끔찍한 순간을 경험하지 않았고, 길바닥에 나동그라진 시신을 묘사하지도 않았다. 1인칭 화자가 그런 걸 묘사하면 너무 잔인해질 테니까. 그 정도로 격심한 감정을 표현하기는 불가능하고, 그렇다고 차분하게 묘사하면 너무 냉정해 보일 테니까. 그래서 사건을 보여 주지 않고 넘어가 버렸다. 하지만 위의 글을 읽으면 알 수 있다시피 이런 방식은 너무 소극적이다.
다음의 선택지 중 하나를 택해야 한다. 캐릭터의 성격이 원래 소심하다고 하든가, 아니면 냉정하다고 하든가. 그리고 만약 어머니가 자식의 죽음을 목격한 순간의 감정을 감상적이지도, 기괴하지도 않게 잘 그려 낼 자신이 있다면야 그렇게 해도 좋다. 이 세 가지 모두 가능하다.

하지만 아예 다른 접근 방식도 있다. 화자를 다른 캐릭터로 설정하는 것이다. 예컨대 이웃인 레이니는 어떨까? 레이니를 주인공의 절친한 친구로 설정하면 주인공이 괴로워하는 과정에 가까이 관여할 수 있다. 교통사고 장면을 목격하더라도 부모의 입장보다는 충격이 덜할 테니, 끔찍한 고통을 묘사하는 부담을 피할 수 있다. 레이니는 객관적으로 서술할 수 있을 만큼 떨어져 있으면서도 동시에 모든 것을 관찰할 수 있을 만큼 가까운 위치에 있는 캐릭터다.

아니면 3인칭 시점으로 바꾸는 선택지도 있다. 이 방식에 수반되는 장점과 단점에 대해서는 차후에 따로 다루도록 하겠다.

아서 코난 도일은 셜록 홈즈 시리즈의 화자를 홈즈에게 맡기지 않았다. 실로 바람직한 선택이었다. 홈즈의 이야기를 왓슨이 대신 서술하도록 했기에, 독자에게 공개하면 안 되는 정보를 정당하게 감출 수 있었던 것이다. 홈즈는 이미 많은 것을 알고 있지만, 왓슨은 독자와 마찬가지로 잘 모르는 입장이다. 그래서 왓슨이 그 정보를 알아맞히는 과정을 차근차근 독자에게 알려 줌으로써 반전의 재미를 망치지 않을 수 있었다.

그뿐만이 아니다. 소설 전체가 홈즈 특유의 지적이고 오만한 어조로 서술된다고 상상해 보라. 우리는 홈즈의 경이로운 총명함에 경탄하기보다는 도리어 그의 거만함에 질릴 것이다. 심지어 홈즈가 우스꽝스럽게 보일 수도 있다. 애거서 크리스티는 에르퀼 푸아로를 의도적으로 그렇게 만들기도 했다. 하지만 푸아로가 셜록 홈즈만큼 독자의 대대적인 흠모를 받지는 못했다는 점은 시사하는 바가 있다.

화자의 목소리는 당신의 가장 귀중한 자산이지만, 또 그만큼 크나큰 제약이기도 하다. 가령 1인칭 화자가 따분한 사람이면 안 된다. 당신의 이야기도 지루해질 테니까. 또 화자가 스스로 훌륭한 행동을 한다고 서술해도 안 된다. 그런 이야기를 본인의 입으로 말했다는 사실 하나 때문에 허영심 강한 사람으로 보일 테니까.

하지만 1인칭 화자가 용감하고 영웅적인 행동을 하면 안 된다는 건 아니다. 캐릭터 스스로 그 행동이 영웅적이라고 자각한다는 표시만 하지 않으면 괜찮다. 반대로 1인칭 화자가 끔찍한 범죄를 저지르는 것도 가능하다. 화자는 자신이 어디까지나 정당한 행동을 하고 있다고 주장하고, 독자는 섬뜩해하면서 그 서술을 읽어 나가게 하는 방식이라면 어떨까.

아내는 좀처럼 입을 다물지 않았다. 그런 소리를 하면 안 된다고 내가 애써 경고하는데도 말을 듣질 않았다. 여자의 행동 중에는 남자가 도저히 참아 줄 수 없는 게 있는 법이다. 자기 친구가 어쨌다느니 쇼핑이 저쨌다느니 애들이 뭘 했다느니 주절주절 떠들 때는, 여자들의 머릿속이란 온통 저 생각뿐인가 보다 하고 그냥 들어 줄 수 있다. 하지만 감히 남자가 하는 일을 들먹이며 비난하기 시작하면 그건 마지노선을 넘는 짓이다. 당신도 남자로서 그런 소리를 참아 주면 안 된다. 그럴 때 여자가 정말로 원하는 것은 당신이 진짜 사내라는 것을 증명해 달라는 뜻이기 때문이다. 가끔 남자가 너무 피곤한 탓에 침대에서 좀 미적거린다든지 하면 여자들은 저딴 식으로 나오곤 한다. 그때 주머니에 손을 가만 넣어 두면 안 된다. 과감히 때려야 한다. 당신이 여전히 힘을 갖추고 있음을, 그녀가 필요로 하는 강한 남자가 맞다는 사실을 분명히 보여 줘야 한다. 물론 그녀는 아프겠지만, 아프면서도 좋아할 것이다. 내 아버지도 늘 그렇게 말씀하셨다. 여자란 그런 상황에서 입술이 터져 피가 나더라도 피 맛이 달콤하게 느껴지는 법이라고. 진짜 남자를 남편으로 뒀다는 생각에 기뻐하는 법이라고. 그러니까 아내가 조용히 하지 않고 계속 빽빽거리면서 내가 전혀 참아 줄 필요가 없는 헛소리를 해 대고, 더군다나 집 밖으로 뛰쳐나가서 우리 가족의 문제를 동네방네 퍼뜨리려고 하는데, 그걸 가만히 놔둘 수는 없지 않겠는가? 당신이라도 당연히 나처럼 했으리라. 그리고 당신도 여자의 입을 다물게 하려고 한 대 때리려다가 힘 조절을 잘못하는 바람에 본의 아니게 조금 세게 때려 본 적이 없다고는 말 못할 것이다.

독자는 이 캐릭터를 좋아하지 않을 것이다. 하지만 이렇게 캐릭터가 자기 입장을 서술하면, 다른 캐릭터의 설명을 통해 건너 듣는 것보다는 그 심리를 훨씬 더 잘 알 수 있다. 표면적으로는 아내를 구타한 화자의 입장을 합리화하는 내용으로 되어 있지만, 사실은 화자가 타인의 생각과 감정에 대해 품고 있는 극악무도한 오해를 여실히 폭로하는 글이다. 1인칭 시점의 가장 강력한 효과는 바로 이런 것이다. 1인칭은 독자가 낯선 사람의 입장이 되어서 그 사람의 시각으로 낯선 세상을 경험할 수 있게 해 준다. 하지만 화자는 소설 속 캐릭터이지 작가가 아니라는 것, 작가가 화자의 생각에 동조하지 않을 수도 있다는 것은 독자도 잘 알고 있다. 위의 글과 같은 소설에서 반어법만 적절하게 사용한다면, 21세기의 독자들은 작가가 화자에게 전혀 동조하지 않는다는 것을 충분히 알 수 있을 것이다.

1인칭 캐릭터에게 제4의 벽은 없다

3인칭 시점에서는 화자가 보이지 않는 새처럼 이곳저곳을 자유롭게 날아다닌다. 독자는 화자가 어떻게 그 모든 것을 알게 되었는지, 무슨 목적으로 그런 글을 쓰는 건지 별로 궁금해하지 않는다. 3인칭 화자는 그저 이야기를 하는 사람, 그 이상도 그 이하도 아니다. 그러므로 독자는 화자의 존재를 무시하고 이야기 자체에만 집중한다.

하지만 1인칭 화자는 이야기 속에 등장하는 캐릭터다. 따라서 그 캐릭터가 그런 이야기를 하는 동기나 목적이 있어야 한다. 화자는 은연중에서라도 자기만의 독자를 상정할 수밖에 없다. 작가인 당신은 재현주의적으로 캐릭터와 실제 독자 사이에 제4의 벽을 치고 있을지라도, 화자인 캐릭터는 자신이 염두에 둔 독자와 그런 식으로 분리되지 않는다.

이 문제를 처리하는 가장 흔한 방법은 액자식 구성이다. 예컨대 몇 캐릭터들이 모여서 이런저런 말을 주고받다가, 한 명이 모두를 즐겁게 해 주거나 어떤 정보를 알려 주기 위해서 중요한 이야기를 꺼낸다. 그 캐릭터가 1인칭으로 말해 주는 중요한 이야기가 바로 소설의 핵심 줄거리가 된다. 액자의 외부 이야기는 3인칭으로, 내부 이야기는 1인칭으로 전개된다. 액자 외부에서 일어나는 일에는 별 의미가 없다. 그건 단지 1인칭 캐릭터가 이야기를 하는 상대를 현실의 독자가 아니라 이야기 속의 다른 캐릭터들로 하기 위한 구실에 불과하다.

당신은 이런 작품을 숱하게 읽어 보았을 것이다. 러디어드 키플링이 이 장치를 종종 사용했다. H. G. 웰스의 『타임머신』도 '술집에서 들은 이야기'로 진행되는 전형적인 액자식 구성이다. 그러나 이런 구성에는 한계가 있다. 화자가 구어로 말하고 있기 때문에, 사실 당신은 격식을 갖춘 문어로 소설을 쓰고 있는데도 그러지 않는 척해야 한다는 점이다. 게다가 소설이 액자 외부 이야기로 시작되므로, 그 부분의 내용이 따분하다면 독자는 쉽게 흥미를 잃을 것이다.

액자식 구성이 아니고라도 캐릭터가 1인칭으로 이야기할 방법은 얼마든지 있다. 다른 사람에게 보내는 편지 형식으로 쓴 서간체 소설도 있고(예컨대 앨리스 워커의 『더 컬러 퍼플』), 그 밖에도 연설문, 일기, 에

세이, 판사에게 보내는 탄원서, 정신 분석가 앞에서 털어놓는 고백(예 컨대 필립 로스의 『포트노이의 불평』) 등등 다양하다. 화자의 목적을 기준으로 생각해 볼 수도 있겠다. 재미있는 이야기를 들려주고 싶어서? 상대방을 설득하려고? 자신의 범죄를 변명하기 위해서? 아니면 이야기의 실질적인 주인공인 친구를 존경하는 마음을 표현하고 싶어서일 수도 있다. 왓슨이 셜록 홈즈에 대한 이야기를, 아치 굿윈이 네로 울프에 대한 이야기를 하는 이유도 그래서일 것이다.

  1인칭 화자를 정할 때는 화자가 이야기를 하는 목적도 정해야 한다. 이야기하는 행위 자체가 캐릭터의 일부분이니까. 설령 그 목적을 밝히지 않는다 해도, 일단 염두에 두고 있으면 서술의 방향을 잡고 제어하는 데에 도움이 된다. 그리고 캐릭터가 어떤 사건을 말하고 어떤 사건은 생략할지, 무엇을 솔직하게 말하고 무엇은 속일지를 결정할 때도 참고가 된다.

신뢰할 수 없는 화자

"뭐라고? 1인칭 화자가 독자를 속일 수도 있단 말이야?" 물론 가능하다. 단, 독자에게 그 캐릭터를 신뢰하면 안 된다는 것을 알려 준다는 전제 하에.

  가장 간단한 방법은 화자가 거짓말을 하다가 들통 나고 스스로 시인하는 것이다. 그러면 독자는 화자가 또 거짓말을 할 수 있다고 의심할 것이다. 하지만 화자의 말 중에서 정확히 무엇이 진실이고 무엇이 거짓인지는 작가가 알려 줘야 할 몫이다.

독자에게 진실과 거짓을 알려 주는 한 가지 방법은, 화자 외에 또 다른 캐릭터가 등장해서 주요 사건들의 진상을 밝히는 것이다. 진상을 밝히는 부분은 장면을 통해 보여 주는 게 보통이지만, 아예 그 캐릭터가 기존의 화자를 대체하고 1인칭 시점을 맡는 극단적인 경우도 있다.

중도에 1인칭 화자를 다른 캐릭터로 바꾸는 방식은 대개 비효율적이며, 반드시 까다롭게 마련이다. 처음에 화자로 나온 캐릭터가 '실제로' 이야기를 하고 있다고 믿는 독자의 환상이 깨지기 때문이다. 그럼에도 굳이 화자를 바꿔야 한다면, 독자에게 어떤 식으로든 신호를 주는 편이 좋다. 예컨대 초반부가 노라의 시점으로 서술된다면 첫 장에 '1부: 노라'라고 부제를 달아 주고, 화자가 피트로 바뀔 때는 '2부: 피트'라고 표시하는 것이다. 아니면 액자식 구성을 통해 여러 화자를 등장시킬 수도 있다. 가령 두 캐릭터가 술집에서 한담을 나누거나 법정에서 토론을 하는 상황이라면, 양쪽 다 이야기를 할 거라고 예상할 수 있다.

신뢰할 수 없는 화자를 신뢰할 만한 화자로 전환하는 것보다 더 까다로운 방법도 있다. 사건의 진상을 암시를 통해 알려 주는 것이다. 화자가 거짓말을 할 만한 중요한 이유를 독자에게 알려 줌으로써 화자가 어떤 부분을 속일지 추측할 수 있게 하는 방식이다. 가령 화자가 범죄를 저지르고 숨긴다면, 독자는 화자가 제시하는 알리바이나 그 범죄에 대한 화자의 반응을 의심할 것이다. 화자가 여자친구에게 자기는 바람을 피우지 않았다고 열심히 주장한다면, 독자는 화자가 여자친구의 라이벌과 단둘이 방에 있었을 때의 정황을 설명할 때 그 말이 과연 사실일지 의심할 것이다.

신뢰할 수 없는 화자를 잘 활용하면 이야기의 전개가 한층 흥미진진해진다. 독자는 이전에 믿었던 모든 것이 뒤집히는 짜릿한 반전을 맛볼 수 있다. 하지만 서툴게 쓰거나 지나치게 남용하면, 독자는 이런 화자가 하는 얘기를 왜 읽어야 하는지 의문스러워하거나 작가가 좀처럼 진실을 알려 주지 않고 질질 끌기만 한다고 화를 낼 것이다. 위험한 전략이니 가끔씩만 사용하는 게 좋다.

물론 교묘하게 잘 다룰 수만 있다면야 적극적으로 사용해서 안 될 건 없다. 일례로 토머스 개빈의 탁월한 작품 『에밀 비코의 마지막 영화(The Last Film of Emile Vico)』를 꼽을 수 있다. 1인칭 화자인 그리스올드 팔리는 1930년대 영화 촬영 기사로서, 최근 불가사의하게 실종된 비코라는 사람과의 관계를 담은 회고록 형태로 소설을 진행한다. 그런데 그 과정에서 화자는 자신이 비코를 살해했을지도 모른다고 의심한다. 그는 이중인격 증상에 시달리고 있으며, 스파이호크라는 이름의 또 다른 인격이 비코의 실종 당시 정황에 대해 더 잘 알고 있다는 의혹이 들기 때문이다. 하지만 확실히 알 수는 없다. 예전에도 스파이

호크가 무슨 나쁜 짓을 저질렀는 줄 알고 괜히 죄책감을 느꼈는데 실은 아니었던 적이 몇 번 있었다. 그러므로 화자는 자신의 기억도, 스파이호크에 대한 의심도 신뢰할 수가 없다. 그 결과 이 소설 전체가 비코 실종 사건의 진실이 무엇인지, 그리스올드 팔리가 거기에 어떻게 연관되어 있는지를 추적하는 정보 서사가 된다.

『에밀 비코의 마지막 영화』는 작가가 1인칭 시점을 매우 능숙하게 다룬다는 점에서도 훌륭한 본보기다. 촬영 기사인 화자는 마치 자기 자신의 삶도 카메라를 통해 관찰하는 것처럼 모든 것을 카메라의 시선으로 본다. 여기서 촬영 기사라는 직업은 일종의 스파이를 상징하며, 화자의 또 다른 인격이 딱 그런 스파이와 같은 존재다. 이 모티프는 서술 전반에 걸쳐 나타나기에 화자의 자아 자체를 구성하는 일부나 마찬가지다. 이야기는 계속 카메라에 찍힌 영상인 것처럼 진행되지만, 독자는 얼마 지나지 않아 그 구조를 의식하지 않고 빠져들게 된다.

또한 8장에서 화자가 회상으로 들어갈 때는 시제가 현재형으로 바뀐다. 자신의 기억을 영화 대본처럼 기술하기 때문이다. 여기서 현재 시제는 이상하거나 부적절하게 보이지 않고, 소설 내적인 의미와 목적이 있는 장치가 된다. 화자 및 작가가 이루고자 하는 목표에 정확히 부합하는 것이다.

시간의 격차

토머스 개빈은 『에밀 비코의 마지막 영화』를 쓰면서 1인칭 시점에 항상 따라붙는 문제점으로 씨름하고 있다. 시간의 문제가 그것이다. 1인칭 화자는 사건에 참여한 인물이기 때문에, 그 사건에 대해 이야기를 할 때는 이미 사건이 끝난 뒤일 수밖에 없다. 그러므로 과거를 돌아보는 식으로 서술하게 되는데, 그렇게 하면 이야기 자체가 벌어지는 시간대에서 멀어져 버린다.

3인칭 시점과 비교해 보라. 3인칭 시점도 대부분 과거 시제로 서술되기는 마찬가지지만, 1인칭에 비해 훨씬 더 즉각적인 느낌이 든다. 화자가 사건을 기억해서 전달할 필요가 없기 때문이다. 3인칭 화자는 이야기가 지금 벌어지고 있는 것처럼 말할 수 있기에 시간에 격차가 생기지 않는다.

대신 3인칭 시점에는 공간적인 문제가 있다. 화자는 캐릭터들의 마음속을 보여 줄 수 있을 뿐이지 그 사건을 체험하는 당사자가 아니다. 3인칭 화자는 항상 일정한 거리를 두고 상황을 지켜보는 투명한 관찰자와도 같다.

그러므로 1인칭에는 시간의 격차, 3인칭에는 공간의 격차가 있는 셈이다. 의식적으로든 아니든, 작가들은 그 두 가지 한계를 모두 극복하고 사건에 가까이 다가가려고 애쓴다. 1인칭의 시간적 한계를 넘어서는 기법으로는 우선 현재 시제, 의식의 흐름과 같은 장치가 있다. 하지만 둘 다 잠재적인 독자층을 상당수 잃어버릴 위험이 있으므로 성공하기가 어렵다는 점을 유념해야 한다. 그리고 3인칭의 공간적 한계를 넘어서는 방법으로는, '제한적 3인칭 시점'을 통해 인물들의 내면으로 침투하는 것이 있다. 이 방법은 아주 유용하기에 작가들이 가장 보편적으로 사용하고 있다. (내면 침투에 대해서는 이후 17장에서 자세히 논하도록 하겠다.)

1인칭 화자가 시간의 격차를 좁히는 또 다른 방법은, 이야기를 몇 부분으로 나누어서 사건이 아직 진행 중일 때 서술하는 것이다. 『에밀 비코의 마지막 영화』도 이런 구성이다. 처음에 화자는 경찰이 비코의 실종 사건을 자신과 연관 지을까 봐 두려워하며 호텔 방에 숨어 있는 상황에서 회고록을 쓰기 시작한다. 그 당시에는 화자도 이야기의 결말이 어떻게 되는지 모른다. 적어도 회고록을 쓰기 시작했을 때는 비코의 실종 사건이 해결되지 않은 상태이니까. 이렇게 하면 1인칭 시점의 또 다른 문제가 해결되는데, 이 점은 잠시 뒤에 다루도록 하겠다.

시간의 격차를 해결한 다른 사례로는 진 울프의 역사 소설 『안개의 전사(Soldier of the Mist)』가 있다. 화자는 전직 병사로서, 테르모필레 전투 때 그리스를 습격한 페르시아군의 생존자이다. 전투로 입은 부상 때문인지 신의 저주 때문인지 그는 장기 기억력을 상실했다. 매일 아침 일어나면 전날 밤까지의 일이 아무것도 기억나지 않는다. 그래서 화자는 자신의 일생을 잊지 않기 위해 일기를 작성하며, 이 일기가 곧 소설의 내용이 된다. 화자는 매일 그때까지 쓴 일기를 전부 읽어서 기억을 되살리지만, 나중에는 일기가 너무 길어져서 그럴 수도 없게 된다. 또한 자기가 그런 일기를 썼다는 것 자체도 잊어버리는 탓에 여행 동료나 친구 들이 알려 줘야 한다. 그래도 화자가 일기를 잊어버리고 작성하지 않은 때가 있고, 그때 무슨 일이 있었는지는 주위 사람들이 알려 주는 단편적인 정보들 외에는 영영 알 수 없다.

이 작품은 확실히 1인칭 시점의 시간적 제약을 극복했다. 하지만 그만큼 값비싼 대가를 치러야 했다. 화자는 누군가를 즐겁게 해 주기 위해서가 아니라 단지 자신이 읽을 목적으로 꾸밈없이 글을 적고 있기에, 글을 유려하게 쓰지 못하고 쓸데없이 같은 말을 반복하거나 별 관련도 없는 이야기를 적곤 한다. 그 모든 것을 참아야 하는 독자 입장에서는 당연히 읽기가 힘들어진다. 이런 경우에는 캐릭터 구성을 진솔하게 했기 때문에 도리어 독자의 감정이입을 유지하기가 힘들어진 것이다.

소설 구성에서 유용한 방법에는 모두 나름의 대가가 따른다. 진 울프나 토머스 개빈의 작품에서는 그 정도의 대가를 치를 가치가 있었다고 본다. 하지만 내 생각에 동의하지 않는 독자들도 있을 것이다. 두 작가가 모두 1인칭 화자를 보다 사실적으로 다루었기에 많은 독자들의 마음을 사로잡았지만, 어떤 독자들은 정확히 같은 이유 때문에 그 작품을 싫어할 것이다. 이것은 어떤 작가든 어떤 소설이든 피할 수 없는 일이고, 당신도 마찬가지다.

정보를 감추기

1인칭 시점 서술에 시간적 격차가 생긴다는 것은, 화자가 이야기의 전모를 이미 다 알고 있다는 뜻이기도 하다. 그렇다면 화자가 처음부터 결말을 말하지 못할 이유도 없는 셈이다. 예를 들어 소설이 다음과 같이 시작된다고 상상해 보라.

히치하이커 실종 사건을 추적하던 우리는, 결국 범인이 피해자의 아버지였다는 것을 알게 되었다. 피해자는 변장을 하고 여행하던 중이었고, 오래전에 연락이 끊겼던 아버지는 그녀가 딸인 줄도 모른 채 납치해서 죽인 다음 자기 사무실 빌딩에 부은 지 얼마 안 된 시멘트 토대에다가 시신을 던져 버렸던 것이다.

이렇게 이야기를 시작해 버리면 풀어야 할 미스터리랄 게 거의 남지 않는다. 물론 처음부터 독자에게 결말을 알려 준 뒤 전개 과정에서 극적인 아이러니를 자아내는 방식도 있다. 배경 서사나 사건 서사 작품에서 그런 구성이 많이 쓰인다. 하지만 정보 서사에서 결말을 밝히고 시작하는 것은 치명적인 오류다.

그런데 1인칭 화자는 언제든지 마음 내키는 대로 결정적인 정보를 밝힐 수도 있는 존재다. 1인칭 화자가 결말을 말하지 않고 계속 미루면, 이야기가 작위적이라는 사실을 독자에게 끊임없이 상기시키는 일이나 마찬가지다. 화자가 의도적으로 서스펜스를 유도하는 셈이니까. 화자 자신이 추리 소설 작가가 아닌 바에야, 굳이 서스펜스를 조성하면서 글을 써야 할 동기가 전혀 없을 수도 있다.

그래도 이 정도는 별 문젯거리가 아니다. 오늘날에는 1인칭 화자가 결말을 미루는 방식이 관습적으로 굳어졌고, 독자들도 충분히 이해하고 있으니까. 다만 그러려거든 이야기가 전개되는 과정에서 화자가 습득한 정보를 그때그때 모두 알려 줘야 한다.

예컨대 화자가 탐정이고, 술집에서 바텐더에게 10달러 팁을 주고 어떤 정보를 전해 들었다고 하자. 그러면 그 내용을 독자에게 빠짐없이 알려 줘야 한다. "바텐더는 그 밖에도 다른 얘기를 해 주었지만, 당시에는 그게 중요한 정보인 줄 생각도 못 했다."라고 일축하고 넘어간 뒤 결말이 되어서야 그 정보를 밝히면 안 된다는 뜻이다. 한 번이면 몰라도 두 번 세 번 이런 서술을 반복하면 독자로서는 당연히 짜증이 난다. 작가가 부당하게 사기를 치고 있다는 느낌이 드니까. 화자가 작위적으로 정보를 감춤으로써 이야기와 독자 사이에 거리가 생기고, 따라서 화자는 독자가 정보를 찾아가도록 이끌어 주는 동료가 아니라 오히려 치워 버리고 싶은 방해물이 되고 만다. 작가 나름대로는 서스펜스를 자아내려는 의도로 그런 수법을 쓰곤 하지만, 결과적으로 화자에 대한 독자의 믿음과 감정이입을 해쳐서 서스펜스를 약화하는 역효과만 낳을 뿐이다.

그래도 여기까지는 약과다. 당신은 더 심한 것도 수두룩이 보았을 것이다. 그런 소설을 읽을 때 심정이 어땠는지 돌이켜 보라. 좋은 효과라고는 전혀 없고, 짜증스럽고 거리감만 생기지 않던가? 어떤 작가들은 "바텐더는 그 밖에도 다른 얘기를 해 주었지만……." 같은 언급조차도 하지 않는다. 나중에 그 정보가 필요한 순간이 닥쳐서야 캐릭터가 불쑥 기억해 낸다. "이제 와서 돌이켜 보니 그때 바텐더가 다른 말도 했다는 게 기억났다. 당시에는 중요하다고 생각도 못해서 흘려들었던 정보였다."라고. 화자가 그 정보를 들었던 당시에 독자에게도 알려 줬다면야 아무 문제도 없다. 하지만 독자에게 금시초문인 정보라면, 당연히 사기당했다는 느낌이 들 만도 하다.

무엇보다도 최악의 경우는 1인칭 화자가 자기 행동을 독자에게 감추는 것이다. 훌륭한 작가들의 작품에서도 종종 보이는 결함이다. 다음의 예시문은 어떤 추리 소설의 막바지에 나오는 단락이다.

모든 것이 명백해졌다. 이제 몇 가지 남은 문제만 처리하면 끝이었다. 나는 짐에게 들러서 몇 군데 전화 연락을 하도록 하고, 세븐일레븐에 들러서 간단한 가정용품을 하나 샀다. 그리고 메이너드의 집으로 가서 초인종을 눌렀다. 모두가 거기에 모여 있을 터였다.

이 소설의 화자는 정보를 알게 되는 족족 독자에게 알려 주면서 이야기를 진행해 왔다. 그런데 이 대목에서만은 자기가 한 행동을 의도적으로 감추고 있다. 짐을 시켜서 어디에 연락을 한 것인지, 그리고 정확히 무슨 가정용품을 샀는지. 만약 화자가 의식적으로 추리 소설을 쓰고 있다면야(렉스 스타우트의 시리즈에서 아치 굿윈처럼), 정보를 알게 되는 것과 동시에 독자에게 공유해야 한다는 규칙을 깨뜨려도 무방하다. 하지만 화자가 추리 소설 작가가 아니라면 이 기법은 캐릭터의 개연성을 침해하고 이야기를 작위적으로 만들 것이다.

그리고 화자는 어떤 위험을 겪었든 간에 결국 살아남았기에 이야기를 할 수 있는 것이다. 그러므로 화자가 죽을 뻔했다는 이야기를 해봤자 그리 설득력이 없다. 하지만 1인칭 화자가 능히 다룰 수 있는 종류의 위험도 많다. 1인칭 화자가 죽을 수 없다고 해서 이루 말할 수 없이 끔찍한 일이 일어나지 않는다는 법은 없으니까. 스티븐 킹의 『미저리』의 화자도 죽지 않았다는 건 분명하지만, 미치광이의 칼에 신체를 절단당하는 고통은 분명히 공포스럽다. 그 미치광이가 끔찍한 짓을 하겠다고 위협할 때, 독자는 그런 일이 정말로 일어날 수 있다는 것을 잘 알고 있다. 따라서 이런 위험은 충분히 설득력이 있다.

실책

지금까지 다룬 모든 한계는 당신이 1인칭 시점을 '잘' 다룰 때 부딪히는 문제다. 아아, 애석하게도 1인칭 시점은 매우 어렵다는 뜻이다. 언뜻 보기에는 쉽고 단순할 것 같으니 초심자들이 많이 선택하지만,

실은 3인칭보다 훨씬 까다롭기에 정작 쓰다 보면 작가 자신의 미숙함을 드러내는 일이 많다.

그렇다면 어떤 실수가 나올 수 있을까? 가장 흔하게 저지르는 실수는 작가가 단지 자신의 서투름을 숨기려고 1인칭 화자를 가면 삼아 뒤집어쓰는 것이다. 이러한 화자가 가짜라는 사실은 으레 소설의 첫 페이지부터 들통 나곤 한다.

나는 방 건너편에서 노라를 지켜보았다. 우아한 손이 허공에서 정신없이 오락가락하는 모습이 꼭 미친 발레리나 같았다. 노라는 다가올 거래 때문에 내심 굉장히 초조하고 걱정스러워하고 있었다. 노라에게 말을 거는 사람들은 죄다 너무 따분했고 시시하기 짝이 없었지만, 그래도 노라는 그들의 말에 흥미가 있는 척, 심지어는 흥분되는 척하면서 자신이 심하게 긴장했다는 것을 숨겼다. 노라는 이 모든 일이 어떻게 시작되었는지를 돌이켜 보았다. 피트와 만나고 삶이 엉망진창이 되기 한 해 전에 로테르담에서……

더 볼 필요도 없지 않은가? 노라가 무엇을 걱정하는지, 무슨 속셈으로 사람들과 대화하는지 1인칭 화자가 무슨 수로 안단 말인가? 그래도 화자가 단지 노라의 생각을 추측하고 있다고 봐 줄 수도 있겠지만, 막판에는 노라의 머릿속에 들어가서 과거의 일을 회상하기까지 한다. 말도 안 되는 일이다. 그건 어디까지나 3인칭 서술 방식이고, 1인칭 화자가 초능력자라도 되지 않는 한은 절대로 불가능하다. 그런데도 놀라울 만큼 많은 초심자들이 이런 실수를 저지르곤 한다.

다음 예시문에 나오는 실수는 좀 더 교묘하다.

나는 머리가 깨질 듯한 두통과 함께 눈을 떴다. 침대 너머로 뻗은 내 손에 종이 한 장이 쏠려서 베개 옆으로 떨어졌다. 나는 눈을 떴다가 창문으로 비쳐 드는 밝은 햇빛에 눈을 찡그렸다. 이제야 슬슬 지독한 상실감에서 벗어나고 있었다. 슬픔이 나를 흘러서 빠져나가고 있었다. 나는 일어나서 비틀비틀 욕실로 들어갔다. 내딛는 걸음마다 머릿속을 칼로 후벼 파는 것 같았다. 선반에서 아스피린 통을 꺼내 거꾸로 뒤집어 놓은 다음, 수돗물을 틀고 샤워를 하러 들어갔다. 물줄기가 머리를 때리고 얼굴을 타고 흘러 시냇물처럼 내 몸을 깨끗이 씻어 내렸다. 나는 수건으로 대강 물기를 훔치고 욕실 바닥에 팽개쳐 두었던 옷가지를 도로 주워 입었다. 생각나는 것이라고는 오로지 슬픔뿐이었고, 너무나도 깊은 슬픔 때문에 욕지기가 일 지경이었다. 부엌에는 먹을 게 땅콩버터, 통밀 크래커, 베이킹소다밖에 없었다. 나는 베이킹소다 한 숟가락을 물에 섞고 들이켰다.

화자가 건조한 어조와 감상적인 어조를 이랬다저랬다 섞어 쓰고 있다는 점도 문제이지만, 그보다 더 핵심적인 문제는 따로 있다. 1인칭 화자가 자기 머릿속에서 세상을 관찰하는 게 아니라, 마치 멀리서 자기 자신을 지켜보는 것처럼 서술하고 있다는 점이다. 자신의 행동을 묘사하기만 할 뿐 왜 그런 행동을 하는지는 아무 언급도 없다. 마치 카메라를 통해 지켜보는 듯한 서술이다. 하지만 화자가 자기 자신을 그런 식으로 볼 수는 없는 노릇이다.

1인칭 화자는 자신의 행동을 관찰하는 사람이 아니라, 그 행동을 하는 주체다. 그러면 자기 행동이 무슨 뜻인지를 알려 줘야 한다. 두통이 왜 생겼나? 숙취 때문인가, 감기에라도 걸렸나? 그리고 샤워 얘기는 왜 이렇게 많이 하는가? 샤워에 무슨 의미가 있나? 그게 왜 중요한가? 위의 글만 봐서는 전혀 중요해 보이지 않는다. 샤워를 하면 누구나 당연히 물에 젖고, 당연히 물줄기가 머리를 적시고 얼굴로 흘러내려오고, 당연히 깨끗해진다. 여느 샤워와 다른 특별한 의미가 없는데 굳이 독자에게 보여 줘야 할 필요가 없다.

만약 당신의 친구가 이야기를 하다가 느닷없이 샛길로 빠지더니, "샤워를 하는데 물이 내 머리를 때리고 몸을 타고 흐르면서 씻어 주고······." 운운한다면, 당신은 샤워 얘긴 그만두고 원래 하던 얘기나 계속하라고 재촉하지 않겠는가? 그런데 하물며 당신의 친구도 아닌 독자가 왜 이런 걸 참아 줘야 한단 말인가? (그리고 글을 이런 식으로 쓴다면 독자가 당신의 친구가 될 성싶지도 않다.)

화자가 그나마 자기 생각을 표현하는 대목이 있기는 있다. "이제야 슬슬 지독한 상실감에서 벗어나고 있었다."와 "생각나는 것이라고는 오로지 슬픔뿐이었고······." 같은 감상적인 문장. 하지만 여기서도 정확히 뭐가 그렇게 슬프다는 건지는 일언반구도 없다. 화자의 머릿속에 정말로 들어간 상태라고 보기는 힘들다는 뜻이다. 독자는 화자의 감정에 공감하거나 그 이유를 이해할 수 없고, 단순히 추상적인 감정의 개념만을 알 수 있을 뿐이다.

소설에서 1인칭 시점을 쓰는 까닭은, 모든 사건을 화자의 관점으로 경험하고, 화자의 사고방식으로 생각하고, 화자의 동기로 움직이기 위해서다. 그런데 위의 글에서는 그런 특성이 전혀 보이지 않는다. 마치 전화번호부처럼 아무런 주관적 판단도 개입되어 있지 않은 글이다. 이 역시 초심자들이 곧잘 저지르는 실수다.

제대로 된 1인칭 시점은 다음과 같이 서술해야 한다.

일어나 보니 머리가 깨질 듯이 아팠다. 언제나처럼 노라를 안으려고 손을 뻗었지만 내 옆에는 아무도 없었다. 베개 위에 놓여 있던 종이 한 장만이 손에 스쳐서 떨어졌다. 나는 그게 무슨 메모인지 읽어 볼 생각도 들지 않았다. 어차피 노라가 쓴 건 아닐 터였다. 그녀는 며칠째 집에 없었으니까. 아니, 몇 달째였다. 도대체 언제쯤이면 침대에서 노라를 안으려 드는 버릇이 사라질까? 임종의 순간에도 나는 노라를 찾다가 또 실망하게 될까? 아니, 아니다. 그날이 되면 노라는 꼭 와 줄 것이다. 내가 죽어 가는 꼴을 지켜보면서 즐거워할 것이다. 나쁜 년.

나는 눈을 뜨자마자 후회했다. 창문에서 들어오는 눈부신 햇빛에 숙취가 도졌다. 그래도 억지로 몸을 일으키고 비틀거리면서 욕실로 걸어갔다. 내딛는 걸음마다 머릿속을 칼로 후벼 파는 듯했다. 샤워를 했지만 아무리 수온을 조절해도 물이 너무 차갑거나 너무 뜨거웠고, 비누로 몸을 닦아 봤자 개운해지지도 않았다. 아스피린 병은 텅 비어 있었지만, 상관없었다. 어차피 이렇게 심한 두통을 아스피린으로 잠재울 수는 없을 테니까.

혼자서 잠을 깨야 하는 신세를 자책하는 기분으로 수건을 집어다가 대충 물기를 훔쳤다. 그리고 욕실 바닥에 팽개쳐 둔 옷을 다시 주워 입었다. 깨끗한 옷을 입어야 한다는 생각은 물론 했지만 그럴 의욕이 안 들었다.

부엌에는 먹을 게 땅콩버터, 통밀 크래커, 베이킹소다밖에 없었다. 땅콩버터와 통밀 크래커는 생각만 해도 토기가 치밀었으므로, 나는 베이킹소다를 한 숟가락 떠다가 물에 섞어서 들이켰다. 그런데 역효과만 나왔다. 나는 곧장 욕실로 달려가서 죄다 토해 버렸다. 아, 참 아름다운 아침이다.

위의 글은 독자가 관심을 기울이며 읽을 만하다. 노라가 왜 떠났는지까지는 알 수 없지만, 적어도 화자를 외부에서 관찰하지 않고 화자의 내부에서 그를 들여다보고 있기 때문이다. 1인칭 시점 본연의 목적대로 말이다.

캐릭터도 한결 입체적으로 살아났다는 점을 주목하라. 먼젓번의 글에서는 나오지 않았던 맥락이 새로 추가되었다. 우리는 화자가 왜 베개에 손을 스쳤는지, 메모를 왜 확인하지 않았는지 알 수 있다. 노라에 대한 그의 감정 역시, 막연하고 감상적인 슬픔이 아니라 구체적인 생각으로 표현되어 있다. 샤워 장면 묘사는 아예 빠지고 화자의 심리적 반응을 알려 주는 서술로 대체되었다. 그리고 화자가 전날 입었던 옷을 다시 입는 이유도 알 수 있다.

그런데 만약 당신이 쓰려고 하는 1인칭 화자가 자기 생각이나 느낌을 잘 털어놓지 않는 성격이라면? 그런 경우에는 화자가 애초에 이야기를 왜 하는지부터가 의문스러워진다. 과묵한 캐릭터의 이야기를 1인칭으로 쓴다는 건 캐릭터의 성격에 어긋나는 일이고, 이야기를 쓰는 것만으로도 자기파괴적인 행위가 된다. 당신의 소설에 그런 구성이 꼭 필요한 이유가 있을 수도 있겠지만, 화자가 아무리 무뚝뚝한 성격이라 해도 어쨌든 첫째 예시문처럼 글을 쓰면 안 된다. 화자가 그날 아침의 경험에 대해 솔직히 말할 기분이 아니라면 그냥 말을 안 해 버리면 그만이다. 특히 더러운 옷을 다시 입었다는 얘기라든지, 샤워처럼 지나치게 사적인 일은 말하지 않을 것이다.

1인칭 화자가 개인적인 문제를 말하기 싫어하는 성격이라면, 다음과 같은 방식으로 화자의 태도를 드러낼 수 있다.

그날 아침 일어난 일을 전부 알려 달라고? 좋다. 나는 숙취에 시달리며 잠에서 깼다. 집에 아스피린도 다 떨어진 참이었고, 베이킹소다로라도 속을 달래 보려 했지만 결국 토했다. 그러고 나서는 더러운 옷을 주워 입고 밖에 나가서 지나가는 차들에 대고 고래고래 욕지거리를 내뱉고 개와 어린애들에게 발길질을 해 댔다. 맥도널드에서 점심을 먹은 뒤에는 쓰레기를 비우지도 쟁반을 치우지도 않았다. 그때가 정오였다. 이만하면 됐나?

1인칭 시점은 화자의 캐릭터를 드러내야 한다. 그러지 않으면 아무 의미가 없다. 화자는 이야기를 할 이유가 있는 사람이어야 하고, 화자의 동기와 사고방식이 이야기에 나타나야 한다. 당신이 이렇게 쓰지 못하고 있다면 다음의 세 가지 중 하나를 선택해라. 1) 1인칭이 당신의 이야기에 맞지 않다는 것을 인정하고 3인칭으로 바꾼다. 2) 화자의 사고방식, 동기, 기대, 과거 등을 구체화해서 고유의 목소리를 만들어 낸다. 3) 화자 역할을 맡길 만한 다른 캐릭터를 찾아본다.

| 17장 |
3인칭 시점

　대부분의 작가들은 자신이 신이라고 생각하지 않는다. 신을 자칭하기에 우리는 너무 보잘것없는 존재다. 하지만 소설 속의 세상에서 우리가 거의 절대적인 권능을 갖고 있다는 건 사실이다. 우리의 선택 하나로 캐릭터의 목숨이 오락가락한다. 우리의 변덕에 따라 캐릭터의 가족과 친구와 사는 곳과 생계 수단까지 좌우된다. 단지 재미있겠다는 이유만으로 캐릭터를 참혹한 고통에 밀어 넣으며, 캐릭터가 고생 끝에 겨우 안정적인 삶을 되찾은 순간 우리는 펜을 놓고 캐릭터를 영영 눈앞에서 치워 버린다.
　그런데 유감스럽게도 그러한 신과 같은 권능은 남들이 안 보는 데서 휘둘러야 한다. 우리는 광기의 한가운데에서 캐릭터를 꼭두각시처럼 부려먹고 괴롭힐지라도 독자들은 그런 사실을 몰라야 한다는 것이다. 소설 창작의 기교란 궁극적으로 독자에게 우리의 존재를 숨기는 기법과 다름없다. 우리의 캐릭터가 스스로 살아 움직이는 인격체이고, 이야기가 자연스럽게 흘러가고 있으며, 사건이 정말로 일어날 법하다는 환상을 독자에게 심어 주는 것이 관건이다.

다만 우리가 독자 앞에서 드러내 놓고 권능을 휘두를 때가 있기는 있는데, 바로 전지적 3인칭 시점을 쓰는 경우다.

전지적 3인칭과 제한적 3인칭

전지적 3인칭 화자를 쓰면 당신은 어디든지 마음대로 날아다닌다. 눈 한 번만 깜빡해도 이곳저곳으로 이동할 수 있다. 슈퍼맨이 로이스 레인을 비행기에서 구출하듯이 독자를 데리고 다닐 수 있고, 언제든지 흥미로운 게 보이면 독자에게 모든 상황을 정확히 설명해 줄 수 있다. 캐릭터의 생각, 꿈, 기억, 욕망도, 과거와 미래에 벌어지는 사건들까지도 전부 보여 줄 수 있다.

반면 제한적 3인칭 화자는 그렇게 자유롭게 날아다니지 못한다. 제한적 화자는 한 캐릭터의 마음으로 들어가서 그 캐릭터가 보고 듣고 알고 원하고 기억하는 것만을 보여 줄 수 있다. 이 캐릭터를 '시점인물'이라고 한다. 화자는 시점인물이 아닌 캐릭터의 속마음을 알 수 없지만, 가끔씩 시점인물을 다른 캐릭터로 바꿀 수는 있다. 그럴 때는 챕터를 나누거나 행을 띄우는 식으로 뚜렷한 신호를 줘야 한다. 결코 장면이 진행되는 도중에 시점인물을 바꿔서는 안 된다.

전지적 3인칭 시점의 강점

다음과 같은 글은 오로지 전지적 화자만이 쓸 수 있다.

피트는 두 달이나 걸려서야 노라에게 데이트 신청을 할 용기를 낼 수 있었다. 노라는 너무나도 섬세해 보였다. 가녀린 뼈대, 투명한 피부, 얼굴 주위에서 황금빛 불똥처럼 흩날리는 밀짚색 머리카락까지. 맥주와 미식축구밖에 모르는 피트 같은 남자가 어떻게 노라 데인저의 호감을 얻을 수 있겠는가? 그래서 피트는 섬세한 미녀들이 좋아할 만한 것들을 조사했다. 메트로폴리탄 미술관에서 현재 전시 중인 프로그램, 예술 영화 등등. 오페라까지는 차마 건드릴 수 없었다. 만반의 준비를 마쳤을 때 그는 일러스트 작가 샌드라 보인튼이 디자인한 기발한 카드에 초대 편지를 써서 수선화 한 송이와 함께 노라의 책상 위에 올려 두었다.
피트는 너무 초조해서 사무실을 나갈 수도 없었다. 11시 정각이 되어서야 노라의 자리에 가 보았더니, 수선화가 가느다란 꽃병에 꽂혀 있었다. 노라가 고개를 들고는 상냥한 미소를 지으며 말했다. "이렇게 사랑스러운 데이트 신청은 처음 받아 봐요. 갈게요."
피트는 노라와 데이트하면서 기말고사라도 치르는 기분이었다. 자기가 시험에 죽을 쑤고 있다는 사실을 알고는 있었지만 정확히 왜인지는 알 수 없었다. 그는 노라에게 감동을 주려고 세련된 감각을 발휘하려 애쓰면서 하염없이 갈팡질팡할 뿐, 정작 노라가 맥주와 미식축구 쪽을 훨씬 편하게 여기는 줄은 짐작도 못 했다. 노라는 밖에서 넘어지고 무릎이 까져 가면서 뛰어노는 것만이 재미있는 놀이라고 생각하는 형제들 사이에서 자랐다. 그토록 섬세하고 가녀린 뼈가 어린 시절에 얼마나 많이 부러졌던지, 몸 어딘가에 깁스를 하지 않고 지낸 적이 있었던가 기억도 안 날 정도였다. 몸에서 부러져 본 적이 없는 뼈는 여섯 개밖에 안 될 거라고 친구들에게 말하고 다니기도 했다. 노라는 떠들썩한 자리, 폭소, 상스러운 농담, 유치한 이야기를 좋아했다. 그리고 피트가 평소에 사무실에서 다른 사람들과 농담을 주고받는 걸 보고, 피트도 딱 그런 타입인 줄로만 생각했다.

그런데 피트가 우디 앨런과 그루초 막스의 희극적 작품 세계를 비교하며 우열을 논하니, 노라로서는 당혹스러웠고 겁에 질릴 수밖에 없었다. 물론 노라가 마음만 먹으면 관심 있는 화제로 대화를 돌릴 수도 있었을 터였다. 예컨대 80년대에 제3회 프로미식축구 결승전에서 벌거벗고 경기한 팀이 우승한 사건이라든지. 하지만 그러면 피트는 어리둥절해하면서 뭐 이런 여자가 다 있나 생각할 테고, 노라를 집으로 데려다 줄 게 뻔했다. 하지만 노라는 집에 가고 싶지 않았다. 근처 어디 술집에서 살짝 술에 취한 채 피트의 친구들과 함께 편하게 놀고 싶었다.

피트도 똑같은 심정이었다. 피트는 결승전에서 월터 페이튼 선수가 터치다운을 하지 못했다는 이유로 호키스 술집 실내를 벌거벗은 채로 뛰어다니기도 했던 사람이니까. 어떻게 그가 감히 노라처럼 고상한 여자와 어울릴 수 있다고 생각했는지, 후회막심이었다. 노라는 벌써 피트의 허세를 간파하고 고등학교 시절 운동만 죽어라 했던 그렇고 그런 남자라는 걸 알아차린 눈치였다. 그러지 않고서야 피트가 이야기할 때 저렇게 눈에 멍하니 초점이 풀릴 리가 없으니까.

그래서 두 사람은 아무 맛도 안 나는 페리에 탄산수를 홀짝거리고, 아스파라거스 세 줄기와 동전만한 크기의 가자미 구이를 먹으면서 배가 부른 척하고, 폴란스키의 포스트 미국 시대 영화 「테스」를 보면서 깊이 몰입하는 척했다. 영화를 보는 내내 둘 다 졸았다는 걸 서로가 알 수만 있었더라면 좋았을 텐데.

위의 글에서 나는 전지적 시점을 최대한으로 활용했다. 전지적 화자가 피트와 노라의 마음속을 언제든 마음대로 드나들며 보여 줄 수 있기에, 두 캐릭터 모두 모르는 사실을 독자는 알 수 있게 되었다. 주인공이 서로 오해하는 상황에서 독자만이 진실을 안다는 것이 이 장면의 묘미다.

그리고 마지막에 "영화를 보는 내내 둘 다 졸았다는 걸 서로가 알 수만 있었더라면 좋았을 텐데."라는 문장은 오직 전지적 시점에서만 가능한 서술이다.

만약 위의 글이 피트나 노라의 1인칭 시점으로 서술되었다면, 독자는 오로지 한쪽의 관점으로만 상황을 해석했을 테고, 따라서 캐릭터와 마찬가지로 상대방을 오해했을 것이다. 물론 나중에 서로 진실을 밝히는 장면이 나올 수는 있다. 그때 가서 독자는 둘의 끔찍했던 첫 데이트를 되돌아보고 그 모든 게 터무니없는 실수였음을 깨달을 것이다. 하지만 진실을 아는 상태로 데이트 장면을 동시에 지켜보는 스릴과 재미는 자아낼 수 없다. (물론 1인칭 화자가 이야기의 시간적 제약을 어기고 "나중에 알고 보니, 노라도 나처럼 영화를 보는 내내 졸았다고 했다. 우리의 공통점은 그 밖에도 많았다."라고 말하며 장면을 마친다면야 가능하긴 하다. 하지만 그건 데이트를 비롯한 모든 이야기가 화자가 서술하는 시점보다 한참 전에 일어났다는 뜻이 되기에, 독자와 이야기 사이에 거리감이 생기는 역효과를 낳게 마련이다.)

제한적 3인칭 시점은 1인칭보다 선택지가 조금 더 열려 있지만, 기본적으로 두 캐릭터 중 한 명의 관점으로만 진행해야 한다는 것은 동일하다. 그리고 나중에 서로 진실을 고백하는 장면 역시 넣을 수 있다. 사실, 캐릭터들의 오해를 기반으로 진행되는 이야기는 언젠가 진실이 밝혀지는 것이 필수다.

제한적 3인칭 화자의 시점인물 변경

제한적 3인칭 화자도 시점인물을 바꿀 수는 있다. 전지적 시점처럼 사건이 일어나는 도중이나 한 단락 안에서 자유자재로 바꾸는 건 안 되지만, 명확한 분기점을 두고 장면이 전환된 뒤라면 가능하다. 분기점을 표시하는 가장 효과적이고 분명한 방법은 챕터를 바꾸는 것이다. 예컨대 제1장을 피트의 시점으로 진행하면서 노라에게 데이트 신청을 하고 '기말고사'를 초조하게 준비하는 과정을 보여 준 다음, 챕터를 제2장으로 바꾸고 노라의 시점으로 넘어가면 된다. 독자는 피트가 맥주와 운동밖에 모르는 거친 남자라는 걸 '섬세한' 노라에게 들키지 않으려고 노심초사했다는 사실을 잘 알고 있다. 그런데 다음 챕터에서 노라의 시점으로 데이트 사건을 보여 주면서, 노라가 어린 시절에 형제들과 밖에서 거칠게 뛰어놀며 자랐으며 술집에서 맥주 마시며 미식축구 이야기를 하는 걸 좋아한다고 하면, 독자는 두 캐릭터가 서로를 오해하는 아이러니한 상황의 재미를 충분히 파악할 수 있을 것이다.

하지만 당신이 쓰는 소설이 장편이 아니라 단편이라면 어떻게 할까? 챕터가 없다면 시점인물을 전환할 수 없는 걸까?

그렇지 않다. 행과 행 사이에 공백을 넣어도 분기점을 표시할 수 있다. 이렇게.

아니면 별표와 같은 부호를 넣어 줘도 괜찮다. 이렇게.

***

소설의 첫 부분이 피트의 시점으로 진행되다가 행이 한 줄 떨어지면, 독자들은 이야기의 흐름에 중대한 변화가 생긴다는 뜻임을 알아차릴 것이다. 장소가 바뀌거나, 시점인물이 교체되거나, 오랜 시간이 흐른다거나 등등. 그때 당신은 정확히 무엇이 변경되는지 즉시 독자에게 알려 줘야 한다. 예컨대 행을 띄운 뒤 첫 문장부터 곧바로 노라의 이름을 밝히면 독자는 이제부터 화자가 노라의 시점으로 들어간다는 것을 알 수 있다. 또한 노라가 현재 어디에 있는지, 피트의 이야기를 기준으로 시간이 얼마나 흘렀는지도 첫 단락 안에 밝혀야 한다. 직접적으로든 우회적으로든 간에.

여러 변경 사항 중에서도 시점인물 변경은 독자가 이해하기에 가장 어려운 축에 속한다. (아, 물론 세월이 900년쯤 흐른다든지 배경이 외계 행성으로 바뀐다든지 하면 더욱 이해하기 힘들 것이다. 하지만 시간적, 공간적 배경을 그렇게까지 극단적으로 바꾸는 일은 별로 없다.) 새로운 시점인물이 이전에 등장한 캐릭터라면 한결 이해하기 쉬울 테고, 이미 이야기에서 중요한 역할을 맡은 캐릭터라면 더더욱 수월할 것이다. 우리가 지금 다루는 이야기의 경우, 피트 시점으로 된 부분에서부터 노라는 이미 피트의 전폭적인 관심을 받는 캐릭터였다. 그러므로 행을 띄운 다음 곧바로 다음과 같이 시작해도 혼동을 일으키지 않을 것이다.

노라는 이렇게까지 간소한 웰빙 요리를 처음 보았다. 접시가 반쯤 비어 있는 걸 보니 주방장이 노라에게 다이어트라도 시킬 작정인 것만 같았다. 혹시라도 피트가 레스토랑 측에 미리 연락해서 노라가 너무 뚱뚱하니 신경 좀 써 달라고 말해 둔 건 아닐까?

이전 에피소드가 노라와 데이트를 앞둔 피트의 이야기였으니, 독자는 노라가 누구인지 익히 알고 있으며 현재 노라가 피트와 데이트 중이라는 것도 쉽게 짐작할 수 있다.

새 단락이 시작되자마자 노라의 시점이 탄탄히 구축된다는 점을 주목하라. 독자는 방금 전까지만 해도 모든 것을 피트의 관점으로 보았기에 그의 생각, 태도, 기억에 익숙해진 상태다. 그런데 여기서 갑자기 피트 입장에서는 절대로 알 수 없는 노라의 정보가 제시되고 있다. 노라가 고급 웰빙 요리에 익숙하지 않다는 것. 피트의 시점이 노라의 시점으로 대체되었다는 명백한 신호인 셈이다. 이어서 노라가 주방장이 음식을 조금만 준 이유에 대해 우스꽝스러운 망상에 가까운 추측을 하는 둘째 문장은 노라의 주관적인 생각을 보여 주는 부분이다. 더 나아가 셋째 문장에서 노라는 자기가 피트에게 어떻게 보이는지 불안해하는 심정을 밝힌다. 이전에 시점인물이었던 피트를 노라의 시각으로 보여 줌으로써 시점 전환을 확실히 굳히는 문장이다. 게다가 피트는 노라를 누구보다도 섬세하고 아름다운 여자라고 숭배하다시피 하는데 정작 노라는 자신이 뚱뚱해 보일지도 모른다고 걱정하고 있으니, 노라가 생각하는 자기 자신과 피트가 생각하는 노라의 이미지가 완전히 상반된다는 것을 알 수 있다. 이렇게 단 세 문장 만에 시점 전환이 완성되었다. 독자들은 노라의 시점에 적응해서 앞으로 편안하게 글을 읽어 나갈 것이다.

독자는 피트의 관점을 이미 알고 있기 때문에, 두 사람의 저녁 식사 장면은 전지적 시점만큼이나 재미있는 아이러니를 연출할 수 있다. 예컨대 피트가 미식축구 내기에 지는 바람에 술집에서 홀딱 벗고 뛰어다녔다는 일화가 피트 시점 부분에서 나왔다고 하자. 그러면 저녁 식사 장면에서 노라가 미식축구 얘기를 꺼내고 싶어 할 때, 독자는 피트 역시 미식축구에 열광한다는 점을 떠올릴 테고, 피트가 교양인 행세를 그만두기만 한다면 노라의 호감을 확실히 얻으리라는 생각이 들 것이다. 아이러니가 작동하는 것이다. 이러면 1인칭 시점에서처럼 나중에 두 사람이 진실을 밝히는 장면을 기다려야 할 필요도 없어진다.

이렇듯 제한적 3인칭 화자는 시점인물을 바꾸는 방식으로 전지적 시점의 효과를 대부분 얻을 수 있다. 그러나 효율성의 측면에서는 전지적 시점을 결코 따라잡지 못한다. 아까 우리가 본 전지적 시점 예시문은 겨우 여섯 단락 길이였다. 똑같은 내용을 제한적 3인칭 시점으로 쓰면 훨씬 길어질 것이다. 초반의 피트 시점 부분만 해도 전지적 시점에서는 2.5단락 만에 끝났는데, 3인칭 제한적 시점에서 그걸로는 턱도 없다. 피트가 노라에게 데이트 신청을 하는 과정을 더 세세하게 그려야 했을 테고, 노라에 대한 사전 조사나 이미지 변신을 도와줄 주변 사람들까지 등장할지도 모른다. 제한적 3인칭 시점에서 시점인물을 바꾸려면 독자에게 기존의 시점인물에 대해 충분히 알려 줘야 하기 때문이다. 그래야만 독자가 노라 시점의 이야기를 읽을 때도 피트가 노라와 자기 자신에 대해 어떻게 생각했는지 잊지 않을 수 있다.

전지적 화자는 제한적 3인칭 시점보다 더 짧은 분량으로 더 많은 캐릭터와 이야기를 소화할 수 있다. 이것이 전지적 시점의 매우 큰 강점이다.

제한적 3인칭 시점의 강점

제한적 3인칭 시점이 전지적 시점과 똑같은 기능을 하면서 분량만 더 많이 잡아먹는다면, 애초에 제한적 시점을 쓰는 이유가 무엇인가? 어째서 제한적 3인칭 시점이 오늘날 미국 소설에서 가장 광범위하게 쓰이는 걸까?

그건 거리감의 문제다. 전지적 화자는 모든 캐릭터의 마음을 들락날락할 수 있지만, 독자가 캐릭터에게 완전히 몰입하게 할 수는 없기 때문이다. 위에서 본 전지적 시점 예시문만 하더라도 재현주의보다는 제시주의에 훨씬 더 가깝다. 독자는 화자의 존재를 분명히 인지하면서 이야기를 읽게 되고, 피트와 노라 중 어느 쪽도 완전히 동일시하거나 깊이 감정이입하지 않는다. 멀찍이 떨어져서 아이러니한 상황을 지켜보며 즐거워할 뿐이지 사건을 함께 체험하지는 않는 것이다.

제한적 3인칭 시점은 시간이 오래 걸리는 대신 거리가 좁혀진다. 같은 이야기를 하는데 분량이 더 많이 소모되기는 해도, 그만큼 독자가 시점인물들의 삶에 깊고 강렬하게 빠져들 수 있다. 반면 전지적 화자는 독자의 손을 잡고 이리저리 데리고 다니면서 모든 걸 보여 주지만, 화자가 캐릭터 자신이 되어서 그 삶을 보여 주지는 못한다. 언제나 외부에서 캐릭터를 관찰할 따름이다.

예컨대 "그는 노라에게 감동을 주려고 세련된 감각을 발휘하려 애쓰면서 하염없이 갈팡질팡할 뿐, 정작 노라가 맥주와 미식축구 쪽을 훨씬 편하게 여기는 줄은 짐작도 못 했다."라는 문장은 누구의 시점인가? 피트가 자신이 '갈팡질팡'한다고 여길 수도 있고, 피트 스스로가 '세련된 감각을 발휘하려 애썼다'고 생각할 수도 있겠지만, 자기 자신을 묘사하는 데 정말로 그런 표현을 쓸까? 피트가 과연 저렇게 냉소적으로 자기가 세련된 감각을 가진 척 포장한다고 비꼴 수 있을까? 그보다는 노라와 어울리는 남자가 되기 위해 노력한다고 생각하지 않을까? 이 문장에서는 분명히 어떤 주관적인 가치 판단이 엿보이지만, 그건 피트의 판단이 아니라 화자의 판단이다. 화자가 피트를 지켜보면서 그가 짐짓 세련된 척하며 갈팡질팡한다고 생각하는 것이다.

마찬가지로, 노라가 "그토록 섬세하고 가녀린 뼈가 어린 시절에 얼마나 많이 부러졌던지, 몸 어딘가에 깁스를 하지 않고 지낸 적이 있었던가 기억도 안 날 정도였다."라고 할 때 '섬세하다'와 '가녀리다'라는 단어를 쓰는 사람은 정확히 누구인가? 피트는 아니다. 피트는 노라의 어린 시절을 알 턱이 없으니까. 그리고 노라를 섬세하고 가녀린 여자라고 생각하는 쪽은 피트이지 노라 자신이 아니다. 화자는 첫째 단락에서 피트가 "노라는 너무나도 섬세해 보였다. 가녀린 뼈대, 투명한 피부……."라고 생각했던 부분을 옮겨 와서 노라의 유년 시절 기억에 집어넣음으로써 아이러니를 유발하고 있다. 여기서도 역시 화자가 노골적으로 이야기에 개입해서 이 상황의 우스꽝스러운 점을 보라고 독자를 쿡쿡 찌르고 있는 것이다.

또한 전지적 화자는 노라가 "떠들썩한 자리, 폭소, 상스러운 농담, 유치한 이야기를 좋아했다."라고 말하지만, 노라는 자신에 대해 그런 식으로 생각하지 않을 것이다. 이 문장을 노라의 시점으로 바꾸면 다음과 같이 쓸 수 있다.

노라는 재미있게 놀 줄 아는 남자들을 좋아했다. 좀 떠들썩하게 굴기도 하고, 거리낌없이 실컷 웃기도 하는 남자들 말이다. 미키 마우스와 미니 마우스가 이혼한다는 내용의 농담이라도 해 볼까 싶었지만, 결정적인 대목에 욕설이 들어가는 그런 농담을 피트 같은 남자가 좋아할 리 없었다.

제한적 3인칭 시점에서는 노라가 상스러운 농담을 좋아한다는 점을 독자에게 알려 주기 위해 그녀가 즐기는 농담의 구체적인 예를 보여 준다. 노라는 피트의 생각처럼 교양인이 아니고, 따라서 자기 유머 취향을 '상스럽다'고 생각할 리도 없으니까.

이렇게 쓰면 전지적 시점의 짤막한 한 문장보다 더 길어지지만, 그만큼 노라의 관점을 생생하게 보여 주기에 독자가 노라라는 캐릭터에게 한층 깊이 이입할 수 있다. 전지적 시점은 쌍안경을 거꾸로 들고 세상을 관찰하는 것과도 같다. 모든 걸 볼 수 있는 대신 죄다 작고 멀게 보인다. 반면 제한적 3인칭 시점은 단시간에 많은 것이 보이지는 않는 대신 더욱 밀접하고 세밀하게 보인다.

정리하자면, 전지적 시점과 1인칭 시점의 재현주의적 속성을 뽑아서 결합한 것이 바로 제한적 3인칭 시점이라고 볼 수 있다. 이 시점은 마치 1인칭 시점처럼 시점인물의 내면으로 들어가서 삶을 체험한다. 그러나 이야기를 말하는 사람은 사실상 시점인물이 아니므로, 자기 고백을 해야 할 이유가 따로 필요하지도 않고 과거에 벌어진 사건을 돌아보는 식으로 서술할 필요도 없다.

전지적 시점으로 쓴 피트의 이야기를 1인칭 시점과 제한적 3인칭 시점으로 쓰면 어떻게 변하는지 비교해보자. 전지적 시점에서 "만반의 준비를 마쳤을 때 그는 일러스트 작가 샌드라 보인튼이 디자인한 기발한 카드에 초대 편지를 써서 수선화 한 송이와 함께 노라의 책상 위에 올려 두었다."라고 쓴 내용을 제한적 3인칭 시점으로 바꾸면 다음과 같이 쓸 수 있다.

피트는 아무도 없는 틈을 타서 노라의 자리에 꽃과 카드를 갖다 놓으려고 7시 15분에 일찌감치 출근했다. 식수대에서 가느다란 꽃병에 물을 받아다가 수선화를 꽂은 다음 노라의 책상 위에 올려놓고, 봉투를 꽃병에 기대어 세워 두었다. 그런데 이렇게 하니 지나치게 정중한 느낌이 나는 듯했다. 무슨 청첩장이나 사과문이라도 주는 것처럼. 그래서 봉투를 빼고 카드만 놔둬 보았다. 한결 나았지만, 이번에는 꽃병이 거슬렸다. 너무 부담이 될 것 같았다. 노라가 피트를 거절한다면 꽃은 내다 버리면 그만이지만 꽃병은 돌려줘야 한다는 생각이 들 테니까. 피트는 꽃병을 치우고 수선화를 책상 위에 올려놓았다. 그 바람에 압지 위에 물이 온통 튀어 버렸다. 피트는 휴지를 뽑아서 물을 훔치고 꽃의 줄기를 닦은 다음, 물로 얼룩진 압지 위에 카드를 올려놓아서 최대한 가리고 수선화를 그 위에 비스듬히 올려놓았다. 그리고 젖은 휴지로 꽃병을 감싸 들고 자기 사무실로 가져가서 쓰레기통에 버렸다.

전지적 시점에서는 나오지도 않았던 장면이 나온다. 독자는 피트가 작은 선택 하나하나에 초조하게 망설이는 과정을 함께 체험한다. 과거 시제로 되어 있는데도 현재처럼 느껴진다. 피트가 노라에게 최대한 좋은 인상을 주기 위해 사소하고도 중대한 결정을 내리느라 안절부절못하는 감정이 독자에게도 고스란히 전해진다.

그렇다면 1인칭 시점은 어떨까?

나는 아무도 없는 틈을 타서 노라의 자리에 꽃과 카드를 갖다 놓으려고 7시 15분에 일찌감치 출근했다. 식수대에서 가느다란 꽃병에 물을 받아다가 수선화를 꽂은 다음 노라의 책상 위에 올려놓고, 봉투를 꽃병에 기대어 세워 두었다. 그런데 이렇게 하니 지나치게 정중한 느낌이 나는 듯했다. 무슨 청첩장이나 사과문이라도 주는 것처럼.

그래서 봉투를 빼고 카드만 놔둬 보았다. 한결 나았지만, 이번에는 꽃병이 거슬렸다. 너무 부담이 될 것 같았다. 노라가 나를 거절한다면 꽃은 내다 버리면 그만이지만 꽃병은 돌려줘야 한다는 생각이 들 테니까. 나는 꽃병을 치우고 수선화를 책상 위에 올려놓았다. 그 바람에 압지 위에 물이 온통 튀어 버렸다. 나는 휴지를 뽑아서 물을 훔치고 꽃의 줄기를 닦은 다음, 물로 얼룩진 압지 위에 카드를 올려놓아서 최대한 가리고 수선화를 그 위에 비스듬히 올려놓았다. 그리고 젖은 휴지로 꽃병을 감싸 들고 내 사무실로 가져가서 쓰레기통에 버렸다.

언뜻 보면 똑같아 보인다. 하지만 주어가 '나'로 바뀐 것만으로도 다른 효과가 난다.

제한적 3인칭 시점은 직설적이다. 이 시점은 단순히 독자를 피트의 상황으로 끌어들여서 함께 체험하도록 한다. 독자는 피트의 망설임에 공감하고, 노라가 피트의 데이트 신청을 받아 줄지 걱정하고, 노라가 피트를 어떻게 생각할지 궁금해한다.

하지만 1인칭 시점으로 된 위의 글을 읽을 때는, 화자인 피트가 어째서 이 사건을 이렇게 자세히 이야기하는지 무의식적으로 추측하게 된다. 화자가 "그 시절에 나는 정말 바보 같았다."라는 식으로 말하지 않았다 해도 시간적 격차의 효과는 은연중에 작동하고 있다. 화자인 피트는 당시의 불안하고 초조한 상황에서 이미 벗어난 뒤일 텐데도,

어째서인지 그 사건을 상세히 이야기하고 있다. 자기가 아둔하게 우왕좌왕하는 모습을 굳이 돌이켜 이야기한다는 건 스스로 그 에피소드를 재미있다고 생각한다는 뜻일 수밖에 없다. 그사이에 시간이 흘렀고, 당시에 몰랐던 것들을 알고서 성숙해진 피트가 예전의 자기 자신을 거리를 두고 바라보며 우스워하는 것이다. 독자는 부지불식간에라도 그 코믹한 거리감에 적응하게 되어 있다.

 게다가 1인칭 시점에서는 노라가 피트에게 어떤 식으로든 장기적인 영향력을 미친 존재라는 것을 알 수 있다. 그러지 않으면 피트가 이제 와서 굳이 이 이야기를 하지도 않을 테니까. 첫 데이트가 어찌어찌 잘 풀려서 둘이 연인이 되었다든지, 아니면 노라가 굉장히 극적인 방식으로 거절해서 피트가 평생 못 잊을 상처를 받았다든지. 그러나 제한적 3인칭 시점에서는 노라가 피트의 인생에서 매우 사소한 존재로만 남고 사라지거나, 노라 쪽에게만 피트가 중요한 존재로 자리매김할 가능성도 얼마든지 있다. 제한적 3인칭 시점에서는 이야기가 전개될 방향이 더 열려 있는 셈이다.

 물론 이 경우에는 1인칭 시점과 제한적 3인칭 시점 사이의 차이가 아주 미세한 정도에만 그친다. 주어를 '피트'에서 '나'로 바꾼 것 외에는 다 똑같으니까. 하지만 만약 내가 이 사건을 처음부터 1인칭 시점으로 썼다면, 피트 고유의 목소리로 이야기를 써 나갔을 테니 글이 더욱 많이 달라졌을 것이다.

시점 정하기

그렇다면 어떤 시점을 써야 할까? 지금까지 소개한 세 가지 시점 중에서 절대적으로 우월한 것은 없다. 셋 모두 훌륭한 작가들의 작품에서 탁월하게 사용된 바 있다. 하지만 아무렇게나 선택해서는 안 된다. 다음의 사항을 염두에 두면 시점을 결정하는 데에 도움이 될 것이다.

1. 1인칭 시점과 전지적 시점은 본질적으로 제한적 3인칭 시점보다 더 제시주의적이다. 화자의 존재가 더 눈에 띄니까. 독자가 주인공에게 깊이 감정이입하고 이야기를 가감 없이 믿으면서 몰입하는 것이 당신의 목적이라면, 제한적 3인칭 시점이 가장 낫다.

2. 당신이 코미디를 쓴다면 1인칭 시점이나 전지적 시점을 통해 거리감을 조성하는 편이 좋다. 화자가 비꼬는 어조나 재치를 발휘하여 독자의 주의를 글 자체로 돌릴 수 있으므로, 독자가 캐릭터에게 깊이 공감하다가 예상치 못한 우스꽝스러운 전개에 당황할 염려도 없다.

3. 폭넓은 시간과 공간을 간결하게 다루거나, 수천 페이지짜리 대하소설을 쓰지 않고도 많은 캐릭터들을 소화하고 싶다면, 전지적 시점이 최고의 선택이다.

4. 목격담의 형식으로 실화 같은 느낌을 주고 싶다면, 허구라는 느낌이 덜한 1인칭 시점이 적당하다.

5. 만약 당신이 글솜씨에는 자신이 없는데 이야깃거리의 재미만큼은 확신한다면, 제한적 3인칭 시점을 선택해야 가장 막힘없이 깔끔하게 이야기를 전달할 수 있다. 제한적 3인칭 시점으로도 아름다운 문체를 구사할 수야 있지만, 독자의 주의가 이야기에 집중되므로 기껏 신경 쓴 문체가 묻혀 버릴 가능성이 높다. 마찬가지로 글을 좀 못 쓰더라도 무마될 것이다. 반면 당신이 눈부신 문체를 구사할 수는 있지만 이야기 자체에는 약하다면, 전지적 시점이나 1인칭 시점이 유리하다. 이야기의 내용에서는 초점이 약간 멀어지겠지만 당신이 언어를 가지고 놀기에는 한결 수월할 것이다. 커트 보네거트처럼 본론에서 벗어나 유쾌한 재치를 선사하는 것은 제한적 3인칭 시점으로는 할 수 없는 일이다.

오늘날 출간되는 소설의 대다수가 제한적 3인칭 시점으로 되어 있는 건 우연이 아니다. 대부분의 독자는 이야기를 즐기고 캐릭터의 삶에 빠져들고 싶어서 소설을 읽는다. 여기에는 제한적 3인칭 시점이 제격이다. 전지적 시점의 유연함과 1인칭 시점의 밀도를 둘 다 잡을 수 있으니까. 또한 초보 작가가 쓰기에 쉬운 시점이기도 하다. 높은 수준의 언어적 기교가 필요하지 않기 때문이기도 하지만, 요즘 작가들이 제한적 3인칭 시점이 대세인 환경에서 자랐기에 그편이 친숙하고 '자연스럽게' 느껴지기 때문인 것도 있다. (현재 시제를 잘 선택하지 않는 것도 그래서다. 순수 문학을 제외하면 현재 시제는 워낙 드물기에, 낯설고 튀고 '부자연스러운' 느낌을 준다. 그에 비해 과거 시제는 눈에 안 띄고 자연스럽게 느껴진다. 역설적이지만, 과거 시제는 즉각적인 느낌이 드는 데 반해 현재 시제는 오히려 멀게 느껴진다. 대부분의 독자는 현재 시제보다 과거 시제로 된 소설이 더 '지금 일어나고 있는 듯'하다고 생각할 것이다.)

 제한적 3인칭 시점이 오늘날 가장 흔하고 '자연스러운' 방식이라고 해도, 당신의 이야기에 전지적 시점이나 1인칭 시점이 필요하다면 주저하지 말고 적극적으로 사용하라. 그건 당신의 이야기에 적합한 서술 전략이다. 그리고 전지적 시점이나 1인칭 시점도 충분히 보편적으로 쓰이고 있으니(굳이 비교하자면 전자보다야 후자 쪽이 훨씬 더 흔하다.), 독자들이 당황하거나 거부감을 느낄까 봐 걱정할 필요는 전혀 없다. 당신이 2인칭 명령법이라든가 3인칭 복수 미래 시제 같은 특이한 기법을 쓴다면 괜히 멋 부린다는 느낌이 들 수도 있겠지만.

 다만 각각의 서술 전략이 지닌 한계는 분명히 인지해야 한다. 그래야만 그 단점을 만회할 길을 찾을 수 있다. 나는 1인칭 시점을 탁월하게 다룬 사례로 토머스 개빈의 『에밀 비코의 마지막 영화』를 언급한 바 있다. 더 앞서서 예를 들었던 마이클 비숍의 『유니콘의 산』은 전지적 시점을 훌륭하게 활용한 경우이다. 두 작가 모두 자신의 선택에 따른 대가를 치러야 했다. 하지만 『에밀 비코의 마지막 영화』에서 화자가 촬영 기사라는 데에서 나오는 독특한 관점이 없었다면 그 소설은 아무 의미도 없었을 것이다. 마찬가지로 『유니콘의 산』의 결말에서 나오는 경이로운 일체감은 거의 매 장면에서 모든 주요 캐릭터를 조명하는 전지적 시점의 넓은 시야가 없었다면 불가능했을 것이다.

<u>침투의 정도</u>

제한적 3인칭 시점을 쓰기로 했다면, 결정할 문제가 또 있다. 시점인물의 내면에 얼마나 깊게 침투할 것인지의 문제다.

▶ **그림 1** [전지적 시점]

그림 1은 전지적 시점을 표현한 것이다. 화자의 카메라가 장면 전체를 내려다보고 있다. 점선은 화자가 캐릭터들의 머릿속 생각도 모두 보여 줄 수 있음을 뜻한다. 하지만 이 시점은 언제나 현장 외부에 있는 화자의 관점으로만 장면을 보여 준다. 독자는 장면 안에 속하지 않고 항상 거리를 두고 지켜본다.

▶ **그림 2** [1인칭 시점]

그림 2는 1인칭 시점이다. 독자는 화자 캐릭터 한 명의 머릿속만 볼 수 있다. 독자는 화자가 본 것만을 보고, 화자의 방식대로 세상을 경험한다. 하지만 여전히 시간상의 거리는 두고 있다. 화자가 과거에 겪었던 일을 기억해 내는 방식으로 이야기를 하기 때문이다. 비록 현재

의 화자가 이야기 속의 화자와 동일 인물이라도 둘 사이에는 시간적 격차가 벌어져 있다.

제한적 3인칭 시점에서 독자는 시점인물이 등장하는 장면만 볼 수 있고, 시점인물의 머릿속만 알 수 있다. 그런 점에서는 1인칭 시점과 유사하다. 한편 과거의 사건을 이야기하는 게 아니라 현재 전개되는 사건을 본다는 점에서는 전지적 시점과 비슷하다. 그 결과, 독자는 시간적으로도 공간적으로도 사건에서 멀리 떨어지지 않는다.

그런데 시점인물의 마음속에 얼마나 깊이 들어갈 것인가?

그림 3은 얕게 침투하는 방식이다. 독자는 시점인물의 내면을 들여다보고, 시점인물이 등장하는 장면만을 관찰한다. 하지만 시점인물의

▶ 그림 3 [제한적 3인칭 시점: 얕은 침투]

눈을 통해 장면을 체험하는 것은 아니다. 독자는 화자의 중립적인 목소리를 통해 상황을 전달 받으며, 화자가 카메라를 돌려서 시점인물의 머릿속을 비출 때에만 그 인물의 생각을 알 수 있다.

피트가 기다린 지 15분쯤 지났을 때에야 노라가 도착했다. 노라는 피트가 처음 보는 새파란 드레스를 입고 있었다.
"나 어때?"
피트는 솔직히 괴상망측하다고 생각했다. 꼭 네온사인을 헝겊으로 만들어 놓은 것처럼 보였다. 하지만 피트는 미소를 지으며 "진짜 예뻐."라고 대답했다.
노라는 피트의 얼굴을 잠시 뜯어보더니 눈을 흘겼다.
"당신은 내가 밋밋하고 후줄근하게 입어야 좋아하더라."

그림 4는 깊게 침투하는 방식이다. 독자는 모든 장면을 시점인물의 눈을 통해 바라보게 된다. 실제로 어떤 일이 일어났는지 객관적으로 파악할 수는 없고, 오로지 피트의 방식대로만 보고 느낀다. 시점인물의 마음속에 굳이 들어가 볼 필요도 없다. 처음부터 독자는 시점인물의 생각에 들어가 있었고, 그 밖으로 나오지도 않았으니까.

피트는 노라가 15분이나 늦었어도 그러려니 했다. 그리고 당연하지만 노라는 새 드레스를 입고 있었다. 파란 드레스. 아니, 그냥 파란색

▶ **그림 4** [제한적 3인칭 시점: 깊은 침투]

이 아니다. 네온사인을 헝겊으로 만들기라도 한 듯이 '새파란' 색깔이었다.

"나 어때?"

노라의 질문에 피트는 억지로 미소를 지었다. "진짜 예뻐."

피트는 짐짓 명랑하게 선의의 거짓말을 해 주었지만, 노라는 언제나처럼 그의 진심을 꿰뚫어 보았다. 노라가 눈을 흘겼다.

"당신은 내가 밋밋하고 후줄근하게 입어야 좋아하더라."

깊이 침투하는 제한적 3인칭 시점에서는 '피트는 …… 라고 생각했

17장 3인칭 시점 | 375

다.' 같은 표현도 필요가 없다. 어차피 계속 피트의 생각이 나오고 있으니까. 첫 문장의 '당연하지만'은 화자의 견해가 아니라 피트의 견해다. "파란 드레스. 아니, 그냥 파란색이 아니다."에서 노라의 드레스에 대해 판단하는 사람 역시 화자가 아니라 피트다.

피트가 "진짜 예뻐."라고 말하며 미소를 지을 때, 얕게 침투하는 글에서는 피트의 미소 짓는 얼굴을 외부에서 보여 주는 것에 가까운 반면, 깊게 침투하는 글에서는 피트가 '억지로' 웃었다고 밝힘으로써 마치 1인칭처럼 피트의 행동 이면에 숨은 동기를 알려 주고 있다.

얕은 침투에서는 노라가 피트의 얼굴을 살펴보고 피트의 말이 거짓말인 줄 알았다고 한다. 그런데 깊은 침투에서는 노라가 피트의 진심을 '꿰뚫어 본다'고 표현한다. 물론 노라가 남의 생각을 정말로 읽을 수는 없겠지만, 피트에게는 딱 그렇게 느껴진다는 얘기다. 화자가 시점인물에게 깊이 침투하면 모든 것이 그 캐릭터의 관점으로 물들어 보인다. 하지만 시점인물의 관점을 사건과 동시에 경험할 수 있다는 점에서 1인칭과는 다르다. 1인칭 시점이라면 피트의 이러한 생각은 해당 사건이 벌어진 과거에 느낀 것이든지, 아니면 현재 화자로서 이야기하는 피트가 느끼는 것이든지 둘 중 하나일 것이다.

그림 5에는 관찰자 시점이라는 또 다른 선택지가 제시된다. 이 시점 역시 시점인물이 등장하는 장면만 보여 주긴 하지만, 시점인물을 비롯하여 그 어떤 캐릭터의 머릿속에도 들어가지 않는다. 마치 화자가 카메라를 들고 시점인물을 내내 따라다니는 것과도 같다. 시점인물이 고

개를 돌리면 카메라도 그리로 돌아가고, 시점인물이 알아차리는 것을 카메라도 비춰 주지만, 눈에 보이는 것과 귀에 들리는 것 이상의 마음 속 판단까지 보여 주지는 않는다.

피트가 왔을 때 노라는 아직 도착하기 전이었다. 피트는 한숨을 쉬고 곧바로 자리에 앉아서 기다렸다. 15분 뒤 노라가 도착했다. 노라는 새파란 드레스 차림이었고, 피트 앞에서 한 바퀴 돌며 옷차림을 뽐냈다.
"나 어때?"
피트는 아무 표정도 없이 잠깐 드레스를 쳐다보았다. 그리고 살짝 미

▶ **그림 5** [제한적 3인칭 시점: 관찰자]

소를 지었다. "진짜 예뻐."

노라는 피트의 얼굴을 뜯어보더니 눈을 흘겼다.

"당신은 내가 밋밋하고 후줄근하게 입어야 좋아하더라."

관찰자 시점은 캐릭터의 생각을 직접적으로 언급하지 않고, 단지 얼굴 표정, 몸짓, 말투, 침묵 등으로 나타나는 것만을 보여 준다. 예컨대 약속 장소에 노라가 보이지 않자, 피트는 주위를 둘러보거나 노라를 찾아볼 생각도 하지 않고 그냥 자리에 앉아 버린다. 이 행동을 보면 피트가 노라의 지각에 익숙해져 있다는 것을 알 수 있다. 또한 노라가 입은 드레스가 새로 산 옷이라는 언급은 없지만, 노라가 한 바퀴 돌며 어떠냐고 물어보는 걸 보면 짐작할 수 있다. 그 밖에 피트가 드레스를 파란색 네온사인 같다고 생각한다든지, 노라에게 속마음을 읽히는 기분이 든다는 것은 알 수 없다.

관찰자, 얕은 침투, 깊은 침투를 명확히 구분하는 경계선은 없다. 얕게 침투하다가 중간에 아무런 신호 없이 더 깊게 파고들거나 관찰자 입장으로 전환하더라도 독자는 보통 눈치 채지 못한다. 하지만 그 결과는 눈치 챌 것이다.

깊은 침투는 강렬하고 '뜨거운' 서술 방식이다. 그 어떤 시점보다도 독자를 캐릭터와 이야기에 가까이 밀착시킨다. 하지만 모든 것이 시점인물의 관점으로 보이기 때문에 오래 끌고 가려면 성가셔지거나 진이 빠질 수 있다. 그리고 시점인물이 상황을 오해하거나 사람을 잘못 볼 수도 있으므로, 아주 신뢰할 만한 서술이라고 보긴 어렵다.

관찰자 시점은 차갑고 거리감이 들지만, 카메라 특유의 장점을 갖고 있다. 이 시점에서 보이는 것은 확실히 믿을 만하며, 캐릭터의 행동이나 표정이나 말을 독자가 잘못 해석할 수는 있어도 화자가 거짓말을 하지는 않는다는 것. 하지만 화자나 캐릭터의 주관이 전혀 안 나오면 답답해지기 쉽다. 진짜 카메라는 진짜 얼굴과 진짜 장면을 보여 준다. 관찰자 시점으로 아무리 자세하게 묘사해 봤자 화면 위에서 펼쳐지는 생생한 디테일에 비하지는 못한다.

내가 보기에 가장 효과적인 방법은, 당신이 편안하게 다룰 수 있는 적당한 중간 지점을 선택한 다음 이야기를 전개하면서 필요에 따라 침투의 정도를 바꿔 나가는 것이다. 어떤 장면에서는 독자가 시점인물의 입장에 공감하도록 깊이 침투하면서 '뜨겁게' 서술하고, 또 어떤 장면에서는 독자가 캐릭터에게 거리를 두고 상황을 수동적으로 지켜보도록 '차갑게' 식히고. 또 중간에는 얕은 침투를 통해 시점인물의 생각을 꾸준히 보여 줌으로써 언제든 다시 뜨거워지더라도 독자가 당황하지 않도록 이끌면 된다.

하지만 침투의 깊이를 조절할 수 있다는 점을 의식적으로 염두에 두고 있어야 한다. 습작생과 출판 작가를 막론하고, 이야기가 뜨겁게 달아올라야 할 부분에서 자기도 모르게 차가운 서술만 유지한다든지, 깊은 침투가 필요할 만큼 강렬한 사건도 아닌데 괜히 뜨겁게 쓰는 실수를 많이들 저지른다. 그리고 독자가 캐릭터에게 깊게 몰입한 나머지 화자가 아주 조금만 개입해도 걸리적거리는 부분에서 '그는 ……라고 생각했다.'와 같은 불필요한 부연을 하는 경우도 많다.

침투의 깊이를 일정한 수준으로만 유지하면서 소설 전체를 쓰는 것은 별로 바람직하지 않다. 어떤 작가들은 소설을 영화처럼 쓰면 더 좋다는 잘못된 생각 때문에 한 작품 내내 관찰자 시점을 쓰기도 한다. 그렇게 쓴 소설은 조잡해지기 마련이다. 세상에 카메라의 기능을 글쓰기로 완전히 대체할 수 있을 만큼 대단한 글솜씨를 지닌 작가가 있지 않다면야. 소설은 영화처럼 몇 초 만에 모든 것을 보여 줄 수가 없다. 똑같은 순간을 보여 주는 데에 너무 많은 분량을 잡아먹는다. 내용이 세 단락 이상 길어지면 그건 더 이상 '순간'이라고 할 수도 없다. 아이러니컬하게도, 정작 영화감독 및 카메라맨들은 영화가 소설처럼 캐릭터의 마음속에 들어가지 못한다는 문제로 오랜 세월 씨름했다. 카메라 앵글이니 명암 등으로 비슷한 효과를 자아내려 고심했고, 배우들은 아주 미세한 말투나 표정 변화나 손짓으로 캐릭터의 감정을 표현하려 안간힘을 썼다. 소설가는 한 문장이나 한 구절만으로도 시점인물의 내면에 깊이 침투할 수 있는데 말이다.

그런데 어떤 작가들이 (대개는 의도하지 않고) 관찰자 시점에 의존하는 까닭은 자기 캐릭터에 대해 잘 모르기 때문인 것 같다. 캐릭터의 관점이나 생각을 스스로도 파악하지 못하는 것이다. 이런 작가들은 캐릭터를 충분히 구상하지 않고 일단 글을 쓰기부터 시작한 다음, 쓰는 과정에서도 캐릭터를 구성하지 않고 그저 피상적인 몸짓이나 대사만을 보여 줌으로써 문제를 회피한다. 그 결과 다음과 같은 글이 나온다.

노라는 피트의 옆에 앉았다. "너무 초조해요."
피트가 부드럽게 달래듯 말했다.
"초조해할 것 없어. 잘 할 거야. 몇 달째 열심히 연습했잖아. 이제 몇 분 뒤면 무대에 올라갈 테고, 네가 늘 하던 대로만 하면 돼. 내가 아는 걸 다 가르쳐 줬잖아?"
피트가 농담조로 물었지만, 노라는 여전히 초조하게 술을 들이켰다.
"선생님이야 자신이 있겠죠. 여기 앉아 있기만 하면 되니까."
피트가 노라의 팔에 손을 얹었다.
"그만. 알코올이 너 대신 춤을 춰 줄 수는 없어."
노라는 피트의 손을 뿌리치며 쏘아붙였다.
"몇 달 동안 한 모금도 입에 안 댔다고요! 사람이 좀 불안하면 술로 살짝 달랠 수도 있는 거죠! 맨날 그렇게 보모처럼 굴지 마세요."

대사, 대사, 대사. 위의 대화 장면은 서술적인 기능을 수행하고 있다. 노라가 댄서라는 것, 몇 달간 연습한 중요한 공연이 곧 시작된다는 것, 알코올 중독에 걸린 적이 있으며 피트가 그런 노라를 돌봐 준 적이 있다는 것을 독자에게 알려 준다. 또한 캐릭터의 사고방식도 잘 드러난다. 자기 생각과 감정을 전부 말로 격하게 털어놓고, 독자가 혹시라도 놓칠까 봐 '부드럽게 달래듯', '농담조로', '쏘아붙였다'라는 말까지 덧붙이고 있으니까. 그 결과 글이 어떻게 되었나? 지극히 감상적인 멜로드라마가 되고 말았다. 캐릭터 두 명이 자기들의 사적인 문제로 대화를 나누며 격렬한 감정을 표출하는데, 독자는 그 캐릭터들을 잘 알지도 못하고 그들의 문제에 별 관심도 없다. 현실에서 이런 상황을 맞닥뜨린다면 민망할 것이다. 소설에서도 마찬가지로 읽기에 영 민망하고 당혹스러운 장면이다.

하지만 내면 침투를 적절히 활용하면 캐릭터를 훨씬 많이 파악할 수 있고, 장면도 더 절제해서 사실적으로 연출할 수 있다.

피트는 노라가 옆에 앉기도 전부터 초조한 기색을 알아차릴 수 있었다. 노라는 불안한 미소를 지었다가 즉시 표정이 굳더니, 허공을 멍하니 쳐다보았다. 또 기억을 점검하고 있는 건 아닐까? 지난 몇 달간 노라는 안무를 잊어버릴까 봐 노심초사하며 걸핏하면 머릿속으로 복습하곤 했다. 마음속에서 스텝을 밟고 턴을 하고 발을 구르고 뛰어오르기를 몇 번이고 반복했다. 안 그러면 2년 전 피닉스에서처럼 혼란에 빠져서 머저리 꼴이 되어 버릴까 봐 무섭다고. 피트는 노라가 알코올 때문에 자꾸 깜빡깜빡하는 것뿐이라고 최대한 안심을 시키려 했지만, 노라는 늘 "그렇죠. 죽은 뇌세포가 도로 살아나진 않겠죠."라고 대꾸하곤 했다. 그래, 어쩌면 그 말이 옳은지도 모른다. 기억력이 아예 훼손되었을 수도 있다. 하지만 노라는 여전히 몸이 있었고, 움직일 수도 있었다. 노라가 일단 무대 위에 올라가고 나면 연주자들은 짐 싸서 집에 가도 상관없을 것이다. 관객은 스포트라이트 속에서 대담하고 위험하고 아름다운 춤을 추는 노라의 모습에 숨이 막혀 와서 아무도 음악에 신경 쓰지 않을 테니까.

노라가 팔을 뻗어서 피트가 마시던 음료에 손을 얹었다. 피트는 노라의 팔을 부드럽게 잡았다.

"그냥 뭐 마시는지 궁금해서요."

"위스키."

피트는 노라의 팔을 풀어주지 않았다. 그러자 노라는 성가시다는 듯 어깨를 으쓱하고 손을 거두었다.

'나한테 화내든 말든 상관없지만, 오늘 무대에서 알코올이 너 대신 춤을 추게 할 수는 없어.'

위의 글에서는 대사가 딱 두 번만 나오고, 둘 중 누구도 보기 민망할 만큼 감정이 격앙되지 않는다. 그런데도 우리는 피트와 노라가 어떤 사람들인지 훨씬 잘 알 수 있다. 노라가 알코올 중독 문제로 씨름하던 일들이 피트의 기억을 통해 전달되고, 피트가 노라에게(아니면 적어도 노라의 춤에) 품은 강렬한 애정도 보인다. 또한 노라가 자기 자신을 어떻게 생각하는지도 드러난다. '죽은 뇌세포' 이야기로 미루어 보면 노라는 자기 뇌가 영구적인 손상을 입었다고 생각하며, 다시 춤을 출 수 없을까 봐 두려워하고 있다.

위의 장면도 아직 완벽하게 잘 쓴 글은 아니지만, 원래 글보다 한결 나아진 것만은 분명하다. 독자가 피트의 마음속으로 들어가서 그의 관점을 통해 노라를 볼 수 있고, 두 사람이 함께 겪은 과거를 알 수 있기 때문이다.

그런데 이 장면에서 화자가 피트의 내면에 계속 깊게 침투하는 것은 아니다. 피트의 기억 부분은 뜨겁고 강렬하게 보여 주지만, 노라와 술을 가지고 다투는 장면은 차갑게 관찰하고 있다. 피트가 노라의 팔을 부드럽게 잡은 이유가 뭔지도 언급되지 않는다. 하지만 독자는 노라의 알코올 중독에 대해 이미 알고 있으니 그게 무슨 뜻인지 충분히 짐작할 수 있다. 또한 "그냥 뭐 마시는지 궁금해서요."라는 노라의 말이 거짓말이라는 것도, 피트가 "위스키."라고만 대답하고 노라의 팔을 놓아주지 않을 때 어떤 심정인지도 굳이 설명할 필요가 없다. 독자는 두 사람의 관계를 잘 알고 있으므로 스스로 이 장면에 뜨거운 감정을 불어넣을 것이다. 그러다가 마지막 문장에서는 또 침투의 정도가 깊어진다. '피트는 생각했다.' 같은 부연 설명이 없어도 독자는 그게 피트의 생각이라는 것을 뻔히 알 수 있다.

<u>침투의 깊이를 조절하는 기법은 당신의 캐릭터에 생명력을 부여하는 결정적인 요소다.</u> 이 기법을 통해 당신은 독자의 경험을 가장 많이 좌지우지할 수 있고, 독자가 캐릭터를 얼마나 잘 알고 애정을 쏟게 할지도 결정할 수 있다.

| 18장 |
캐릭터의 확장

 우리는 지금까지 먼 길을 왔다. 캐릭터 착상부터 시작해서, 캐릭터 역할 분석, 독자가 캐릭터의 내면을 들여다보고 공감하게 만드는 방법에 이르기까지.

 좋은 캐릭터 구성에는 일정한 매뉴얼이 없다. 너무나도 많은 가능성과 변수가 열려 있기에, 그 어떤 작가도 "자, 캐릭터 구성이 다 완성되었다."라며 펜을 내려놓지는 못한다.

 당신이 그 무수한 가능성을 인지하면서 플롯을 짜고 초고를 쓴다면, 캐릭터는 그 과정에서 성장하고 발전하고 깊어지고 변화할 것이다.

 그리고 캐릭터 구성에서 정확히 무엇이 가능한지 알고 스토리텔링 경험을 많이 쌓으면 쌓을수록, 당신은 더욱 진실하고 생생한 캐릭터를 만들 수 있을 것이다.

 당신이 소설 쓰기에 진지하게 임하고 있다면 앞으로도 여러 편의 소설을 쓰면서 그 안에 수백 명의 캐릭터들을 채워 넣을 것이다. 비록 그 모든 캐릭터가 당신의 상상에서 나왔다 해도, 당신도 독자와 마찬가지로 모든 캐릭터를 잘 알고 충분한 관심을 쏟아야 한다. 아니, 독자보다 더 잘 알아야 한다.

간혹 당신이 몇 년 전에 쓴 소설을 들춰 보다가 캐릭터의 어떤 행동이나 말에 깜짝 놀랄 때가 있을 것이다. 어떻게 내가 이런 대사를 생각해 냈을까, 어떻게 내가 이런 캐릭터가 어떤 사람인지 알 수 있었을까 하고.

그러면 당신은 비로소 실감하게 된다. 소설 속의 사람들은 알 만한 가치가 있다는 것을. 독자들은 이미 알고 있는 사실이다. 당신이 시간과 공을 들여서 캐릭터를 발견하고 가꾸고 교묘한 솜씨를 통해 보여 주었기에, 독자들은 현실에서 살아 있는 그 어떤 사람을 접할 때보다도 당신의 허구적 인물들을 훨씬 잘 이해할 수 있다.

당신의 소설이 훌륭하고 진실하다면, 캐릭터는 독자들을 이끌고 자신의 삶을 보여 줄 것이다. 가족, 친구, 적, 살아가면서 숱하게 마주치는 불가사의하고도 위험한 사람들을 보여 주는 그 캐릭터의 이야기는 저항할 수 없을 만큼 매혹적일 것이다. 그리고 어느새 당신은 당신의 이야기를 향해 사람들이 외치는 환호성의 물결에 휩싸일 것이다.

"그래, 나는 널 알아. 나는 널 믿어. 너는 내게 중요해."라고.

옮긴이 | 김지현

고려대학교 국어국문학과를 졸업하고, 전문 번역가로 활동하고 있다. 사업가인 아버지를 따라 해외에서 생활하면서 영미문학에 관심을 가졌고, 단편 「반드시 만화가만을 원해라」로 대산청소년문학상을 수상했다. 옮긴 책으로『쾅! 지구에서 7만 광년』,『예언』,『글쓰기의 항해술』,『소년 시대』,『신더』 등이 있다. 환상문학웹진 '거울'에서 창작 및 번역 필진으로 참여하고 있다.

캐릭터 공작소
베스트셀러 작가 오슨 스콧 카드의 소설 창작 노트

1판 1쇄 펴냄 2013년 11월 29일
1판 13쇄 펴냄 2022년 3월 15일

지은이 | 오슨 스콧 카드
옮긴이 | 김지현
발행인 | 박근섭
편집인 | 김준혁
책임편집 | 장은진
펴낸곳 | 황금가지

출판등록 | 2009. 10. 8 (제2009-000273호)
주소 | 06027 서울 강남구 도산대로 1길 62 강남출판문화센터 5층
전화 | 영업부 515-2000 편집부 3446-8774 팩시밀리 515-2007
홈페이지 | www.goldenbough.co.kr

도서 파본 등의 이유로 반송이 필요할 경우에는 구매처에서 교환하시고
출판사 교환이 필요할 경우에는 아래 주소로 반송 사유를 적어 도서와 함께 보내주세요.
06027 서울 강남구 도산대로 1길 62 강남출판문화센터 6층 민음인 마케팅부

한국어판 © ㈜민음인, 2013. Printed in Seoul, Korea
ISBN 978-89-6017-785-7 93800

㈜민음인은 민음사 출판 그룹의 자회사입니다.
황금가지는 ㈜민음인의 픽션 전문 출간 브랜드입니다.